ELIO ALBA-BUFFILL

CUBANOS DE DOS SIGLOS
XIX y XX

ENSAYISTAS Y CRÍTICOS

--EDICIONES UNIVERSAL

———

Primera edición, 1998

EDICIONES UNIVERSAL
P.O. Box 450353 (Shenandoah Station)
Miami, FL 33245-0353. USA
Tel: (305) 642-3234   Fax: (305) 642-7978
e-mail: ediciones@kampung.net
http://www.ediciones.com

Library of Congress Catalog Card No.: 98-86348
I.S.B.N.: 0-89729-876-4

Composición de textos: Chemical Graphics
Diseño de la cubierta: Lázaro Fresquet
(Alma Mater de la Universidad de La Habana)

A Esther Rosario

INDICE

INTRODUCCION

El presente libro reune quince trabajos dedicados a figuras del ensayo y la crítica de Cuba, cinco del siglo XIX y diez de la presente centuria. Algunos de estos estudios fueron preparados con motivo de específicas invitaciones recibidas para participar en actos culturales en que se honraban a esos escritores, otros fueron escritos para presentarlos en congresos profesionales en los que iba a participar. A pesar de que todas las figuras aquí incluídas son muy representativas de la ensayística y exegética cubana por la importancia y significación de sus obras, no debe buscarse en esta colección un propósito antológico, pues tendría valiosas omisiones. Tómese este libro, como lo que realmente es, una recopilación de recientes trabajos sobre muy destacados ensayistas y críticos cubanos.

En la obra de los mismos va a encontrar el lector fundamentales características de la ensayística cubana, como son el gran contenido humanístico; la constante referencia a la raíz cultural española; la búsqueda de las esencias hispanoamericanas y en especial, el permanente enfrentamiento al proceso histórico y cultural de la patria, que ha contribuído a mantener una conciencia nacional en el pueblo cubano a pesar de las vicisitudes y dolores que Cuba ha sufrido y actualmente sufre.

En efecto, el contenido humanístico se hace muy patente en la mayoría de estos autores. Por ejemplo, es evidente el vasto conocimiento filosófico de Varela, no solamente de Descartes sino también del empirismo de Locke y el sensualismo de Condillac y de los nuevos aportes en el campo de la filosofia de su época, pero al propio tiempo de conciliar esas ideas con sus firmes convicciones religiosas, el ilustre presbítero estuvo al tanto del más avanzado pensamiento en el campo de la didáctica de su tiempo, que se revelaba contra los excesos formales del escolasticismo, y mostró asimismo un extraordinario conocimiento de los más innovadores postulados del Derecho Constitucional, por citar solamente algunos de los aspectos que abarcó su prodigiosa mente humanística. Igual reflexión se puede hacer sobre la erudición clásica de La Luz y Caballero, que mostró en toda su vida y su obra; baste recordar sus *Aforismos* o sus *Elencos* o su intervención en su famosa polémica filosófica. Y qué decir del tan reconocido contenido humanístico de la obra de Martí, Varona o Sanguily, si nos referimos a los escritores del siglo XIX o de la de Chacón y Calvo, Mañach o Ichaso entre los del XX. De igual manera, al enfrentarse a la obra de Mercedes García Tudurí, se hace indudable sus múltiples vertientes, es decir, la filosófica, la sociológica, la político-jurídica, la pedagógica y la literaria. Lo mismo puede decirse de Humberto Piñera, aunque en este libro lo hemos estudiado solamente en su vertiente filosófica y literaria. De igual manera, Eugenio Florit y José Olivio Jiménez muestran en su crítica un vasto conocimiento literario que se desplaza hacia otras disciplinas. Roberto Agramonte parte de lo sociológico para abarcar lo filosófico y lo histórico y Rosario Rexach une a la exegética literaria, la indagación psicológica o filosófica. Por último, en Octavio Costa, el cultivo de la Historia tiene un contenido ensayístico en que se hace patente su vasta cultura.

Muy ligado a todo este contenido humanístico, está la constante preocupación por nuestro ancestro cultural español y paralelamente a ésta, la búsqueda de la genuina vinculación de Cuba con el resto de Hispanoamérica. En cuanto a la primera, hay que hacer la salvedad de que a pesar de que la perspectiva en cuanto a España es diferente entre los escritores de la centuria anterior, que formaron parte del proceso de la formación de la conciencia nacional como medio de lograr la independencia política y los del presente siglo, que ya no veían a España como la metrópoli, sino como la Madre Patria, lo cierto es que aún los forjadores de la nación cubana, supieron distinguir entre el gobierno metropolitano, al que vieron como representativo de los grandes intereses políticos y económicos de la nación ibérica, y la gran tradición cultural española de la que se sintieron orgullosos.

Una muestra de esa preocupación por la cultura española es la cantidad de libros y ensayos que los escritores cubanos han dedicado a las letras de la tierra de Cervantes. Precisamente, la obra inmortal del Manco de Lepanto ha atraído una extraordinaria atención de los escritores cubanos. Permítaseme sólo mencionar la famosa Conferencia sobre Cervantes de Varona, que ha sido considerada como una de las más altas muestras de la crítica taineana en la América Hispana. La exegética de Varona sobre Cervantes se ha valorado muy positivamente y se le ha catalogado de precursora en ciertos aspectos como el relativo a la importancia que le concedió al viaje de Cervantes a Italia y a las consecuencias literarias que tuvo ese acercamiento del escritor al Renacimiento italiano y también se ha destacado, el acierto de Varona al establecer determinadas relaciones entre el Romancero español y *El Quijote*. Este último aspecto fue estudiado muy lúcidamente en el siglo XX, por José María Chacón y Calvo. También por vía de ejemplo, podemos citar en la presente centuria, entre los aquí recogidos, a Jorge Mañach quien en mi opinión, en su *Examen del Quijotismo*, al observar la disociación entre el héroe y la realidad, destacar la ambigüedad de la realidad cervantina y enfrentarse a la significación global de la novela, se afilia por su temática y enfoques a corrientes muy modernas de interpretación cervantina, adelantándose a muy prestigiosos y respetados acercamientos exegéticos.

Pero no sólo la preocupación por Cervantes ha estado vigente, sino que también, el estudio de la cultura española en general, ha sido un constante interés de la intelectualidad cubana, tal como se muestra en los estudios de Martí, Sanguily o Varona en el XIX, o en los abundantes trabajos de Chacón y Calvo, hispanista reconocido como tal por las más altas figuras de las letras españolas de esta centuria, o en el estudio de Ichaso sobre Lope de Vega o sobre Góngora, que tanta repercusión tuvo en la crítica cubana por despertar gran interés en el autor de *Las Soledades*. Entre los escritores más recientes incluídos en esta obra no se puede dejar de mencionar los libros de Piñera: *El pensamiento español en los siglos XVI y XVII*, *Unamuno y Ortega*, (Contraste entre dos pensadores) y *Novela y ensayo en Azorín*, que tuvieron tan positiva aceptación crítica. También hay que referirse a la vertiente de la obra de José Olivio Jiménez sobre poesía española, aludida en mi trabajo sobre ese autor, aunque no estudiada, pues mi evaluación se concentra en la obra de Jiménez sobre literatura cubana. En este aspecto caben mencionar, por la gran repercusión que tuvieron, sus libros: *Cinco poetas del tiempo* (Aleixandre, Cernuda, Hierro, Bousoño y Brines); *La presencia de Antonio Machado en la poesía de pos-guerra*, *Diez años de poesía española, 1960-1970*, y la edición de muy valiosas antologías de poetas españoles contemporáneos. En cuanto a Florit, son ya clásicos en la exegética de las letras hispanas sus trabajos, recogidos en libros y después llevados a sus *Obras Completas*, sobre Pedro Salinas, Antonio Machado, Juan Ramón Jiménez, Federico García Lorca, etc. Desde el punto de vista histórico, he señalado en alguna ocasión la importancia y el valor del libro de Octavio R. Costa, *El impacto creador de España sobre el Nuevo Mundo,* en el que el autor efectúa una polémica, pero muy bien fundada, evaluación de ese primer siglo de la presencia española en América. Una revisión cuidadosa de la obra de los quince escritores estudiados en este libro pone de manifiesto la constante referencia a la raíz cultural española.

En cuanto a la búsqueda de nuestras esencias hispanoamericanas hay que referirse necesariamente a José Martí que mostró tan extraordinaria preocupación por "Nuestra América" como con gran significación la denominó. Martí tuvo fe en los valores espirituales de Hispanoamérica y con claridad destacó el carácter mestizo de nuestra cultura. Sufrió por el repudio que el indio y el negro habían experimentado durante la colonia, lo que para nuestra desgracia subsistió en determinada medida en las nuevas repúblicas. Planteó la necesidad de estudiar las características de nuestros pueblos como el instrumento necesario al propósito de encontrar soluciones a los problemas y vicisitudes a los que se enfrentaban, las que llamó nuestras dolorosas repúblicas de América. En su famoso ensayo "Nuestra América" se afilió a una poderosa corriente continental, que tenía en nuestro continente, en la centuria pasada, a escritores eminentes como Andrés Bello, Eugenio María de Hostos o Domingo Faustino Sarmiento y que iba a tener en el siglo XX, a figuras del calibre de Pedro Henríquez Ureña, José Vasconcelos, Alfonso Reyes, por sólo citar algunos ejemplos de los que siempre mostraron una honda preocupación por analizar las características fundamentales de nuestras maneras de ser.

Esta preocupación por Hispanoamérica ya estaba arraigada en Cuba desde 1823, cuando Félix Varela presentó a las Cortes Españolas la proposición de que la metrópoli reconociera definitivamente la independencia de las repúblicas hispanoamericanas, por lo que Claudio Benedí acertadamente afirmó que Varela se había adelantado a la Doctrina Monroe y había sido un verdadero precursor de la defensa de la soberanía de nuestro continente y del repudio a todo tipo de intervención extranjera.

Igualmente Varona, en su "Ojeada sobre el movimiento intelectual en América" efectuó una ponderada defensa de la intelectualidad hispanoamericana y con la moderación que siempre le caracterizó, destacó el énfasis que las jóvenes naciones hispanoamericanas estaban poniendo en la educación en aquel momento histórico y el interés con que la intelectualidad de nuestras tierras se dedicaba a reevaluar la importancia de las civilizaciones autóctonas, el período colonial y la etapa de emancipación. Este trabajo demuestra su gran conocimiento de la historia cultural de América hispana.

La preocupación por Hispanoamérica en los escritores del siglo XX aquí estudiados es evidente y, como en los de la centuria anterior, es muy representativa de ese interés que está tan presente en la ensayística y crítica cubana de esos dos siglos. Ejemplos de esa preocupación, pueden citarse, dentro de los estudios generales y partiendo de diferentes vertientes: *Teoría de la frontera* de Jorge Mañach; *Sociología Latinoamericana* de Roberto Agramonte; *Literatura Hispanoamericana. Antología e Introducción Histórica*, que Eugenio Florit editó en colaboración con el profesor argentino Enrique Anderson Imbert o *La poesía hispanoamericana desde el modernismo*, otra antología de igual éxito que la anterior, editada por el propio Florit y José Olivio Jiménez; *Raíces y destinos de los pueblos hispanoamericanos* de Octavio R. Costa, etc. A estos libros, se une el enfrentamiento a la obra de específicos escritores hispanoamericanos, como es la dedicación de Roberto Agramonte al estudio del escritor ecuatoriano Juan Montalvo, que le valió el reconocimiento agradecido del pueblo de Ecuador, el ensayo de Humberto Piñera sobre la figura de Alejandro Korn o el trabajo de Rosario Rexach sobre Alfonso Reyes.

Por último aludamos, aunque sea con la brevedad que exige esta mera introducción, al permanente enfrentamiento de los ensayistas y críticos cubanos al proceso histórico y cultural de la patria. En una conferencia que ofrecí, hace ya más de dieciséis años en una universidad norteamericana, titulada "La preocupación por Cuba en sus ensayistas del siglo XIX", recogida en mi libro de 1985, *Conciencia y Quimera*, sostenía que la labor de nuestros grandes ensayistas en ese importante siglo, podía clasificarse, atendiendo a la función que realizaron en el proceso histórico de nuestra nacionalidad, en tres grandes acápites: una función iluminadora en su deseo de difundir en la colonia la cultura universal que arribaba a Cuba cargada de un pensamiento renovador; una función analítica al dedicarse al estudio de los problemas de la patria, lo que realmente era el paso previo necesario a cualquier intento de tratar de solucionar los males y las dificultades a los que se enfrentaba el pueblo cubano; y una función formativa que iría encaminada más o menos directamente, a la creación de una conciencia nacional. También señalaba la íntima interrelación entre estas tres funciones pues, consideraba que en el proceso de formación de nuestra nacionalidad, las mismas iban a servir determinados fines que se irían integrando

11

en el camino histórico de la redención cubana. Creo que los estudios que incluyo en el presente libro pueden servir para avalar un poco más esta tesis que propuse en el trabajo en cuestión.

Lo mismo pudiera decirse en relación a los críticos y ensayistas del presente siglo, y los diez recogidos en esta colección de estudios pueden servir de ejemplo, pues en su vida y en su obra llevaron a cabo esas funciones iluminadora, analítica y formativa a las que hemos aludido. En efecto, difundieron en nuestra joven nación todo el proceso cultural que estaba experimentando tanto Europa como la América hispana y la sajona y para ello, imitando a sus antecesores, no usaron únicamente la cátedra académica, el ensayo en la revista literaria y el libro, sino utilizaron la prensa nacional para llegar a las grandes masas de la población cubana; se enfrentaron a los errores de la nueva república que reproducían, en ésta, los males de la vieja colonia y denunciaron con valentía la corrupción cuando irrumpió en la Administración Pública, llamando con sensatez la atención a los logros del relativismo ético que invadía el país. La larga vida de Varona le permitió ser de los primeros en advertir que el exceso de pasión en el sectarismo político, nos podía costar la pérdida de la soberanía y señalar, a la joven nación, los peligros del naciente imperialismo norteamericano de aquella época. Sanguily, que al igual que Varona pudo servir a su pueblo en la república, fue también un defensor de los más fundamentales intereses nacionales y Jorge Mañach expresó en plena juventud sus angustias por las frustraciones que estaba experimentando la república y nos advirtió del peligro que acarreaba nuestro choteo criollo. Aunque los tonos grises caracterizaron en ocasiones el llamado de los ensayistas cubanos a la meditación sobre nuestros males, lo cierto es que éste siempre fue el resultado de un hondo y sentido amor por la patria y conllevaba un sano propósito rectificador, que estaba íntimamente ligado al afán que han tenido de dotar a nuestro pueblo de una sólida conciencia nacional.

La revisión de la historia literaria y cultural que efectuaron los ensayistas y críticos cubanos del siglo XX está a la altura de la de la pasada centuria. La evaluación de la narrativa, la poesía, la ensayística y el teatro de Cuba en el siglo actual empezó en nuestra tierra bajo la influencia de los movimientos exegéticos décimononos del positivismo de inspiración taineana y el impresionismo pero fue evolucionando hacia nuevas tendencias, como se ve en el desenvolvimiento crítico de algunas de las figuras aquí estudiadas. Los cinco ensayistas incluídos como representativos de ese género en el XIX han sido objeto de una muy seria y amplia revisión crítica, que se inició en verdad en el siglo pasado pero que ha producido en el presente, extraordinarios resultados, y lo mismo se puede decir del estudio que se ha llevado a cabo sobre todos los géneros literarios. La nación cubana, pese a sus temporales fallos republicanos, que fueron denunciados por los intelectuales como ya hemos aludido, tuvo un extraordinario desarrollo cultural, interrumpido en las últimas tres décadas del siglo, por la implantación en la isla de un régimen marxista negador de toda libertad política e intelectual. No obstante, el pueblo cubano ha seguido estudiando nuestro pasado cultural. Los escritores de la isla han pagado en muchas ocasiones con la prisión, la muerte, o el ostracismo, su derecho a ejercer la libertad intelectual, los de la diáspora, desgarrados por la separación de su tierra, han llevado a cabo una extraordinaria aportación al estudio de la cultura cubana, con la mente siempre puesta en el futuro desarrollo de nuestra nacionalidad. Las diez figuras del siglo XX aquí reunidas, habían ya iniciado sus exitosas carreras literarias en su patria al arribo del marxismo y de ellas, nueve salieron al exilio y continuaron su labor en tierras generosas por acogedoras pero extrañas, aunque algunas como Ichaso o Mañach murieron al poco tiempo de haberse exiliado, pero son representativas, como ya dije, de la continuación fuera de Cuba de una labor ensayística y crítica a las que se han unido muy importantes valores, antiguos y nuevos, que siguieron y siguen trabajando muy seriamente por la cultura cubana.

Algun día la patria, por la firme voluntad del pueblo cubano, será libre y las dos vertientes en que se ha escindido nuestra cultura se reunirán en el cauce común. Superada la tiranía y el oscurantismo dogmático marxista, que siempre han sido enemigos de la libertad de pensar, eliminada la incomunicación a que el absolutismo comunista nos ha tenido condenados, atenuada la pasión sectaria, como quería Varona, por el paso mitigador del tiempo, la nueva "república de la rosa blanca" emergerá, como soñaba Martí, teniendo el amor como fuente inspiradora. El pueblo cubano volverá entonces sus ojos a su pasado cultural y descubrirá que, a pesar de las agonías de nuestro tormentoso siglo XX, podrá estar orgulloso de sus logros, producto de la labor callada de muchos de sus hijos.

FÉLIX VARELA. DE LA PREOCUPACIÓN FILOSÓFICA A LA CÍVICA
1787- 1853

Conferencia leída en el Tercer Forum Valeriano en la Casa Hispánica de Columbia University en acto organizado por la Fundación Félix Varela de New York en colaboración con ese alto centro docente, el día 8 de junio de 1991.

La obra del Padre Félix Varela constituyó un aporte sustancial a la importante tradición filosófica de Cuba, que tuvo su punto de partida en el Padre Agustín Caballero, a quien su brillante sobrino José de la Luz y Caballero le reconoció el mérito de haber hecho resonar en las aulas cubanas las doctrinas de Locke, Condillac, Verulamio y Newton. Desde la propia cátedra del Padre Caballero, en el prestigioso Seminario San Carlos de la Habana, Varela realizó un sustancial replanteamiento de las investigaciones y enseñanzas filosóficas en la Isla, de tal importancia que algunos críticos lo consideran como el verdadero organizador de los estudios filosóficas en Cuba[1]. Baste mencionar las *Instituciones de Filosofía Ecléctica*, las *Lecciones de Filosofía*, la *Miscelánea Filosófica*, los famosos *Elencos*, sus *Apuntes filosóficos* y su memorable *Cartas a Elpidio* para comprender la importancia de su obra.

Las fuentes de Varela son fundamentalmente además de Descartes, el empirismo de Locke y más esencialmente el sensualismo de Condillac aunque en él hay matices que apuntan a Destutt de Tracy y Larromiguiere. La mera relación de las mismas nos muestra claramente la filiación de Varela a ciertas corrientes renovadoras de la filosofía que parten del empirismo y sensualismo y que continúan con el movimiento filosófico que a principios del siglo XIX hubo de denominarse la Ideología.

Pero es preciso aclarar que si bien en Varela su preocupación científica, su interés en los métodos reflexivos, su repudio al acatamiento excesivo a la autoridad, en fin, su simpatía por la experimentación, lo colocan dentro de esos movimientos de renovación filosófica, su afiliación no es absoluta. Varela aprovecha todos los postulados metodológicos para difundir ese más amplio conocimiento al que siempre aspiraba, pero en modo alguno tal posición lo alejó de ese reconocimiento a una autoridad sobrenatural que siempre caracterizó su pensamiento. Se desvió de la escuela ideológica y de todas sus corrientes afines, en todo lo que pudiera relacionarse a las bases espirituales de su concepción del universo y de la vida, a sea, en todo aquello que afectaba su fe religiosa, cuya ortodoxia mantuvo no sólo en su obra escrita sino en su apostolado vital que subrayó para la Historia con la reafirmación de su creencia en el instante de su muerte. En resumen que, como se ha señalado, Varela distinguió claramente entre filosofía y teología.[2]

Sobre la ortodoxia de Varela, como ha apuntado Rosaura García Tudurí,[3] han efectuado estudios muy valiosos Eduardo Martínez Dalmau y Gustavo Amigó. Hace ya casi 22 años, Joseph y Helen MacCadden publicaron un bien documentado libro titulado *Father Varela Torch Bearer from Cuba*[4] en el que se subrayaba la labor apostólica de éste en los Estados Unidos. En un breve pero muy iluminador prólogo de dicho libro, Raúl del Valle precisó con gran nitidez la esencia de la posición religiosa de Varela cuando afirmó: "En sus ideas filosóficas y políticas, en su pensamiento teológico y social y en sus métodos de apostolado, el Padre Varela fue un genuino precursor del movimiento de renovación católica del siglo XX, que ha culminado felizmente en el Concilio Vaticano II y en el movimiento ecuménico que anima la Iglesia en nuestros días".[5]

Efectuada esa salvedad necesaria, pasemos a analizar la evaluación que la crítica ha hecho de las fuentes de Varela. Ya en 1861, en el célebre discurso del entonces profesor de la Universidad de la Habana, José Manuel Mestre, que tuvo por título "De la filosofía en la Habana",[6] éste señaló la importancia de Varela como propagador de las ideas de Descartes y subrayó el empleo que nuestro filósofo hizo del método cartesiano. Casi un siglo después, en 1955, Rosaura García Tudurí efectuó un fundamental estudio sobre este mismo aspecto y partiendo de las tres pesquisas de Descartes: La Ontológica, la Gnoseológica y la Metodológica, evaluó muy objetivamente en qué medida utilizó Varela los resultados de esas pesquisas cartesianas, analizando las aproximaciones de Varela y el autor de *El Discurso del Método*. Afirma al efecto. la Dra. García Tudurí: "Sintetizando todo lo antes expuesto, podríamos situar a Varela dentro de la corriente moderna del pensamiento en el siglo XIX, asumiendo una actitud personal de cierta originalidad. En primer término es un cartesiano en cuanto al método, pero no en cuanto a la posición idealista de la doctrina"[7].

En el discurso que Enrique José Varona pronunció el 19 de noviembre de 1911, con motivo del traslado de los restos de Varela al Aula Magna de la Universidad de la Habana, aquél destacó la influencia en él de Descartes y señaló como otras fuentes a los filósofos ingleses Locke y Reidy, al francés Condillac de quien subrayó la honda huella que dejó en la enseñanza francesa y la repercusión que ésta tuvo en los países de habla hispana. Varona aludió al hecho de que la obra de la primera etapa de Varela no revela familiaridad alguna con las escuelas alemanas y que había que esperar a los artículos de la emigración, especialmente el consagrado al sistema de Kant, para encontrar prueba de ese contacto y destacó que precisamente ese trabajo demostraba que "su invariable anhelo de saber no se amortigua con los años"[8]. Varona, destacando desde luego aquellos aspectos de Varela más afines a él, subrayaba la preocupación científica de éste que fue una característica constante de su vida pues aún en la época del destierro efectuó traducciones de obras puramente científicas. Lo mismo percibe Medardo Vitier al afirmar que "el adelanto que alcanzan a fines del siglo XVIII y principios del siglo XIX las ciencias físicas y naturales colora fuertemente la hechura mental de Varela".[9]

En relación a los orientadores de Varela, Vitier, en su *Filosofía en Cuba*, siguiendo a Hernández Travieso, subrayó la importancia de O'Gabán, sobre todo en lo que se refería a su adhesión a Locke y Condillac[10], y en otra de sus obras fundamentales, *Las ideas en Cuba*, destacó la infuencia magisterial del Padre José Agustín Caballero, que también apuntaba a esas tendencias renovadoras.[11] Además Vitier, en el prólogo a la edición que de la *Miscelánea Filosófica*[12] publicó en 1944 la Universidad de la Habana, volvió a insistir en la cercanía de Varela a la Ideología y la repercusión que en Varela había tenido Destutt de Tracy. No obstante, Rosario Rexach[13] ha señalado el hecho de que a pesar de todo esto la crítica no se ha detenido suficientemente en la influencia que ejercieron en Varela, Caballero, O'Gabán y el Obispo Espada, que tan generoso fue con el brillante sacerdote y que tanto le apoyó en su vida intelectual.

16

Adrián G. Montoro, estudiando las fuentes varelianas ha señalado el hecho[14] de que el empirismo de Condillac era insuficientemente radical y no avanzaba hasta las últimas consecuencias y que esto permitió que sacerdotes católicos como O'Gabán y Varela pudieran considerarse discípulos más o menos fieles de Condillac, sin dejar de ser cristianos ortodoxos.

Humberto Piñera vio que lo que había en Varela de sensualismo era una actitud de resguardo, de preventiva reacción frente al innatismo. Y para fundamentar su opinión transcribía estas palabras esclarecedoras de Varela, tomadas de su *Miscelánea Filosófica*: "De lo que antecede (´que los sentidos trasmiten las impresiones al intelecto') el lector pensará que soy sensualista . Y en efecto lo soy, en tanto en cuanto no puedo admitir las ideas innatas, al menos como éstas suelen ser explicadas... ¿Qué significa esto? ¿qué existen algunas ideas de objetos puramente espirituales cuya imagen los sentidos no pueden nunca producir? Aceptado. ¿Quiérese dar a entender que no podemos venir por medio de algunos razonamientos de las cosas sensibles al conocimiento de las espirituales? Esto es con toda evidencia absurdo y lo prueba la voz de la naturaleza, proclamando la existencia de Dios"[15].

Piñera destacaba que esa preocupación por el conocimiento empírico lo une a toda la filosofía moderna. Al indicar que Varela no fue un sensualista ortodoxo, Piñera señaló que eso se debía además que a su condición y formación religiosa, al hecho de que Varela no era un hombre de un solo bando, sino que fue un filósofo que sometió todas las ideas que estudió a una cuidadosa evaluación. Añadiríamos nosotros que hay que recordar que Varela había proclamado su eclecticismo filosófico, que su espíritu independiente no se afilió absolutamente a ninguna escuela y aunque, como ya se ha indicado, tiene su obra una cierta influencia del Sensualismo y de la Ideología, no se consideró nunca un mero seguidor de esas ideas.

Rosario Rexach ha observado en la obra vareliana lo que llama continuos retrocesos para armonizar su fe con su saber, aunque comprendió que esa incongruencia se debía no solamente al hecho de haber abrazado Varela el sacerdocio, sino a "su peculiar condición de hombre formado en la tradición española, y por tanto en discordancia sustancial con las corrientes que informan el pensamiento moderno"[16]. Para ella eran ambas circunstancias las que influyeron en la posición filosófica del gran pensador cubano y consideraba que no debía olvidarse que Varela representaba un tipo de transición en la línea evolutiva de la cultura cubana, que si por una parte —la más consciente y deliberada— se proyectaba hacia lo nuevo; por la otra no podía dejar de reaccionar con todo el pasado que obrara sobre él.

Varela defendió siempre la libertad filosófica de pensar y reservó a la fe, las cosas divinas, dejando en lo humano, la razón y la experiencia como los instrumentos necesarios para el logro de la verdad. En su Elenco de 1816, examen I, proposición 26, dice que "La autoridad es el principio de una veneración irracional que atrasa la ciencia" y en la proposición 27 agrega que "Los Santos Padres no tienen autoridad alguna en materia filosófica". Es decir, que gracias a esa distinción clarísima entre las esferas filosóficas y teológicas, pudo Varela enfrentarse al campo de la filosofía con una verdadera actitud de evaluación crítica. Claro está que en el aspecto metafísico, reitero, su posición fue completamente definida. Así proclamó: "Dios es un ente perfectísimo" y agregó "su existencia la publica abiertamente la naturaleza, la comprueba el consentimiento de los pueblos, y la evidencian las razones metafísicas; la verdadera filosofía supo siempre cuál era su origen, le confesó y acató, más los falsos filósofos han querido dirigir sus débiles saetas al trono del Eterno, cuya simplicidad, unidad, justicia y providencia sostendré siempre contra los embates de hombres tan alucinados"[17].

Pero este ser excepcional transido de amor cristiano, trató además por todos los medios que tuvo a su alcance de aplicar sus conocimientos al mejoramiento de su pueblo. Así Varona, en el discurso de la Universidad ya aludido, calificó a Varela de "eminente educador del pueblo cubano, el insigne educador de nuestro pueblo, timbre tan honroso, que ninguno puede ser más alto"[18]. En efecto, Varela representó el comienzo de un maravilloso movimiento intelectual que sentó las bases de la nación. Sembró en sus discípulos la necesidad de pensar y evaluar los problemas de la sociedad cubana, semilla que culminó fecundamente en el afán de su pueblo de formarse un futuro más luminoso.

En su obra y en su cátedra del Seminario San Carlos, efectuó una defensa de la educación experimental y un ataque a los sistemas verbalistas y memoristas que caracterizaban la enseñanza escolástica en Cuba. Apuntó el Padre Varela en sus "Observaciones sobre el escolasticismo": "No pudiendo el escolasticismo ser fecundo en doctrinas, pues no debía presentar otras que la de los maestros, procuró serlo en voces, en fórmulas, en reglas y en abstracciones deducidas como con pinzas del texto de los grandes hombres"[19].

Un estudio del fundamental discurso de ingreso de Varela en la Sociedad Patriótica Cubana de la Habana, de 20 de febrero de 1817, demuestra bien a las claras su optimismo sobre la educación y lo hondamente que sentía la necesidad de la reforma educacional, pues veía en todo el proceso educativo un fin moralizante. Dice Varela al efecto: "El hombre será menos vicioso cuando sea menos ignorante. Se hará más rectamente apasionado cuando se haga más exacto pensador"[20]. Más adelante en este mismo discurso, volviendo sobre su crítica constante a la enseñanza memorística que predominaba en Cuba, argumentaba la necesidad de que en la enseñanza primaria se sustituyera el sistema imperante por una enseñanza totalmente analítica, aunque adaptándola a la tierna edad de los educandos y recomendaba la creación de una obra elemental para la primera educación que debía ser lo más breve y clara que fuera posible.

Varela también luchó por reformar la enseñanza superior en su patria. Efectuó cambios sustanciales en su cátedra del Seminario San Carlos y sembró trascendentes ideas innovadoras en las mentes de sus discípulos. Cuando fue Diputado de la Isla a las Cortes Españolas, presentó el 14 de mayo de 1822 en Madrid, una solicitud a la Dirección General de Estudios[21] en la cual hizo un informe del estado general de la enseñanza superior en la Habana y al amparo del entonces recientemente publicado decreto de reforma de la enseñanza universitaria de fecha 29 de julio de 1821 solicitó que fueran refundidos el Real Colegio Seminario San Carlos de la Habana y la Real y Pontificia Universidad de San Jerónimo debiendo según su opinión, permanecer en existencia solamente el primero. Varela aprovechó esta ocasión para realizar un estudio comparativo de la labor docente de ambos centros y criticó la ausencia de espíritu renovador que existía en la Universidad de la Habana y el uso en ella de libros de textos anticuados. Una evaluación cuidadosa de este documento corrobora el interés de Varela en que los estudios universitarios adquirieran mayor seriedad y rigurosidad, estuvieran más abiertos a las nuevas corrientes filosóficas e intensificaran los estudios científicos. Tal iniciativa quedó sepultada en la abulia y la intransigencia del monumental aparato administrativo de la corona española.

Otro aspecto en el que sólo me detendré brevemente pero que vuelve a demostrar lo avanzado que estuvo Varela en relación con su tiempo y cuán genuinamente su vida estaba guiada por el mensaje de amor y de justicia de Jesucristo, fue la defensa que hizo de los derechos de la mujer a una educación integral. Señaló Varela en uno de sus Elencos: "Uno de los atrasos de la sociedad proviene de la preocupación de excluir a las mujeres del estudio de las ciencias o a lo menos no poner mucho empeño en ello, contentándose con lo que privadamente por curiosidad, pueden aprender, siendo así que el primer maestro del hombre es su madre y que esto influye considerablemente en su educación"[22].

Alfredo M. Aguayo[23] estudió con gran precisión la preocupación vareliana por la educación, en un trabajo que tituló "Las ideas pedagógicas del Padre Varela" en el que fija las relaciones entre el pensamiento filosófico de éste y su función como educador y subraya que a pesar de que Caballero y O'Gabán importaron las nuevas corrientes, no se desprendieron del formalismo escolástico y que fue Varela el que dio ese decisivo paso en la historia de la educación cubana. Negando Varela la noción de las ideas innatas —con lo que se separa en esto de Destutt de Tracy y se afilia a Condillac— el eminente sacerdote sostuvo que los conceptos del entendimiento no eran más que signos verbales de los que se valía el ser humano para expresar el resultado de sus calificaciones.

Aguayo consideró que la lógica para Varela consistía en la descomposición de las ideas, es decir, en simples operaciones analíticas que consideraba las bases del conocimiento. Asimismo destacó la verdadera vocación de maestro que tenía Varela y subrayó que sus *Máximas Morales para el uso de las escuelas*, sus *Cartas a Elpidio*, su *Miscelánea Filosófica* y muchos de sus artículos periodísticos estaban penetrados de un amor entrañable a la juventud. El pedagogo que era Aguayo no podía dejar de admirar el hecho de que el brillante presbítero llegara inclusive a estudiar el carácter del método que debía emplearse en la educación. Señaló que Varela cometió un error, al que llamó jacobinismo pedagógico, el de tener una absoluta fe en la transformación del hombre por la educación, lo que está relacionado a lo que ya nos hemos referido como el optimismo vareliano, pero lo justificó porque consideraba de que se trataba de una equivocación común a la intelectualidad de la época y concluyó su estudio calificándolo de padre de la pedagogía cubana y de inspirador y primer exponente del sistema de educación de su país.

En efecto, en Varela están siempre muy unidos, el intelectual y el hombre de acción, preocupado por el mejoramiento de las condiciones de vida de sus semejantes. Su labor como Curador de las escuelas de la Habana, cargo que ocupó a iniciativa de la Sociedad Patriótica de Amigos del País, se plasmó en la fundación de varias escuelas. Su apostolado religioso en los Estados Unidos que, como hemos señalado, ha sido tan rigurosamente estudiado por Joseph and Helen McCadden, estuvo caracterizado por una entrega absoluta a ese alto propósito y hasta llegó a fundar guarderías infantiles gratuitas y asilos para los huérfanos y los hijos de viudas pobres; ese afán de que la ayuda que brindara siempre produjera sus más óptimos resultados se hizo evidente incluso en sus clases del seminario habanero, cuando llevado por sus ideas pedagógicas sustituyó la fría lectura de los textos por la viva explicación del profesor y reemplazó en sus aulas el latín por el español para asegurar la más facil comprensión de sus estudiantes.

La penetrante visión política de Félix Varela le hizo sentir una preocupación por el futuro de Hispanoamérica y tuvo clara conciencia del destino común que uniría las nacientes repúblicas. En fin, mostró cierta inquietud que después caracterizaría al ensayo hispanoamericano y que se haría tema central de la obra de figuras del calibre de José Martí, con su honda agonía por los problemas a los que se enfrentaba "Nuestra América", de Andrés Bello, Eugenio María de Hostos, Domingo Faustino Sarmiento y que continuaría en nuestro siglo con Pedro Henríquez Ureña en *Los ensayos en busca de nuestra expresion*; José Vasconcelos en *La raza cósmica* o Jorge Mañach en *Teoría de la Frontera*, por sólo citar a unos cuantos de los más notables. Esa inquietud llevó a Varela a proponer a las Cortes Españolas en 1823 que la metrópoli reconociera definitivamente la independencia de las repúblicas hispanoamericanas. Por eso ha señalado con acierto Claudio Benedí[24] que se adelantó a la proclamación de la Doctrina Monroe y que fue un precursor de la defensa de la soberanía de nuestro continente y del repudio a todo tipo de intervención extranjera.

Varela planteó también la necesidad de extinguir la esclavitud de los negros en su patria y con gran valentía y honestidad presentó una Memoria a las Cortes Españolas[25] en la que con moderación razonaba sobre algunas de las desastrosas consecuencias que el régimen esclavista podía traer para Cuba. Aprovechó la ocasión para hacer una rigurosa evaluación de los grandes errores de la política colonial en la isla a través de los siglos y subrayó la injusticia y la inhumanidad que conllevaba la esclavitud. En su propuesta, mostró su preocupación por crear un sistema jurídico que hubiera podido ser viable porque respetaba los intereses económicos de los dueños de esclavos y que irremediablemente hubiera llevado a la definitiva abolición de la esclavitud y a garantizar que la nueva libertad que hubieran adquirido los antiguos esclavos no hubiese sido ilusoria y que éstos no hubieran podido ser víctimas, por su debilidad e ignorancia, de sus antiguos amos o de cualquier otra persona deshonesta. En resumen, esa Memoria demuestra además de su gran respeto a la dignidad humana, su genuina preocupación de que la norma jurídica no solamente contenga la declaración del interés legalmente protegido, sino también establezca el mecanismo social adecuado para que en la práctica no se desvirtúe su propósito, lo que en definitiva está muy ligado a su labor sacerdotal que fue una vertiente fundamental de una vida dominada por una permanente preocupación por ayudar eficazmente a todos los seres humanos.

Félix Varela fue una personalidad polifacética con una fecunda actividad, cuya obra muy merecidamente ha producido una bibliografía pasiva impresionante no solamente por su amplitud, sino por la seriedad que en general la caracteriza. Actualmente está acabándose de imprimir en este país una bibliografía de Varela compilada por el laborioso profesor Enildo García, del Consejo de Directores de la Fundación organizadora de este congreso, que será una aportación fundamental en este aspecto.

Un ejemplo de esa multiplicidad de dimensiones de Varela se hizo evidente en el homenaje que el Círculo de Cultura Panamericano le rindiera, con motivo del bicentenario de su nacimiento. En dichos trabajos que fueron recogidos en la revista *Círculo* de 1989[26] fue analizado como siervo de Dios; como teólogo; como humanista moderno; como estudioso del Derecho Constitucional; como ensayista y hasta se evaluó la vigencia de su pensamiento y se destacó la nostalgia como categoría lógica para entender y apreciar a cabalidad su obra.

Y esa nostalgia de su patria, a la que aludía precisamente el estudio de la profesora Rexach, nos permite acercarnos a la última preocupación vareliana en la que nos detendremos, su amor por Cuba, ya que él fue un cubano ejemplar que sintió muy hondamente los problemas a los que se enfrentaba su pueblo y que, con el mensaje de preocupación cívica que ofreció su vida y que quedó plasmada en su obra, tuvo una participación fundamental en la formación de la conciencia nacional.

Varela levantó su voz en plena colonia para hablar de los derechos del hombre y se enfrentó por esa causa a la miopía de los gobernantes españoles. Escogió el exilio azaroso, transido de tristeza y nostalgia pero saturado de noble grandeza, en estas tierras de Norteamérica, que siempre han sido refugio de los cubanos que han preferido la libertad de la conciencia al silencio aniquilante que impone el rigor del opresor de ocasión y aquí además de su extraordinario apostolado sacerdotal definió, desde las páginas de *El Habanero*, las razones morales y políticas que avalaban la necesidad de reformas que demandaba su pueblo sojuzgado. Claro que en el pensador que hay en Varela, la pasión de la patria está como sofrenada por el razonamiento convincente y el énfasis polémico sustituído por la mesura del estudio sociológico.

En las páginas de *El Habanero* sostuvo Varela que: "Todo pacto social no es mas que la renuncia de una parte de la libertad individual para sacar mayores ventajas de la protección del cuerpo social, y el gobierno es un modo de conseguirlas. Ningún gobierno tiene derechos. Los tiene sí el pueblo, para variarlo cuando él se convierta en medio de ruina, en vez de serlo de prosperidad"[27]. Y más adelante en el propio artículo señaló: "Quiera o no Fernando, sea cual fuere la opinión de sus vasallos en la isla de Cuba, la revolución de aquél país es inevitable. La diferencia sólo estará en el tiempo y en el modo, y desde este punto de vista es como quisiera yo que se considerase el asunto."[28]

Con aguda visión agrega después: "Sea cual fuere la opinión política de cada uno, todos deben convenir en un hecho, y es que si la revolución no se forma por los de la casa, se formará inevitablemente por los de afuera y que el primer caso es mucho más ventajoso. En consecuencia, la operación debe ser uniforme. Pensar como se quiera; operar como se necesita"[29]. Y fijando ante la historia su clara devoción patriótica afirma: "Ya que todo el mundo calla, yo no sé callar cuando mi patria peligra, y habiéndola sacrificado todos los objetos de mi aprecio, yo no le negaré este último sacrificio; su imagen jamás se separa de mi vista, su bien es el norte de mis operaciones, yo la consagraré hasta el último suspiro de mi vida"[30]. Para terminar hermosamente afirmando: "Yo he dado un adiós eterno a los restos de una familia desgraciada, y en medio de un pueblo libre mi existencia sin placeres, pero sin remordimientos, espera tranquila su término"[31].

Varela sentó las bases de su pensamiento político desde muy joven en su cátedra de Derecho Constitucional del Seminario San Carlos de la Habana, al comentar la fundamentación jurídica de la liberal Constitución Española del año 1812, que fue heredera de los principios nobles de la Revolución Francesa y no de sus intransigencias radicales que la llevarían a negar sus máximas inspiradoras. Su defensa de los derechos fundamentales del ser humano tenía que llevarlo necesariamente a su convicción de la justicia de la independencia de la Patria. Por eso José Martí lo llamó "patriota entero" y añadió "que cuando vio incompatible el gobierno de España con el carácter y las necesidades criollas, dijo sin miedo lo que vio y vino a morir cerca de Cuba, tan cerca de Cuba como pudo"[32].

La obra vareliana está caracterizada por la integración de la preocupación filosófica, la pedagógica, la ética y la cívica con su inquebrantable fe religiosa. Esto se hace evidente en su libro *Cartas a Elpidio* cuyo contenido es filosófico; su mensaje, moral; su propósito, didáctico, a la vez que muestra su amor a la patria y su firme creencia en la religión revelada.

Valiente cruzado de la libertad fue Félix Varela Morales, defensor infatigable de la dignidad humana, humilde y fecundo cordero de Dios, que tuvo en una vida llena de logros intelectuales y dedicada al mismo tiempo a un genuino apostolado de la doctrina de Jesús, una constante preocupación por el destino de su patria que lo acompañó hasta el mismo momento de su muerte.

NOTAS

1. Véase por ejemplo Juan J, Remos, *Historia de la literatura cubana* (Miami, Mnemosyne Publishing Co., 1945), Vol. 1, 171.

2. Mercedes García Tudurí, "En torno a la filosofía en Cuba", *Cuba Diáspora*, Anuario de la Iglesia Católica, 1975, 47.

3. Rosaura García Tudurí, "Influencia de Descartes en Varela", *Revista Cubana de Filosofía*, Vol. III, Enero-Abril 1951, Núm. 11, 20.

4. Joseph and Helen McCadden, *Father Varela, Torch Bearer from Cuba*, (New York, The United States Catholic Historical Society, 1969).

5. Rev. Raúl del Valle, Prólogo, en Joseph and Helen McCadden, *Father Varela, Torch Bearer from Cuba*, 10.

6. José Manuel Mestre, "De la filosofía en la Habana", *Enciclopedia de Cuba*, (San Juan y Madrid, Enciclopedia de Clásicos Cubanos Inc., 1975) Tomo 6, 501.

7. Rosaura García Tudurí, "Influencia de Descartes en Varela", 35.

8. Enrique José Varona, "Elogio de Félix Varela", *Estudios y Conferencias*, (La Habana, Ministerio de Educación, Edición Oficial, 1936), 412.

9. Medardo Vitier, Prólogo a *Miscelánea Filosófica* de Félix Varela Morales, (La

Habana, Universidad de la Habana, 1944), XX.

10. Medardo Vitier, *La filosofía en Cuba*, (La Habana, Instituto Cubano del Libro, 1970), 345.

11. ____. *Las ideas en Cuba*, (La Habana, Instituto Cubano del Libro, 1970), 193.

12. Félix Varela y Morales, *Miscelánea Filosófica*, Prólogo de Medardo Vitier, (La Habana, Universidad de la Habana, 1944), 18.

13. Rosario Rexach, *El pensamiento de Félix Varela y la formación de la conciencia cubana*, (La Habana, Ediciones Lyceum, 1950), 63 y siguientes.

14. Adrián G. Montoro, "La filosofía en Cuba", *La Enciclopedia de Cuba*, Vol V, 406 y siguientes.

15. Humberto Piñera Llera, *Panorama de la filosofía cubana*, (Washington D.C., Unión Panamericana, 1960), 41, 43, 44. Las palabras transcritas de Varela son de su *Miscelánea Filosófica* (La Habana, Ed. de la Universidad de la Habana, 1944), 257.

16. Rosario Rexach, *El pensamiento de Félix Varela y ...*, 62.

17. Citado por José Manuel Mestre, "De la filosofía en la Habana"..., 504.

18. Enrique José Varona, "Elogio de Félix Varela",..., 413.

19. Félix Varela Morales, *Miscelánea filosófica*, 97.

20. ____. "Educación y Patriotismo", *Cuadernos de Cultura*, (La Habana, Publicaciones de la Secretaría de Educación, Dirección de Cultura, 1935), 15.

21. Véase Francisco González del Valle, "Varela y la reforma de la enseñanza universitaria en Cuba", *Revista Bimestre Cubana*, Vol. XLIX, 1942, Marzo-Abril, No.2, 199-202.

22. Félix Varela Morales, "Doctrinas de Lógica, Metafísica y Moral, enseñadas en el Real Seminario San Carlos de la Habana, por el Pbro. Don Félix Varela en el primer año del curso filosófico". Transcrito en Antonio Bachiller y Morales, *Apuntes para la historia de las letras, etc., en Cuba*, Tomo II, 174.

23. Alfredo M. Aguayo, "Las ideas pedagógicas del Padre Varela", La *Instrucción primaria*, La Habana, 1911, 149-155.

24. Claudio F. Benedí, "The Faresight of Félix Varela", *Américas*, (Washington D.C., Organization of American States, April, 1977), Vol. 29, No. 4.

25. Félix Varela Morales, "Memoria que demuestra la necesidad de extinguir la esclavitud de los negros de la isla de Cuba, atendiendo a los intereses de sus propietarios", en *El Habanero*, (Miami, *Revista Ideal*, 1974), I-XXIV.

26. *Círculo. Revista de Cultura*, Vol. XVIII, 1989.

27. Félix Varela Morales, "Tranquilidad de la isla de Cuba", *El Habanero*, 54.

28. ____, "Tranquilidad...", 55.

29. ____, "Tranquilidad...", 59.

30. ____, "Tranquilidad...", 61.

31. ____, "Tranquilidad...", 61.

32. José Martí, "Ante la tumba del Padre Varela, en *Obras Completas*, (La Habana, Editorial Nacional de Cuba, 1963), Tomo II, 96.

IMAGEN DE
JOSÉ DE LA LUZ Y CABALLERO
1800-1862

Conferencia leída en el XXIX Congreso Anual del Círculo de Cultura Panamericano copatrocinado por Bergen Community College, N.J. el 9 de noviembre de 1991.

José de la Luz y Caballero fue una de nuestras mentes más universales. Medardo Vitier lo ha calificado como el cubano que demostró mayor acumulación de conocimientos y subrayó que para hacer esa afirmación había tenido en cuenta inclusive a Enrique José Varona. Es innegable que su extraordinaria dimensión histórica surge, tanto de esa brillantez de su intelecto, como de su notabilísima dimensión ética, de su celo apostólico, y de su clara conciencia de que había que preparar a los cubanos espiritual y culturalmente para que se pudiera llevar a cabo la redención política y social de la patria, en resumen, de haber sido intrínsecamente, un maestro.

Hace ya más de diez años, en un trabajo sobre los ensayistas cubanos del siglo XIX,[1] señalé que la labor de los mismos podía clasificarse atendiendo a la función que realizaron en el proceso histórico, en tres grandes acápites: la función iluminadora, pues difundieron en la colonia la cultura universal que llegaba a nuestras costas cargada de ideas renovadoras; la función analítica, cuando estudiaron los problemas de la patria, que era en definitiva el primer paso para intentar la solución de los males de la colonia y la función formativa, que tenía como propósito, ya fuera expreso o subyacente, la creación de una conciencia nacional. Esa labor que tan fecunda fue en la formación de la nacionalidad cubana llevaría necesariamente al proceso histórico de redención nacional.

En efecto, es indudable la importancia que para el desarrollo del pensamiento cubano tuvo el breve período de seis años que al final del siglo XVIII ocasionó la llegada a Cuba de las ideas de la ilustración española en el gobierno del Capitán General Don Luis de las Casas, quien contó con la cooperación valiosa de hombres al tanto del movimiento neoclásico europeo, como el obispo español, de tan feliz recordación en la historia de Cuba, Juan José Díaz de Espada y los cubanos Francisco Arango y Parreño, Bernardo O'Gabán, José Agustín Caballero y Tomás Romay, que más tarde fue suegro de Don Pepe.

Esa apertura propició que José Agustín Caballero, tío y preceptor de La Luz, explicara en las aulas cubanas las ideas de Descartes y que un continuador excepcional de esa labor de renovación, el padre Félix Varela, aunque con ciertas reservas, como hemos señalado en otra ocasión,[2] discutiera en su cátedra, los postulados del empirismo, el sensualismo y la Ideología. Esa actitud deliberada de quebrantar el vasallaje ideológico que hasta entonces había caracterizado a la colonia tuvo en José de La Luz y Caballero, un vocero de excepcional trascendencia en la historia de las ideas cubanas, pues La Luz no sólo fue un continuador del pensamiento de Varela en esa apertura que hemos señalado sino también en la labor que emprendió aquél en la reforma de la enseñanza cubana, en un doble aspecto: el primero de carácter metodológico, la necesaria superación pedagógica del tradicional sistema memorístico que tanto estaba retardando el desarrollo de la educación en la Isla; el segundo, temático, al intentar darle participación en el curriculum de estudio a las ciencias naturales o físicas, con lo que también se pretendía poner en concordancia la formación de los jóvenes cubanos con los vientos de renovación que en el campo científico soplaban en el continente europeo.

Su trabajo "Rectificación. Identificación filosófica con mi maestro Varela"[3] tan injustamente olvidado por la crítica, que José de La Luz publicara en mayo 2 de 1840 en la *Gaceta de Puerto Príncipe,* es un documento, en mi opinión, fundamental no solamente para establecer la relación de continuidad del movimiento filosófico de renovación cubano que une a estas dos figuras excepcionales de nuestro pensamiento decimonono sino también para acercarnos en forma panorámica, en virtud de ese poder de síntesis, que fue tan característico de La Luz, a su propio pensamiento, que dejaría disperso a través de su obra, principalmente en sus Elencos o programas de estudio, en sus aforismos, en la famosa polémica o en otros valiosos estudios filosóficos.

En el aludido trabajo de identificación filosófica con su maestro Varela, escrito para impugnar un artículo publicado por

27

uno de sus críticos bajo el pseudónimo de "El ciudadano del mundo de Trinidad", La Luz reconocía que aquél tenía razón cuando afirmaba que pese a la íntima amistad que lo unía a Varela, ambos diferían en opiniones filosóficas, pero hacía la salvedad de que su crítico se equivocaba al llevar demasiado lejos la consecuencia de su misma premisa y señalar que él, La Luz, no estaba de acuerdo ni con el método ni con las doctrinas filosóficas de Varela. Aclaraba Don Pepe que el hecho de que discrepara de algunas pocas opiniones de Félix Varela no podía servir de fundamento para afirmar que no siguiera su filosofía, palabra bajo la cual se encerraba, como decía La Luz, todo un sistema de doctrinas.

En efecto, en este iluminador trabajo La Luz reconocía que la obra filosófica de Varela le servía de texto en sus clases sobre esta materia y que incluso en su impugnación de la escuela ecléctica francesa se valía de las obras del presbítero. Señalaba además, que era discípulo de Varela en muchos aspectos, así La Luz aplaudía la victoria de aquél sobre el decadente escolasticismo y reconocía que su maestro había introducido en la Isla la libertad filosófica de pensar, y el verdadero eclecticismo. Con ello, La Luz se estaba refiriendo sin duda, a la actitud filosófica de evaluar las diferentes escuelas, tratando de conciliar los distintos aspectos por medio de la razón y sin otro propósito que la honesta búsqueda de la verdad, o sea una posición filosófica que difería sustancialmente de la llamada escuela ecléctica francesa, que tenía en Cousin una de sus figuras centrales. De ahí el adjetivo verdadero con que calificaba el ecleticismo vareliano para distinguirlo claramente de aquella escuela francesa que La Luz combatiría con tanta agudeza.

También alabó la labor de Varela de destacar la importancia de las ciencias físicas, no ya sólo para los logros materiales de la sociedad sino para dirigir y robustecer el entendimiento en todo género de investigaciones, y muy particularmente para el progreso de la Filosofía racional. Por último La Luz subrayaba como otra aportación sustancial de Varela a la reforma educacional cubana, la sustitución del latín por el español, pese al gran dominio que el presbítero tenía de la lengua latina, pues con ello daba a los educandos el vehículo más fácil y expeditivo para la adquisición de conocimientos.

La Luz fue un escritor fecundo contrariamente a lo que se ha venido repitiendo. Es verdad que no escribió los libros orgánicos a los que estaba llamado por su talento y por su cultura, porque su intervención constante en la vida de la colonia, siendo un

28

portaestandarte de las ideas de renovación en los campos político, ético y cultural en un ambiente dominado por la intolerancia absolutista de las autoridades coloniales, le tomaron todo el tiempo que necesitaba para sus empeños puramente intelectuales, pero eso no quiere decir que, como han reconocido Humberto Piñera, Medardo Vitier y Juan J. Remos, no hubiera ido produciendo una valiosa obra, impelido por las circunstancias que le tocó vivir.

La temática de la obra de La Luz abarca lo filosófico, lo literario, lo pedagógico, lo socio-político, lo científico y lo que fue recogido en plena república por la Universidad de la Habana como su obra íntima, es decir su epistolario, apuntes de viaje y diarios. También efectuó varias traducciones, la más conocida la del libro de Volney, *Viaje por Egipto y Siria*, además una *Vida de Schiller* traducida del alemán y *Reforma carcelaria* de Seiglig.

En la obra filosófica de La Luz merecen destacarse sus *Elencos* o programas de su cursos de Filosofía. Recuérdese que en varias ocasiones ocupó cátedra de esa disciplina y a través de aquéllos, a pesar de su naturaleza esquemática, nos podemos asomar a su pensamiento filosófico. En efecto, en su Elenco de 1840, indica: "Nosotros concebimos la filosofía en cierto modo como la concibieron los antiguos: un sistema de doctrinas y normas que así se ocupa en la exposición de las leyes del universo, como en la practica de sus pensamientos o acciones"[4]. Y más adelante agrega: "Por consiguiente ninguna verdadera filosofía puede ser indiferente, ni expectante, en el problema siempre renovado y siempre urgente, que presenta la humanidad"[5]. En consecuencia, para él toda filosofía se dirigía forzosamente al entendimiento y al corazón. Esto lo lleva a afirmar "que no se da acto ninguno en la humanidad exclusivamente espiritual o corporal. Quien dijo *acto*, ya dijo *manifestación*, y quien dijo *manifestación*, ya dijo *causa* (lo espiritual) mostrada en el efecto (lo corporal)"[6]. Por eso es que para La Luz, toda filosofía "lejos de ser impía e incrédula, envuelve precisamente una religión, un sistema de dogmas y doctrinas encaminando a la moral, a la *práctica* que es consecuencia forzosa de la *teórica*, o nociones adquiridas sobre Dios, el hombre y el mundo"[7]. Esta posición filosófica de La Luz es uno de los factores que hay que tener en cuenta en relación a su actitud ante el Eclecticismo de Cousin y su famosa polémica, pero como señalaré más adelante, hubo otros elementos de matiz político en la misma.

Otra valiosa fuente son sus famosos *Aforismos* que recogió su discípulo Enrique Piñeyro en la *Revista del Pueblo* y en la *Revis-*

ta Habanera y fueron publicados además por Alfredo Zayas en 1890 y en varias ediciones en el siglo XX. Cabe citarse por ejemplo, una de la Universidad de la Habana, dirigida por Roberto Agramonte, y otra al cuidado de Manuel I. Mesa Rodríguez de 1930. Los *Aforismos* de La Luz tuvieron una repercusión moral extraordinaria no solamente en el siglo XIX sino que han constituído un código ético de gran trascendencia en toda la historia cubana.

Este libro recorre una extensa variedad temática pero su unidad emana de su profundo mensaje ético. Entre los diferentes temas que abarca está el religioso, el filosófico, el pedagógico y el político. A veces se acerca a grandes figuras religiosas como San Pablo o San Agustín pero aunque muestra admiración por la brillantez del intelecto de ambos —hay alusiones a las epístolas del primero y a la obra de la gran figura de la Patrística— es la dimensión humana de los dos, lo que atrae a este "evangelio vivo" cubano. Aún cuando se enfrenta a figuras históricas como George Washington o Napoleón Bonaparte, los recuerda en sus momentos de renuncia; los evoca venciéndose a sí mismos.

Hombre de gran sensibilidad estética capta felizmente en un breve aforismo la íntima relación entre arte y filosofía y así señala: "El genio filosófico presupone el germen artístico. Y el arte lanza a destellos la más honda filosofía, a veces sin conciencia de su obra"[8].

Su fundación cristiana, que siempre estuvo presente en su vida, se hace patente cuando señala: "El cristianismo, como toda síntesis poderosa, heredó de todas las doctrinas que le precedieron; pero han sido *nuevos* e inmensos, muchos de los beneficios que a la humanidad ha prestado. Nueva y tan nueva, la doctrina *moral*, que excitó la persecusión más desaforada en unos y el entusiasmo más ardiente en otros"[9].

También comprendió muy tempranamente la gran significación de las nuevas corrientes filosóficas germanas e indicó al efecto: "...en medio del indiferentismo moderno, de la muerte religiosa, por decirlo de una vez, que acabó moralmente con la sociedad heredera del siglo XVIII, la filosofía alemana aunque protestante en su esencia, y emancipadora en sus tendencias, ha sido la redentora, la restauradora de las ideas religiosas, la que les ha vuelto su importancia, y rehabilitado de rechazo a la cristiandad"[10]. Se trataba de ese idealismo germánico que La Luz había leído directamente en sus fuentes y cuya importancia en la Historia de las ideas apuntó adelantándose a muchos en estas tierras de América. Previniendo futuras impugnaciones basadas en estrechos criterios sectarios, agregaba, demostrando esa intrínseca honestidad intelectual que tanto le caracterizara: "Es forzoso, ser justos e imparciales. Sin esto no hay filosofía posible: no hay aquel juicio superior y tranquilo ánimo que se cierne, y mira, sobre el conjunto de las cosas; no hay síntesis"[11].

En la polémica filosófica, en la que participaron numerosas figuras del pensamiento cubano, la intervención de Don Pepe, dada su significación intelectual, concentró en él la atención pública. La polémica abarcó diversos aspectos. Un problema que se debatió fue el metodológico, es decir si se debía anteponer el estudio de la naturaleza a las cuestiones trascendentes, o sea, si se debía dar preferencia, como La Luz preconizó en algunos de sus Elencos, al estudio de la Física sobre la Lógica. Hay que aclarar que La Luz estaba con esta posición luchando contra un escolasticismo decadente, mero repetidor en las aulas de premisas, sin hacer a los estudiantes enfrentarse racionalmente a los problemas. En el fondo se estaban deslindando a través de esta polémica dos campos, los defensores de La Ideología, que constituía en esa época una tendencia filosófica de renovación del pensamiento universal, que se había iniciado en el empirismo de Locke y desarrollado en el sensualismo de Condillac y de Destutt de Tracy y de la otra el llamado Eclecticismo espiritualista de Cousin, que repudiaba las nuevas corrientes filosóficas, a las que le imputaban un marcado tono materialista, y un decidido mensaje escéptico no solamente en el plano moral sino religioso y al que ya se habían afiliado en España, muchos pensadores conservadores. La Luz, con gran penetración política, vio en la defensa de ciertos aspectos de las ideas del profesor francés, que en la Isla hacían los hermanos Manuel y José Zacarías González del Valle, sobre todo en las teorías del denominado optimismo histórico, una manera de justificar la dolorosa realidad política que la colonia atravesaba. Su brillante discípulo Manuel Sanguily[12], uno de sus más destacados biógrafos, señaló con razón que La Luz tenía que repeler una teoría que pudiera justificar la autoridad de un régimen basado, en lo político, en la autócrata actitud de los capitanes generales y, en lo económico, en la esclavitud y la trata.

En resumen, La Luz temió la repercusión que política y socialmente pudiera haber tenido en Cuba el auge de las ideas del profesor francés de Historia de la Filosofía. Es de traer a colación que Humberto Piñera Llera[13] haya relacionado esta polémica con la que años más tarde sostuvieron Enrique José

Varona y Teófilo Martínez Escobar sobre el krausismo. En ésta Varona, como antes había hecho La Luz y Caballero, impugnó aquellas teorías que hubieran podido servir de fundamento ideológico a una permanencia del poder político de la metrópoli española en la isla esclavizada. Fueron siempre estos intelectuales cubanos defensores de todas las teorías e ideas que fomentaran la formación de una conciencia nacional que llevaría a la isla necesariamente a la independencia. Ellos estaban observando atentamente las frustraciones que experimentaban las nacientes repúblicas hermanas de Hispanoamérica y comprendieron la necesidad de lograr una genuína emancipación intelectual como requisito para que se consolidara una estable independencia política.

Medardo Vitier[14] ha indicado que en el pensamiento de La Luz confluyen además de la corriente de la antigüedad clásica, de la patrística, y de la escolástica, la innovación baconiana, fundamentalmente de Locke, la de los grandes sistemas alemanes (de Kant y Hegel) y la del movimiento biológico de la primera mitad del siglo XIX. Como se comprende, La Luz fue una mente abierta a las nuevas ideas filosóficas de su centuria pero éstas no mediatizaron sus convicciones religiosas. Su admiración por la verdad científica y el método inductivo ha llevado a algunos a calificarlo de positivista pero su fe religiosa, de la que han dejado constancia sus alumnos, ha determinado que aún los que siguen esa opinión hayan tenido que calificarlo como un positivista especial, pues de otra manera no se pudiera ni siquiera intentar ubicarlo en una escuela como la positivista, que tuvo una actitud tan reprobadora de todo lo metafísico. Esta dualidad, es sin duda la clave de su personalidad y se proyecta en todas sus facetas.

Hablando del hombre ha visto Luis Alberto Sánchez[15] por una parte un ascetismo esencial y una religiosidad íntima y desbordante y de la otra una concepción de la vida como deber histórico. Estudiando al literato ha encontrado Raimundo Lazo que La Luz tiende a ser escritor enfático y tumultuosamente desordenado en la comunicación de las ideas, sobre todo en sus obras de más buscado efecto literario y la raíz de esto cree hallarlo en motivos temperamentales y en la influencia de su fluctuación entre erudición y racionalismo neoclásico de un lado y sentimentalismo romántico del otro, pero concluye que "cuando se aleja de lo ritualmente literario, en sus cartas y sus más espontáneos al par que profundos aforismos, revela un estilo de altas cualidades expresivas"[16].

En resumen, al estudiar a José de La Luz y Caballero, siempre habrá que partir de esa doble influencia, romanticismo y positivismo, que lucharon por dominar el pensamiento europeo de su siglo. En Don Pepe la influencia racionalista neoclásica que viene del siglo anterior se refuerza con las ideas de la nueva escuela positivista pero no es lo suficientemente poderosa para destruir en él las influencias románticas ni su sólida formación religiosa. Recuérdese que La Luz fue no sólo lector asíduo del Nuevo Testamento sino también de las novelas de Walter Scott y que tradujo a Schiller.

Si bien la imagen de José de La Luz y Caballero está reflejada definitivamente en su obra, es su vida la que le da aliento, fuerza y luminosidad y la que fija más vigorosamente esa imagen con más honda significación en la historia de su patria. Fue La Luz un ejemplo constante de dedicación y amor al estudio pero siempre puso su cultura y su inteligencia al servicio de su amada Cuba.

Evaluada esta vida con objetividad y rigor, teniendo en cuenta los altísimos sentimientos que la inspiraban y su gran respeto por la dignidad del ser humano, es fácil comprender que su excepcionalidad le trajera antagonismos y hasta enemistades y persecuciones, dado el ambiente de esterilidad intelectual, resentimientos cívicos, e intolerancia que caracterizó la política de la corona española en la Isla durante esa época.

Señalemos solamente dos hechos que pueden servir para abundar en la gran integridad de su carácter. Ambos de naturaleza francamente política: el primero, el intento de las autoridades españolas de involucrar a Don Pepe en la conspiración de La Escalera, que determinó que La Luz regresara de Francia a la Isla para enfrentarse con valentía y dignidad a sus injustos acusadores y el segundo, la redacción por La Luz del alegato que el grupo liberal cubano obligó a firmar a Saco, para presentarlo a Tacón como último recurso, con el objeto de evitar el destierro de este último. Pese al fracaso de la gestión, el documento tiene una gran importancia histórica, pues mostraba, como vio Ramiro Guerra[17], el enervante pesimismo del liberalismo criollo que estaba observando con gran dolor la poca preocupación cívica que caracterizaba a la sociedad cubana de la época.

Esto nos permite entender la moderación política de La Luz y su franca simpatía por la solución educacional. Su obra estuvo encaminada a la formación de una conciencia nacional en el pueblo cubano y a la creación de una generación de hombres capaces de crear un proceso de independencia, que él veía de difícil realización en las condiciones sociales, políticas y económicas en que el pueblo se desenvolvía en aquel momento.

Y es precisamente después de sufrir persecuciones y ataques injustos, cuando funda el 15 de enero de 1848 el colegio "El Salvador" que será una de sus contribuciones fundamentales, si no la mayor, a la historia de su patria. Forja de hombres, semillero de grandezas[18], fue la benemérita institución, en la que el maestro volcó no sólo su saber, sino todo su amor. Sus discípulos se sintieron sus hijos espirituales y compartieron con su esposa Mariana y su hija María Luisa, el cariño y la devoción de Don Pepe.

Los libros biográficos de sus discípulos, José Ignacio Rodríguez[19], Manuel Sanguily y Enrique Piñeyro[20] han recogido para la Historia el ambiente cultural y moral que se respiraba en esta alta casa de estudios. Ha dicho de él, otro gran maestro y pensador cubano, Enrique José Varona[21], que La Luz educaba con la palabra, con la pluma y con la acción y que todas las facetas de su carácter se pudieran interpretar como obra de educación. En un ensayo muy iluminador Juan J. Remos[22] estudió la influencia del colegio "El Salvador" en la generación de 1868.

Su deceso, el 22 de junio de 1862, pese a las prohibiciones oficiales de la época, produjo una verdadera conmoción popular, pero no como hubo de apuntar Marcelino Menéndez y Pelayo, en su *Historia de los Heterodoxos españoles,* como fuente de exaltaciones y alteraciones del pueblo, sino como hubieron de rectificar sus biógrafos, como expresión sincera de la inmensa pérdida que para Cuba representaba la extinción de esta vida ejemplar.

Por su jerarquía intelectual; por su honda preocupación cubana; por su desinterés que lo llevó a desechar el ejercicio de profesiones más remunerativas para las cuales tenía la correspondiente credencial académica, para dedicarse por entero a la siempre poco recompensada materialmente profesión de maestro; por la sinceridad de su mensaje; la callada pero fecunda misión que acometió; la valiente defensa que siempre hizo del derecho de los hombres a pensar libremente, fue La Luz uno de los más eminentes cubanos de toda nuestra Historia. Nuestro Apóstol, con justicia, lo llamó padre y fundador que a solas ardía y centelleaba[23].

NOTAS

1. Elio Alba Buffill, "La preocupación por Cuba en sus ensayistas del siglo XIX". Conferencia leída el 8 de octubre de 1982 en Wake Forest University, N. C. Recogida en *Conciencia y Quimera*, New York, Senda Nueva de Ediciones, 1985, 181-197.

2. ____, "Un paralelo entre dos fundadores: Varela y Varona", en *Homenaje a Félix Varela*, Sociedad Cubana de Filosofía (Exilio), Miami, Ediciones Universal, 1979, 39-56.

3. José de La Luz y Caballero, "Rectificación. Identificación filosófica con mi maestro Varela", en *La Polémica Filosófica*, Tomo III, Polémica sobre el Eclecticismo, I, La Habana, Editorial de la Universidad de la Habana, 1946, 380-388.

4. ____, *Filosofía y Pedagogía*, La Habana, Publicaciones de la Secretaría de Educación, Dirección de Cultura, 1935, 16.

5. ____, *Filosofía...*, 16.

6. ____, *Filosofía...*, 17.

7. ____, *Filosofía...*, 17.

8. ____, *Aforismos*, Prólogo, Biografía y Notas ordenadas por Manuel I. Mesa Rodríguez, La Habana, Imp. y Lib. La Propagandista, 1930, 44.

9. ____, *Aforismos*, 44.

10. ____, *Aforismos*, 45.

11. ____, *Aforismos*, 45.

12. Manuel Sanguily, *José de la Luz y Caballero*, (Estudio Crítico), la Habana, Consejo Nacional de Cultura, 1962.

13. Humberto Piñera Llera, *Panorama de la filosofía cubana*, Washington D.C., Unión Panamericana, 1960, 51-76 y "Luz y Caballero, política de la educación y educación de la política" en *Forjadores de la conciencia nacional*, Miami, Patronato Ramón Guiteras, Intercultural Center, 1984, 56-71.

14. Medardo Vitier, *Las ideas y la filosofía en Cuba*, La Habana Instituto del Libro, 1970, 209-225 y 373-390.

15. Luis Alberto Sánchez, *Escritores representativos de América*, Madrid, Editorial Gredos, 1963, 9.

16. Raimundo Lazo, *La literatura cubana*, México, Universidad Nacional Autónoma de México, 1965, 21.

17. Ramiro Guerra, *Manual de Historia de Cuba*, Desde su descubrimiento hasta 1868, Madrid, Ediciones R, 1975.

18. En las aulas de ese prestigioso colegio, instalado en una casona del barrio del Cerro, de la Habana, se forjaron cubanos del calibre de Ignacio Agramonte, Julio y Manuel Sanguily, Enrique Piñeyro, Antonio Zambrana, José Silverio Jorrín, Juan Clemente Zenea, Rafael Morales (Moralitos), Perucho Figueredo, Juan Bruno Zayas

y muchos más, que derramaron su sangre en los campos de la Cuba irredenta o supieron poner su inteligencia al servicio de la superación moral y cultural de la patria. El claustro de profesores de "El Salvador" tuvo una nómina de brillantez y seriedad intelectual. El triunfo de las ideas didácticas de La Luz se hizo evidente cuando algunos de sus alumnos como Manuel Sanguily o Enrique Piñeyro se convirtieron en catedráticos prestigiosos de esa institución.

19. José Ignacio Rodríguez, *Vida de José de la Luz y Caballero*, New York, 1874.

20. Enrique Piñeyro, *Hombres y Glorias de América*, Paris, Garnier y Hermanos, 1903.

21. Enrique José Varona, *Obras de Enrique José Varona*, 2, Literatura I, Estudios y Conferencias, La Habana, Edición Oficial, 1936, 195.

22. Juan J. Remos, "La influencia del Colegio del Salvador en la generación de 1868", *Revista Cubana*, New York, Año I, Núm. 1, 57-68.

23. José Martí, "José de la luz y Caballero", *La Gran Enciclopedia Martiana*, Tomo 14, Miami, Editorial Martiana Inc. 1978, 357.

LA VOCACIÓN LITERARIA
DE MANUEL SANGUILY
1849-1925

En este trabajo se incorporan las conferencias: "Manuel Sanguily, agudo y polémico crítico de la literatura cubana", leída en el XIII Congreso Cultural de Verano del CCP, University of Miami, Koubek Memorial Center, julio 24 de 1993 y "Manuel Sanguily y su crítica de la literatura universal" leída en el XXXI Congreso Anual del Círculo de Cultura Panamericano, Bergen Community College, N.J., noviembre 14 de 1993.

Manuel Sanguily Garritte es uno de los ensayistas y críticos literarios más notables de la Cuba del siglo XIX cuya vida literaria se extiende, como la de su buen amigo Enrique José Varona, a la presente centuria. Fue además un patriota excepcional que mantuvo durante su larga vida una inquebrantable conducta cívica que lo llevó a ganar el respeto de sus contemporáneos y a alcanzar en la historia política de su país, una posición tan privilegiada como la que disfruta en la historia de la literatura cubana.

La labor literaria de Sanguily se produce durante una vida dedicada al servicio de su patria, que se caracterizó en el siglo XIX por una decisiva intervención en el proceso emancipador, bien como soldado mambí en la Guerra de los Diez Años —donde luchó no sólo con las armas contra el ejército español sino también con su intelecto en las asambleas del campo insurrecto convocadas con el propósito de forjar una república en armas regida por los principios jurídicos—, bien defendiendo los ideales independistas en plena colonia después del fracaso de aquel glorioso intento, bien en exilio humilde pero digno, siempre apoyando la causa redentora. De la centuria pasada son sus colaboraciones, por ejemplo, a la *Revista de Cuba*, la *Revista cubana*, *La Habana Literaria*, *La Revista Literaria* y a la publicación que fundara *Hojas literarias*. Esta revista mensual que apareció en marzo de 1891 en la Habana y que duró hasta diciembre de 1894 era redactada en su totalidad por Sanguily con la excepción de los artículos que recogió en ella de su gran y admirado amigo Enrique Piñeyro.

Sanguily aprovechaba sus artículos para mantener encendidos los afanes libertarios del pueblo cubano y esa labor le ocasionó problemas con la absolutista administración colonial en la isla. En una ocasión, con motivo de unos comentarios que efectuó sobre el libro de Enrique Collazo, *Desde Yara hasta Zanjón*, que utilizó para efectuar una ardorosa defensa del proceso emancipador, se le inició por las autoridades españolas un proceso criminal del que resultó absuelto por la habilidad jurídica de su gran amigo Miguel Figueroa. Otro artículo en que comentaba las propuestas de reforma para Cuba del ministro Maura le ocasionaron una nueva acusación, pero esta vez no se llegó a juicio porque la Audiencia de la Habana dictó acto de sobreseimiento fundado en que si bien era innegable el desafecto de Sanguily a la nación española, no se había configurado el delito que se alegaba pues no se había efectuado una excitación a hacer actos específicamente punibles.

En el siglo XX, en que la vida de Sanguily estuvo dedicada al servicio de la naciente república, ya como comisionado de la Asamblea de los Veteranos de la Independencia en momentos históricos en que la nueva nación se estaba forjando, ya como Director del Instituto de la Habana, ya como miembro de la Convención Constituyente de 1901, ya como Senador de la república y Presidente de esa alta cámara, ya como Ministro de Estado de la república, ya como simple ciudadano preocupado por el destino nacional, la labor literaria de Sanguily tampoco se interrumpió y sus colaboraciones continuaron en publicaciones como *Letras*, *Cuba Contemporánea*, *El Fígaro*, así como en otros periódicos y revistas de la época. Como en la centuria anterior, en la obra de Sanguily se mezclan los trabajos literarios con su obra sociopolítica y siempre en los estudios literarios el crítico, al analizar autores y obras, muestra marcado interés en evaluar las ideas planteadas.

En vida de Sanguily sólo fueron publicados dos colecciones de sus trabajos en que se reunían estudios literarios, uno titulado *Discursos y Conferencias*[1] que apareció en dos volúmenes que vieron la luz respectivamente en 1918 y 1919 y *Literatura Universal*[2] en el que a instancia del notable escritor Rufino Blanco Fombona, reunió una serie de estudios literarios que había publicado en distintas épocas de su vida. Sanguily fue realmente remiso a recoger en forma de libros su valiosísima producción literaria que estaba dispersa, como hemos señalado, en muchas publicaciones y que se había ido produciendo paulatinamente en su larga y fecunda vida. Fue su hijo Manuel Sanguily Aritzi, el que llevado por su gran amor filial y la justificada admiración que sintió por su padre, quien, a la muerte de éste, ocurrida el 23 de enero de 1925, se dio a la utilísima tarea para la cultura cubana de iniciar la publicación de sus obras. En esta labor contó con la eficiente cooperación de su esposa Sara Cuervo y Eligio.

El primer tomo que se publicó fue *Nobles Memorias*[3] con una introducción al lector de Sanguily Aritzi y muy valiosos datos biográficos sobre su ilustre padre. Este libro, que como todos los publicados en esa colección está agotado, fue reproducido en 1982[4] por iniciativa de la viuda de Sanguily Aritzi con un prólogo de Luis Valdespino, especialista de la obra de Sanguily Garritte.

El libro está constituído por veinticuatro capítulos, uno introductorio titulado "Vanidad e ideal", en que el autor especula sobre la transitoriedad de la fama y la inutilidad del empeño de encontrar la verdad histórica —recordando el episodio de Raleigh en la Torre de Londres, cuando quemó su manuscrito— en el que había intentado escribir la historia de la humanidad y veintitrés notas necrológicas, veintidós sobre importantes figuras de la historia y de la cultura cubana y una sobre Theodore Roosevelt, el presidente norteamericano cuya vida estuvo tan ligada a la historia de Cuba.

Este libro posee gran importancia tanto desde el punto de vista histórico como el literario. Nos presenta la versión de un testigo inteligente y culto de numerosos acontecimientos relativos a las guerras de independencia de Cuba; a la vida de muy destacados intelectuales cubanos y en especial a sus valientes esfuerzos de denuncia de la horrible situación que sufría la colonia muy particularmente en el período anterior a la guerra de los Diez Años y en el lapso de tiempo que va del fracaso del 1878 hasta el 1895, fecha en que se inicia la guerra de definitiva redención. También Sanguily nos suministra variadas anécdotas sobre el proceso de intervención norteamericana y los vacilantes primeros años de república.

El narrador, en una prosa de gran pulcritud y belleza y en la que con gran habilidad se integran muy habilmente la pasión latina y la objetividad sajona, reflejando con ello, la mezcla de su sangre, —recuérdese que su padre Julio Sanguily era cubano hijo de franceses y María Garritte, su madre, era inglesa por nacimiento— analiza entre otras, figuras como el general Ignacio Agramonte, uno de los más ilustres patriotas cubanos y a Francisco Vicente Aguilera, que con tanta dignidad supo representar en los Estados Unidos la revolución cubana, durante la guerra de los Diez Años y al que dedicó ese gran amigo de Sanguily, que fue Enrique Piñeyro, un libro muy esclarecedor.

Desde el punto de vista literario llaman la atención del lector interesado en esa materia, las notas necrológicas dedicadas a Julián del Casal, el poeta tan influido de decadentismo al que las nuevas corrientes exegéticas ven como un fundador del modernismo dentro de la vertiente exotista; Manuel de la Cruz y Nicolás Heredia, los valiosos críticos literarios; José Antonio Cortina, el fundador y director de la *Revista de Cuba* de tan extraordinaria importancia en la historia de la cultura cubana y la que dedica a José de Armas y Cárdenas, el famoso Justo de Lara, el destacado escritor y crítico, sin duda, uno de los más importantes cervantistas de América hispana. Aunque la naturaleza de nota necrológica hace predominar el énfasis en la evaluación del carácter de las figuras estudiadas, en la evocación de preciados recuerdos personales y en significativas referencias biográficas, se hace patente también, la vasta cultura del autor y se encuentran, aunque dispersas, algunas opiniones sobre las obras de los autores estudiados. Es verdad que es en libros posteriormente publicados por su hijo donde se hace más evidente la técnica literaria de Sanguily Garritte pero ya aquí se apunta, como en su crítica se van a mezclar y yuxtaponer elementos impresionistas y positivas, abarcando en esta última vertiente el criterio sociológico de Hipolito Taine y el psicobiográfico de Carlos Agustín Sainte Beuve.

No puede dejar de subrayarse la importancia de la nota sobre Theodore Roosevelt a quien califica como la personificación más completa del individualismo norteamericano. Sanguily evalúa con objetividad la actuación de Roosevelt no sólo en el proceso histórico que antecedió a la instauración de la república de Cuba, sino también en la primera intervención norteamericana. Este artículo tiene mayor significación porque su autor fue un vocero de las más genuinas causas nacionales como lo demostró en su fecunda labor en la Convención Constituyentes de 1901, en sus ocho años de vocero de la soberanía nacional en su escaño senatorial y en su valiente y digna labor como Secretario de Estado de la república, repeliendo todo intento de intervención del gobierno estadounidense. *Nobles Memorias* es una obra que debe leer todo interesado en la historia y la cultura cubana.

Otro libro en el que es imprescindible detenernos en este acercamiento a la vertiente literaria de Sanguily Garritte es *Juicios Literarios*[5] de 1930, que consta de dos volúmenes y que constituyó el tomo VII de la colección *Obras de Manuel Sanguily* publicada por su hijo. En estos dos tomos se incluyen de nuevo, de los artículos que se publicaron en *Literatura Universal*, la obra de Sanguily del 1918, sólo los que trataban de crítica literaria y a éstos se agregan otros trabajos también de exegética, que según la opinión del editor Sanguily Aritzi, expresada en el prólogo, "constituían la totalidad de esos estudios"[6]. En el primer volumen se recogen los estudios de literatura cubana y en el segundo los de literatura extranjera.

En su trabajo "La crítica literaria" que había sido publicado en *La Habana Elegante* el 4 de agosto de 1889 y que apareció a manera de prólogo en el aludido segundo volumen de *Juicios Literarios*, señala Manuel Sanguily Garritte: "En mi concepto, toda crítica es científica o no es crítica, y toda crítica, como cualquier obra humana, es también personal o subjetiva"[7]. Es decir, acepta que la crítica tiene que ser científica o sea, positivista, pero al propio tiempo no excluye el elemento subjetivo, que caracteriza la exegética impresionista.

En ese propio trabajo que es muy esclarecedor, al hablar de las obras literarias, afirma Sanguily: "Serían incomprensibles sin el conocimiento del autor, de su espíritu; y el espíritu del autor no se explica sin el conocimiento de su familia y raza, sin la biografía, la herencia, la constitución personal; pero el autor vino al mundo con ciertas predisposiciones intelectuales y fisiológicas, recibe desde la cuna constantes y variadísimas influencias, de la casa, de los amigos, de las opiniones y caracteres de aquélla y éstos, de la situación pública, directamente o por intermediarios, y luego del colegio, de sus maestros y compañeros, de los libros, de las doctrinas y creencias que en ellos corren o que le envuelven doquier, dejando retazos, filamentos perdidos que caen en su espíritu y van tejiendo su centón barroco"[8]. Como se ve claramente aquí Sanguily postula la evaluación de la obra literaria a la luz de los factores de raza, medio y época que Hipólito Taine formulara en su bien conocido prólogo a su *Historia de la literatura inglesa*[9] y al mismo tiempo se hace eco de la escuela psicobiográfica de Carlos Agustín Sainte Beuve. Sanguily demuestra de nuevo su filiación positivista cuando señala: "Comprender es la misión del crítico frente a una obra de arte"[10] y más adelante precisa: "Comprender es referir una cosa a sus causas y a sus efectos, es colocarla en su cuadro de condiciones y dependencias"[11].

En un estudio que publiqué hace ya bastantes años[12] y en el que intenté evaluar la metodología crítica de Sanguily, afirmé que éste a pesar de haber usado con frecuencia el método de Taine, no se afilió de una manera absoluta al positivismo crítico, como tampoco lo hizo al impresionismo, es decir que no se le puede considerar un militante de ninguna de las dos escuelas críticas que dominaron la exegética literaria del siglo XIX. En efecto, si bien es verdad que Sanguily tuvo siempre un gran reconocimiento para el fundador de la escuela crítica positivista Hipólito Taine, pues en todo momento destacó la seriedad, el rigor metódico y la gran erudición que le caracterizó, es también cierto que la independencia de criterio que le fue característica al cubano, le impidieron seguir absolutamente la metodología crítica positivista.

El que se enfrenta a la obra de Sanguily encuentra, como expliqué en el trabajo aludido, que éste exhibe en algunas de sus críticas ciertas diluídas influencias impresionistas. No obstante, nuestro crítico repudió la egolatría un tanto absolutista, que caracterizó el subjetivismo impresionista, en especial la de su figura más destacada Anatole France.

En un estudio de este libro dedicado precisamente a Hipólito Taine con ocasión de su muerte, Sanguily aprovecha la circunstancia de que ésta ocurriera a las pocas semanas del fallecimiento de Ernesto Renán para hacer un muy adecuado análisis comparativo entre la personalidad literaria de ambos autores. Sanguily destacaba el dominio maestro de la lengua francesa de Renán, la suavidad, la flexibilidad, los elementos poéticos de su prosa para ponerlo en contraste con Taine de quien decía: "El otro era en cambio más fuerte, más robusto, pero también más áspero. Tenía más color, más riqueza y energía de tonos. Era más imponente; aunque menos amable y seductor, por lo mismo"[13]. Sanguily reconocía que Renán cautivaba al lector, podía decirse, añadía, que lo engañaba con el embeleso de su habilidad artística mientras que Taine lo convencía, quizás lo ofuscaba pero lo domaba. Y terminaba el paralelo, afirmando: "Los dos fueron también grandes como eruditos, como críticos, como historiadores, impusieron su celebridad desde el principio de sus respectivas carreras, con dos obras que produjeron inmenso escándalo — *La vida de Jesús* y *Los filósofos franceses del Siglo XIX*"[14].

Después de hacer la salvedad de que Taine era más sistemático que Renán, Sanguily dedica el resto de este trabajo para justificar su afirmación de que Taine fue un filósofo en la acepción cabal de la palabra y precisar su eclepticismo en este aspecto pues, según Sanguily, Taine trató de conciliar diferentes movimientos ideológicos, algunos de posición divergentes y hasta antagónicas. En las apenas cinco páginas restantes del trabajo, Sanguily trata de cumplir tan ambicioso propósito y aunque no logra una adecuada fundamentación de todas sus afirmaciones, porque ésta hubiera requerido una muy amplia elaboración, sí muestra su conocimiento de la obra de Taine, su propia erudición filosófica y su clara inteligencia analítica a través de muchos atisbos iluminadores que va deslizando en esa tarea.

Sanguily señala que Taine había "construído un sistema, que expuso en varias de sus obras y cuyo fundamento trazó en el admirable libro *De l'Intelligence*, en que junta por modo original las tendencias más opuestas, la doctrina del sensualismo empírico y del idealismo más radical — Condillac y Berkley"[15]. Aplicándole a Taine la propia metodología crítica de éste, considera que ese reflejar y condensar que Taine hizo de las direcciones más divergentes del espíritu filosófico eran precisamente producto del tiempo en que a éste le había tocado vivir.

Manuel Sanguily fue un crítico riguroso y erudito como lo demuestra un acercamiento sereno a su obra. En un trabajo sobre Marcelino Menéndez Pelayo, recogido en ese tomo II de *Juicios Literarios* y que fue publicado originalmente en 1889 en la *Revista Cubana* de Enrique José Varona, con ocasión de la publicación del volumen II del tomo IV de la *Historia de las ideas estéticas en España* del conocido maestro, Sanguily destacaba con precisión como cualidades de Menéndez y Pelayo[16]: la penetración y firmeza de sus juicios, su gusto exquisito, su amenidad, la gracia de su dicción, la facilidad estupenda, la variedad de tonos dentro de la exposición gráfica e interesante y su independencia soberbia, —aunque hacía adecuadamente la salvedad— en materias no eclesiástico-dogmáticas. Llega incluso a traer a colación como ejemplo de la capacidad de Menéndez y Pelayo de interesar al lector, la exposición de éste sobre la Antoniana Margarita de Gómez Pereira, que apareció en otro libro de Menéndez y Pelayo publicado anteriormente *Ciencia Española*, anticipándose a la crítica de la presente centuria que precisamente ha considerado ese estudio como uno de los mejores trabajos de ese libro por la calidad de su análisis y el feliz empleo de la forma epistolar.

Sanguily, al referirse a *Historia de los Heterodoxos españoles* señaló el carácter apasionado con que esa obra fue concebida, criterio con el que ha coincidido una exegética muy generalizada, pero pese a lo lejos que estaban en materia filosófica y religiosa, el crítico y el autor evaluado, Sanguily supo muy tempranamente comprender la evolución que iba a caracterizar la vida intelectual de Menéndez y Pelayo, pues es indudable que el gran erudito español, con el transcurso de los años fue perdiendo en el aspecto ideológico la combatividad de su juventud, al mismo tiempo que fue concentrando su enfoque más en lo genuinamente literario. Sanguily creía ver en el autor de *Historia de las Ideas Estéticas en España,* "un metafísico, un alemán, de vez en cuando un hegeliano, por la decisión y el entusiasmo"[17]. Así afirma: "Si no se tratara de un entendimiento tan culto y tan univeral estaríamos a punto de decir que parece ser un hombre que se humaniza y un alma grande que va evolucionando e iluminándose sin notarlo"[18].

Sanguily critica y no deja de tener razón, aunque solamente en cierta medida, que el título de esta obra que estudia, por ser limitativo a lo español, no es realmente el adecuado y así señala[19] que por su carácter comprensivo bien pudiera considerarse como una Historia General de las Ideas Estéticas, pues casi la mitad del primer tomo se había referido a obras antiguas en griego y en latin; después había incluído por haber nacido en España, a escritores que siempre se habían afiliado a la literatura latina o romana y más adelante, a hebreos y árabes y que los dos últimos volúmenes que había publicado, se referían el primero, a la Estética en Alemania y el segundo, a la Estética en Inglaterra y Francia. Por eso concluía[20], en relación a este aspecto, que el libro sería una historia literaria de las ideas estéticas desde la antigüedad hasta esa época y al mismo tiempo una introducción no sólo de la historia de la literatura de España sino también de la Universal.

Estas conclusiones no dejaban de tener cierto fundamento, como señalé previamente, pero hay que hacer ciertas salvedades. Por una parte, al reconocer el crítico la importancia y trascendencia de la evaluación comprensiva, estaba aceptando que el contenido de la obra no se empobrecía sino que por el contrario se enriquecía. Por tanto, mirando el asunto desde este ángulo, se trataba meramente de una cuestión terminológica pero considerándolo desde otro punto de vista, creo que a San-

44

guily se le escapaba al sostener esa opinión, que el enfoque totalizador de Menéndez y Pelayo iba más allá del aspecto lingüístico y contemplaba elementos fundamentales que abarcaban lo histórico y lo espiritual. En consecuencia, la cultura española y desde luego muy fundamentalmente su literatura, representaba para el erudito santanderino el resultado de un proceso de síntesis que tenía su máxima expresión en la literatura de los Siglos de Oro. Pero coincídase o no, con esas reservas de Sanguily a las que he aludido, lo cierto es que el gran crítico cubano detectó desde muy temprano las cualidades esenciales que caracterizaban a Menéndez y Pelayo como crítico y escritor; supo captar la importancia que para su época y para la historia de la crítica literaria representaba su aportación y lo calificó con acierto, en la conclusión de ese trabajo, como honra de su nación y de su raza.

En el primer volúmen de ese tomo VII, *Juicios Literarios*, de las obras de Sanguily, en el que como he señalado su hijo agrupó la crítica dedicada a la literatura cubana, aparece la instantánea "El libro de Varona" que con motivo de la publicación de *Desde mi belvedere* del destacado escritor, Sanguily escribió para *El Fígaro* y que vio la luz en su edición del 13 de enero de 1907. Con la admiración que siempre sintió por la obra del excelente ensayista, Sanguily coincide con el autor del libro de que se trata de una confesión y dice que en el tomo "se nos muestra un espíritu, y un grande espíritu, que en sus múltiples facetas nos devuelve, ordenados y embellecidos, diversos y variados aspectos de la Humanidad"[21]. Sanguily destaca cualidades muy fundamentales en Varona como son la pulcritud y maestría de su prosa, su gran erudición y la originalidad y profundidad de su pensamiento. Señala que si bien Varona era hombre de curiosidad insaciable y de amplísimas lecturas, había leído sintiendo, desgarrado a veces; condolido siempre del sufrimiento ajeno. Aquí Sanguily parece aludir a lo que yo he llamado en alguna ocasión[22] esa angustia subyacente que vibra debajo de la augusta belleza formal de la prosa varoniana.

A Sanguily le asombraba la feliz integración en la obra de Varona de la belleza de la forma con la hondura del pensamiento y el extraordinario conocimiento que éste mostraba no solamente de los clásicos sino también de los autores modernos, pero comprendía que la vigorosa reevaluación a que sometía todas estas ideas el poderoso pensar del maestro cubano, hacía muy difícil rastrear su orígen pues parte de las mismas estaban diluídas en la atmósfera mental de la época. Esa capacidad analítica de Varona, que lo hizo tener siempre una independencia de pensamiento pese a sus acercamientos a determinados aspectos de las ideas del positivismo francés y del evolucionismo inglés, hacían reconocer a Sanguily que se había equivocado cuando había creído que Spencer era el maestro o guía de Varona. Y agregaba al efecto, "Quizás lo fuese un tiempo para el profesor de filosofía; mas no me atrevería hoy a afirmar que lo sea para el pensador independiente y autónomo cuando tiende sus alas y vuela por cima de las cosas para contemplarlas en los pormenores y en el conjunto"[23]. En efecto, Sanguily comprendía la diferencia entre el optimismo de Herbert Spencer —recuérdese la idea del progreso que caracteriza tanto al evolucionismo— y el pesimismo que se hacía a veces muy patente en la obra varoniana. Resumiento muy felizmente este libro de Varona afirmaba Sanguily lo siguiente"... está pensado por el filósofo, está burilado por el artista; pero soñando en la patria y ansiando para sus hijos todos, con la virtud, la libertad, con la independencia, glorioso porvenir"[24].

Este libro también recoge el estudio[25] que le dedicó a *Leonela* la novela de Nicolás Heredia. Aunque Sanguily reconocía que estaba muy bien escrita y destacaba la pulcritud y sobriedad de su prosa, afirmando que la había leído sin descanso aún tratándose, como era el caso, de una novela, al propio tiempo observaba en ella la ironía suave y serena que él consideraba que era una de las características de Heredia y que en su opinión conllevaba el peligro de poder adulterar no sólo lo que llamaba la apariencia de la obra sino el mismo fondo de ésta[26]. Sanguily llegaba incluso a afirmar que *Leonela* le había parecido —aunque reconoció que no lo era— del género picaresco, al menos en su parte primera y hasta creía que más que una novela era una "sátira regocijada"[27]. Esta connotación negativa y otras que desliza en el desarrollo del trabajo lo llevan a reconocer que Heredia no había producido en esa novela una obra perfecta[28] pero no le impidieron entusiasmarse y afirmar que la novela estaba construida con maestría y encontrar en Heredia esa elegancia de estilo, esa cultura y erudición, esa armonía y esa mezcla de delicadeza y atrevimiento que la crítica posterior ha fijado como características del notable escritor cubano.

Es verdad que una parte sustancial del artículo se dedica, como el propio crítico reconoce, a la narración del argumento novelístico pero aún en ella, Sanguily va apuntando observaciones muy esclarecedoras sobre los aciertos estructurales de la novela, la caracterización de los personajes y el contenido temático. Destaca con precisión el color local que la caracteriza y subraya su esencial cubanía. Reconoce que la novela de Heredia presenta un cuadro muy negativo de la sociedad cubana anterior a la guerra de Céspedes pero el crítico sabe ver todo lo que de sustrato de denuncia hay en la desgarradora novela herediana. Aquí aparecen la corrupción de la administración colonial que tan nefastas consecuencias produce en la sociedad isleña, aquí también —aunque la preocupación antiesclavista no es tan central, añadiríamos nosotros, como en *Sab* de Gertrudis Gómez de Avellaneda, *Francisco* de Anselmo Suárez Romero y *Cecilia Valdés* de Cirilo Villaverde—se pintan los excesos despiadados que necesariamente producía el régimen esclavista.

Otro artículo que hay que evaluar al estudiar la crítica literaria de Sanguily es su estudio del libro de Manuel de la Cruz, *Cromitos cubanos*[29], al que a pesar de contener un capítulo muy elogioso precisamente sobre su persona, nuestro crítico, con su sinceridad y honestidad habitual, evalúa con objetividad y hasta con rigurosidad. Sanguily reconoce como un acierto del autor que intente seguir el método taineano aunque ve que no lo aplica con el debido cuidado. Hay en el libro, según el exégeta, un marcado subjetivismo que lo vicia y que le impide aplicar con seriedad dicho método científico, pues ese intento de Cruz no se concilia con "el tono dominante en todo el libro, de vituperio real o mal disimulado para los que en el orden político no piensan como el autor, de exagerada y aun condescendiente benevolencia para los que aparecen o se le figuran correligionarios suyos"[30]. Sanguily señala que la obra de Cruz es "un alegato y una acusación fiscal al mismo tiempo; y esta circunstancia no tan sólo le priva de carácter propio o definido, sobre todo del carácter de estudio —al menos en algunas de las biografías, dándole en cambio una fisonomía confusa; sino la destituye también de serena imparcialidad. El libro es separatista y como tal trata duramente las ideas de los autonomistas"[31]. Sanguily se preguntaba si era eficaz esta actitud negativa en la crítica a los que de buena fe sustentaban ideas contrarias.

Nuestro exégeta veía con razón que los elementos de herencia, tiempo y medio eran de por sí conceptos muy complejos que a su vez estaban íntegramente relacionados. Además agregaba la complejidad esencial humana y el peligro mayor que representaba la crítica de la obra de los contemporáneos y sobre todo los de su mismo país, porque la proximidad del punto de vista, pudiera hacer incurrir fácilmente al crítico en un error fundamental de perspectiva histórica. Sanguily le recordaba a

Cruz, para indicarle el peligro de todo subjetivismo, que en otro tiempo entonces no muy lejano, el propio Cruz había sido un autonomista convencido.

Sanguily reconoce que Cruz le dedicó uno de los trabajos del libro y agradece lo que él llama su excesiva benevolencia surgida al decir del crítico, del sincero afecto que Cruz le profesaba pero aprovecha su propia biografía para señalarle al autor de *Cromitos cubanos* lo que él considera errores en la aplicación del método taineano muy en especial la tendencia de la Cruz a afirmaciones genéricas, a la falta de contención y modulación en la aplicación de esos factores que, como recuerda de nuevo Sanguily, se combinan y se influyen recíprocamente y que a su vez reciben las influencias de causas conocidas y desconocidas, próximas o remotas.

Sanguily nota la ausencia en la obra de más datos biográficos, es decir de fundamentación científica dado el método que el autor profesa haber escogido y en contraste, un exceso de lo que llama "psicología colorante".[32] Esto vicia el resultado, según el crítico, aún en aquellos capítulos como en el de Casal que hay un buen estudio de antecedentes pero se hace más evidente en los que el distanciamiento político entre el autor y sus biografiados es mayor como en los cromitos dedicados a Zambrana o Montoro. El error en que incurrió Cruz, según Sanguily, fue intentar el método taineano que precisamente se basa en la observación y la objetividad tratándolo de conciliar con su extraordinaria fantasía y ese esfuerzo por su propia naturaleza contradictoria tenía que resultar de imposible realización.

En resumen, Sanguily veía aspectos positivos en el libro de Cruz en lo que se refería a la hermosura que obtenía en ciertas partes de la obra, en determinados logros que alcanzaba al plasmar en ocasiones imágenes bellas y alegorías brillantes, así como también consideraba que ese autor había hecho un esfuerzo de mérito al producir un libro con unidad de estilo y tendencia. El crítico veía este libro como una manifestación de patriotismo y una prueba de fuerza pero al propio tiempo le criticaba "visión exagerada, lenguaje afectado, forma casi siempre *trópica*, y mal gusto; conceptualismo aquí, gongorismo allá,..."[33]. En consecuencia, consideraba el libro en extremo verboso aunque reconocía que dado el talento de Cruz y su juventud, podía éste corregir las deficiencias que tenía en la aplicación de la metodología taineana, despojarse de ese subjetivismo que teñía sus juicios no sólo políticos sino literarios y prevenir en consecuencia el negativo influjo de sus simpatías personales.

Un último aspecto de este estudio sobre Cruz en el que me quiero detener muy brevemente pues por su contenido filosófico escapa al objetivo de este trabajo, es su impugnación al autor de *Cromitos Cubanos* en relación a la importancia que éste le atribuía a los estudios filosóficos en Cuba. Es verdad, y Sanguily tiene razón en cuanto a ese punto específico, que Cruz era hiperbólico al evaluar la trascendencia de la contribución filosófica cubana al pensamiento universal, pero Sanguily pecaba en sentido contrario al reducir en extremo la repercusión de la labor de José Agustín Caballero, Félix Varela, José de la Luz y Caballero y Enrique José Varona. Es también cierto que ha sido objeto de discusión en el siglo XX si existe una genuína individualidad de contenido en el pensamiento filosófico cubano y si ha existido otra aportación realmente innovadora en la labor filosófica cubana pero lo mismo también se ha discutido a nivel continental. En definitiva, se ha señalado que las aportaciones realmente innovadoras al pensamiento filosófico universal que recoge la Historia de la Filosofía no han sido tan numerosas. Con independencia de las distintas perspectivas que se tengan acerca de la importancia que de la reevaluación del pensamiento europeo han efectuado los filósofos cubanos y por ende los hispanoamericanos, es lo cierto que de los estudios que sobre estos pensadores cubanos del siglo décimonono han efetuado estudiosos de la historia de la filosofía cubana del presente siglo como Humberto Piñera, Mercedes y Rosaura García Tudurí, Roberto Agramonte, Rosario Rexach, Dionisio de Lara, Medardo Vitier y otros igualmente valiosos, surge una visión mucho más acogedora y entusiasta que la expresada por Sanguily en las pocas páginas de este estudio que le dedica a esta cuestión filosófica.

En "José María Heredia no es poeta cubano"[34] Sanguily vuelve a disentir con Manuel de la Cruz para sostener, esta vez en mi opinión, con amplias y convincentes argumentos, que José María Heredia y Girard, el autor de *Los Trofeos*, el primo del Cantor del Niágara, José María Heredia y Heredia, no podía considerarse como poeta cubano, como pretendía Cruz, sino francés, como lo calificaba la crítica de ese país.

Este artículo está escrito con ese matíz polémico y esa sutil ironía que caracterizan muchos de sus trabajos y en él también se hace patente el conocimiento del autor estudiado. Sanguily no oculta su admiración por Heredia y Girard pero el propósito de este trabajo es demostrar que desgraciadamente la literatura cubana no podía reclamarlo como suyo.

El exégeta señalaba con razón que Heredia y Girard no sólo escribía sus poemas en francés, vivía permanentemente en Francia sin tener propósito de abandonarla algún día, sino también que sentía y pensaba como cualquier francés. Así planteaba y fundamentaba con abundantes ejemplos, estableciendo incluso comparaciones contrastantes con otras figuras literarias cubanas y europeas, que Heredia y Girard no había tenido ni había demostrado en su obra una vinculación espiritual con su patria de origen sino con la de adopción.

A ese efecto, Sanguily indica entre otros factores, el hecho de que no había cantado ni en uno solo de sus versos la tierra en que había nacido. Indicaba que la devoción que el poeta sentía por lo épico se manifestaba en su admiración por las hazañas del Cid y las de los Conquistadores españoles — recordando al lector que Heredia y Girard había sido laureado traductor al francés de *La verdadera historia de la conquista de la Nueva España* de Bernal Díaz del Castillo— pero que había sido insensible a las hazañas heroicas que los mambises habían llevado a cabo en la Guerra de los Diez Años. Sanguily llegaba incluso a recordarle a Cruz parecidas expresiones dichas por éste en *Cromitos Cubanos* respecto a que Heredia y Girard no había tenido en sus poemas una nota nostálgica para la Cuba que padecía por su libertad y que había sido cantada por su primo.

Uno de los aspectos de la crítica literaria de Sanguily que resultó más polémico y que ha sido fruto de innumerables especulaciones fue su evaluación marcadamente negativa de la obra poética de Gabriel de la Concepción Valdés (Plácido). En un artículo "Un improvisador cubano"[35] que apareció originalmente en su revista *Hojas Literarias,* Sanguily reaccionó ante la amplia evaluación positiva de sus conciudadanos que ese poeta había recibido después de su trágica muerte a manos de las autoridades españolas, para afirmar que "a propósito de Plácido han dicho los cubanos muchos disparates"[36]. Sanguily sostenía que la vida triste y amarga de Plácido y su pavorosa muerte habían influido "decisivamente en la popularidad y falsa gloria del poeta"[37] y llegó a afirmar que "sus méritos son escasos, su grandeza es muy dudosa y su propio destino un misterio todavía"[38] Sanguily, en mi opinión, pese a haber acertado de que la pasión política había situado a Plácido en una posición jerárquica en la historia literaria cubana que no correspondía a la calidad de su obra, pecó de exceso en sentido contrario pues llegó, en su crítica rigurosa a Plácido en este aludido artículo, a intentar despojarlo no sólo del carácter de poeta cubano, sino también de su condición de artista. Así agregaba: "Fue en substancia un coplero, un simple versificador. Hacía versos al modo que hizo también peinetas —como un medio de ganar el pan"[39].

Hay que reconocer que gran parte de la obra de Plácido es poesía de ocasión, creada para rendir alabanza a figuras con poder político y económico de la isla, es también cierto que las limitaciones que a su desarrollo cultural le impuso su condición social en la jerarquizada estructura de la comunidad colonial, se reflejaron en su obra y que la misma adolece, además de esa concesión a la necesidad de subsistencia que la vicia, de una falta de genuina interioridad, de una tendencia a la improvisación y de una abundancia de defectos formales, tanto en la versificación como en la gramática, que hacen que sean reducidos sus aportes perdurables en su vasta producción, es verdad además que su triste y trágico final contribuyó, como viera con acierto Sanguily, muy favorablemente a su fama, pero sin duda, como también la crítica ha venido reconociendo, hay valores positivos, que no pueden desconocerse, como son sus aciertos descriptivos, su valioso sentido de la musicalidad del verso, su espontaneidad artística. También se ha encontrado muy meritoria la plasticidad que caracteriza a algunas de sus producciones. Aunque muy polarizada la crítica sobre Plácido, en general, no ha compartido la rigurosidad negativa de Sanguily y voces tan prestigiosas como Varona[40] y Piñeyro[41] en el siglo XIX y Chacón y Calvo[42] en el XX se levantaron con la moderación y objetividad que les caracterizaba para señalar con algunos reparos determinados aspectos positivos de la obra lírica del infortunado bardo.

Se ha señalado por los exégetas, la capacidad de Plácido de remedar los modelos del Romancero y de los clásicos españoles. Raimundo Lazo, por ejemplo sostiene con razón que "Jicotencal es un romance patológico"[43] y Salvador Bueno[44] ha visto en este romance el mejor modo de expresión del poder descriptivo y colorista de su autor. Max Henríquez Ureña[45] señaló como composiciones de indiscutible mérito, los sonetos "El juramento", "A la muerte de Jesucristo" y en especial "La muerte de Gesler" y este último soneto, en la opinión de Juan J. Remos[46] es de los mejores que escribió Plácido. En un libro sobre Plácido, publicado muy recientemente, Enildo García afirma que "aunque en su poesía se encuentren multitud de defectos poéticos, es indudable que Plácido poseía enormes cualidades poéticas"[47].

Otro aspecto polémico de este estudio de Sanguily fue su afirmación acerca de que la famosa "Plegaria a Dios" fuera apócrifa. Así afirmó; "No hay prueba ninguna que sea de Plácido. Nadie ha podido explicarse cómo ni por qué conducto pasó de la capilla, donde se supone que fue escrita, al dominio público"[48]. Afirmación que originó una extraordinaria controversia que parece haber sido definitivamente resuelta en favor de la autoría de Plácido por Francisco González del Valle[49] en su discurso de recepción para ingresar en la Academia Cubana de la Historia.

A este trabajo de Sanguily respondió Manuel García Garófalo y Morales[50] bajo el pseudónimo de Juan de la Cruz en el periódico *La Defensa* lo que determinó el inicio de una polémica entre ambos. En efecto, Sanguily contestó en *Hojas Literarias*, con su artículo "Otra vez Plácido y Menéndez Pelayo"[51], en el que trae a colación los valores poéticos de Gertrudis Gómez de Avellaneda y José María Heredia como los genuinos del parnaso cubano para enfrentarlos en contraste a los de Plácido y rechaza la enumeración de juicios favorables a éste que había hecho Juan de la Cruz alegando que salvo los de Enrique José Varona y Enrique Piñeyro ninguno de los otros le infundían reverencia y hasta consideraba que algunos de los críticos citados por García Garófalo no merecían el concepto de tales. Respetaba desde luego la opinión de sus más admirados amigos pero dudaba que ambos con el paso de los años hubieran mantenido esos criterios positivos y hasta llegaba a alegar que algunas de esas afirmaciones emanaban más de la posición política que de genuino criterio estético de los críticos. En fin, volvía a su argumento, aunque en este caso, con mucho más cuidado, dado el alto respeto que intelectual y moralmente le merecían las figuras de Varona y Piñeyro, de que la trágica muerte de Plácido había condicionado en cierta medida la valoración tan positiva que había recibido.

En resumen, Sanguily se enfrentó en su época a una hiperbólica evaluación de Plácido y con su honestidad de criterio hizo afirmaciones negativas sobre la obra del poeta en las que la crítica posterior ha coincidido. Reconoció "Jicotencal"[52] como verdadera composición digna de encomio pero la calificó como su única obra valiosa ya que dudó, como se ha dicho, de que la "Plegaria a Dios", que también conceptuaba como meritoria, fuera suya. El crítico tuvo quizás una rigurosidad excesiva que, en la opinión de algunos, enturbió su clara inteligencia y fina sensibilidad para ver los indudables valores potenciales y los logros que pese a sus limitaciones culturales pudo plasmar

Plácido en su obra, pero en este aspecto, como en todos, Sanguily también mostró su entereza de carácter y su sólida honestidad intelectual. Expresó apasionadamente lo que pensaba pero con esa sinceridad y esa dignidad que han hecho de su figura una de las más respetadas y de mayor significación en la crítica literaria cubana.

Tuvo, eso sí, posteriores reparos a su rigurosidad con Plácido, y en un artículo publicado en El Fígaro de la Habana, en 1907, defendiéndose de un ataque que se le hacía en otra polémica a la que aludiremos a continuación, provocada por un artículo que escribió sobre el cantor del Niágara, afirmó sin duda aludiendo al autor de "Jicotencal", lo siguiente:

> Con uno sólo he sido, no puedo decir injusto, sino violento; y sin que modifique mi juicio en nada sustancial, corregiré en su día la rápida y aun no revisada improvisación que traicionó innecesariamente la piadosa conmiseración que me inspira su destino y la simpática admiración que siento por su genio malogrado.[53]

Tres son los trabajos de Sanguily reunidos en este volumen sobre José María Heredia y Heredia: "Una estrofa sobre El Niágara en Heredia y dos poetas americanos", "Alrededor de Heredia" y "El soneto es de Heredia"[54] En el primero, Sanguily estudia coincidencias temáticas y de conceptos en la "Oda al Niágara" de Heredia y los poemas de dos autores norteamericanos muy poco conocidos a las famosas cataratas, "The Falls of Niagara" de John Gardener Calkins Brainard y un himno al Niágara de Lydia Huntley Sigourney. Sanguily demuestra en su estudio lo que llama una coincidencia y concordancia de ideas y hasta de vocablos entre el poema de Heredia y los de los dos autores norteamericanos, pero aunque señala que cabía la posibilidad de que Heredia hubiera podido conocer alguno de los dos poemas de esos poetas que eran sus contemporáneos, era más verosímil que fueran ellos los que estuvieran al tanto de las traducciones de la Oda de Heredia que se hicieron en los Estados Unidos. De todas maneras concluía Sanguily que cada uno de esos poemas tenía sus propios méritos y definida originalidad pues provenían de temperamentos muy diferentes y diversa inspiración: "contenida, reflexiva, severa, religiosa en los dos poetas del Norte; —ardiente, impetuosa, personalísima, casi anunciando al romanticismo, en el bardo cubano"[55].

A este artículo siguió "Alrededor de Heredia" en el que

defendía su posición, rechazando como infundados los argumentos que había sido crítico severo de Heredia en el trabajo previo y recordaba su reacción en defensa de Heredia ante la crítica negativa de que fue objeto por Menéndez y Pelayo. Señalaba que el estudio disputado había sido de crítica y cronología literaria en el que hubiera estorbado el patriotismo. Con razón recordaba que había sostenido que Heredia había sido absolutamente original en su canto famoso. Protestando ante una falsa visión del patriotismo que conspiraba contra la libertad intelectual, afirmaba: "El patriotismo cabe en todo y sirve para todo, cuando todo no le sirva a él; pero me atrevo a no encontrar prudente y legítimo que en su nombre se amordace el pensamiento y se anule la crítica, cuando, en definitiva, ni el patriotismo se prueba abdicando la dignidad del espíritu, ni se lleva como una marca en medio de la frente"[56].

En su tercer trabajo "El soneto es de Heredia" Sanguily con argumentos muy sólidos fundamentaba su afirmación de que el soneto "La desconfianza" que algunos críticos habían erróneamente atribuído a Plácido, era en realidad de José María Heredia y Heredia.

El artículo que Sanguily y Aritzi escogió para cerrar esta colección de trabajos de su padre sobre literatura cubana fue uno muy breve dedicado a Víctor Muñoz[57] que había aparecido como prólogo del libro de éste, *Junto al capitolio* publicado en 1919 en la Habana. Después de hacer un breve recuento biográfico del autor estudiado y hasta imputarle el haber contribuído grandemente como exitoso cronista deportivo "a corromper nuestra habla creando como una jerga bárbara el híbrido tecnicismo en que se deleitan los jugadores de pelota"[58], Sanguily evalúa con encomio esta obra en que se recogían los bocetos de la vida norteamericana que habían aparecido en la sección del periódico *El Mundo* de la Habana, que dio título al libro. El crítico indicaba la sobriedad, la gracia, la imaginación muy viva de notable fuerza visual y plástica de Muñoz y el interés que éste sabía despertar en el lector. También señalaba que estos artículos habían sido escritos para publicarse diariamente para destacar más, dada la calidad de los mismos, las altas dotes del escritor y concluía que Víctor Muñoz descollaba como periodista por sus singulares cualidades de ingenio y expresión.

El estudio crítico sobre José de la Luz y Caballero fue publicado en 1890 y recogido por su hijo en 1926 en la colección ya aludida de *Obras de Manuel Sanguily*[59]. Este libro es una evocación devota de su maestro inolvidable pero aún en este trabajo en que se hace patente la gran vinculación espiritual que une al discípulo con su amado mentor, muestra Sanguily su proverbial honestidad de criterio y comunica al lector sus más íntimas reflexiones. Sanguily se pregunta si tuvo La Luz y Caballero conciencia de la trascendencia de su obra. Y aunque confiesa que no podía realmente dar respuesta definitiva a esa pregunta, sí se acerca mucho a intentar fijar el papel histórico de su profesor cuando afirma: "No soñó nunca, seguramente, perturbar las conciencias preparándolas para la acción inmediata y asoladora; ansió, por el contrario, iluminarlas en la verdad y serenarlas en la virtud, pero al cabo, las perturbó, sin embargo; regó por todas partes gérmenes sublimes y fecundos de moralidad y de grandeza viril que habrían de desenvolverse en las almas y trae lógicamente un desacuerdo profundo entre la realidad y los principios y, luego, una aspiración a la armonía, tanto más grande cuanto más cierto y acentuado fuese el contraste, y tanto más dolorosa cuando más difícil restablecer el natural y legítimo equilibrio"[60].

El crítico se enfrentó al estudio de La Luz con visión taineana para fijar su carácter apacible y señalar las raíces de su vocación magisterial. Consideraba que este didactismo que se hacía patente en su obra conspiraba contra sus condiciones de escritor. Así afirmaba que: "... jamás será un escritor de la palabra el que por natural inclinación sólo estaba llamado a ser artista de caracteres y ambicionaba el noble privilegio de ser creador de hombres para su patria. El silogismo esterilizador será aunque sin demasiada crudeza y templado por su facundia, la forma común de su expresión, clara, diluida y sin gusto. Cuando quiera exponer, su método será escolástico; en vez de la lección metódica y seguida, optará por la árida exégesis, por el penoso comentario. Su manera escolar y su fantasía atrofiada le impedirán ser un verdadero escritor, a pesar de su gran talento, de su saber sólido y de su real profundidad"[61].

Sanguily, siguiendo como se ha dicho el método científico de Hipólito Taine, ve un contraste en la vida de La Luz entre los primeros veinte años, que señala, fueron conducentes a su sólida formación católica y los años siguientes que tendieron, al decir del crítico, a modificar en todo o en parte aunque un tanto infructuosamente sus íntimas creencias porque siempre perduró en el Maestro de El Salvador, como Sanguily reconoció, su imperturbable espíritu religioso. Sanguily apunta con acierto: "En él, de seguro había un pensador, un filósofo pero acaso, no pudo dejar nunca de haber también un teólogo, un creyente"[62].

Más adelante, precisaba así su visión de su maestro: "...era, en resumen, un pensador de genial y sorprendente penetración, acercándose a ocasiones a los linderos más avanzados de la filosofía, al punto de parecer un moderno, un colega o coetáneo de Spencer o de Wundt; pero comúnmente amalgado con el religioso primitivo"[63].

El libro de Sanguily es un acercamiento muy serio y cuidadoso a la vida y a la obra de su mentor. El crítico analiza la posición de La Luz en el campo de la ética, la filosofía y la psicología. Además como he señalado en el trabajo que en este libro dedico a José de La Luz y Caballero, Sanguily comprendió muy acertadamente que la famosa polémica filosófica que se originó entre su venerado profesor y los hermanos Manuel y José Zacarías González del Valle, defensores en ciertos aspectos del Eclepticismo espiritualista de Cousin, tenía en el fondo un sustrato político además del filosófico, pues La Luz con su posición repelía una teoría que pudiera fundamentar la autoridad del regimen colonial español sustentado en el orden político en un sistema autoritario que concentraba todo el poder en los capitanes generales de la isla y en lo económico, en la esclavitud.

La objetividad del libro de Sanguily, pese a su vinculación espiritual con el autor estudiado, fue reconocida por el eminente crítico Enrique José Varona, quien indicó que la literatura cubana tenía en ese estudio biográfico una obra que se acercaba al ideal taineano, que como se sabe fue también una de las fuentes fundamentales de Varona en su valiosísima labor de exegética literaria. Varona elogiaba a Sanguily por haber evaluado las influencias de la época, el medio ambiente y la formación familiar en la obra de La Luz. También decía que había acertado Sanguily en fijar con precisión la posición filosófica de la Luz, pero disentía, sin embargo, y en esto coincido completamente con el autor de *Violetas y Ortigas*, al considerar que Sanguily reducía la importancia de la influencia de Varela en el pensamiento filosófico de La Luz y así señalaba: "Nos ha parecido que Sanguily no le atribuye a Varela toda la parte que le corresponde en la dirección de Luz"[64]. En mi aludido trabajo sobre José de La Luz y Caballero que aparece en este libro evalúo el olvidado ensayo de La Luz, "Rectificación. Identificación filosófica con mi maestro Varela"[65], que sin duda añade fundamentos a la convincente tesis de Varona.

Otros trabajos que no queremos dejar de mencionar son los que Sanguily dedicó a su maestro Enrique Piñeyro que fueron recogidos por su hijo en el IV tomo de las obras que editó de su padre[66]. Sanguily fue discípulo de Piñeyro en el Colegio El Salvador y entre ellos nació una amistad que perduró hasta la muerte de su maestro ocurrida en 1911. El artículo de Sanguily "Enrique Piñeyro"[67] que publicó en *La Habana Elegante* el 11 de noviembre de 1888, muestra la admiración que le profesaba y destacaba las excelentes cualidades de Piñeyro como profesor, orador académico y político y como crítico literario. Subrayaba además la incesante labor que éste había efectuado por la causa de la independencia cubana.

Algunos de los estudios de este libro fueron escritos para defender la obra de exegética literaria de su profesor ante críticas que consideró infundadas. Dos de ellos "Piñeyro y Scherer" y "Piñeyro y Madame Roland" impugnaron el comentario de José de Armas y Cárdenas (Justo de Lara) relativo a la existencia de una curiosa semejanza entre un estudio de Scherer sobre Madame Roland y una conferencia de fecha posterior de Piñeyro sobre la propia escritora[68]. Otra polémica en defensa de la obra de Piñeyro la tuvo con el crítico Aniceto Valdivia (Conde Kostia), con ocasión de unos comentarios que éste efectuó sobre el libro de Piñeyro sobre el poeta español Manuel José Quintana[69].

Sanguily mantuvo una constante comunicación epistolar con su maestro y lo visitó en su casa de París, ya en la época de la Cuba republicana. Su "Enrique Piñeyro (Instantánea)"[70] que apareció en *El Fígaro* con ocasión de la muerte de aquél muestra de nuevo su admiración por su querido profesor y amigo al que, pese a las diferencias de carácter que lo separaba, se sentía unido por la común y honda devoción patriótica, por el amor por la literatura y la cultura en general y por esa inquebrantable honestidad intelectual que ocasionó a ambos, numerosas experiencias desagradables.

En resumen, Sanguily mostró durante su larga vida una decisiva vocación literaria que unida a su extraordinario talento lo llevó a convertirse en una de las figuras más importantes del ensayo y la crítica literaria de Cuba no sólo en el siglo XIX sino también en la primera parte del XX. Esa obra a la que hemos intentado asomarnos, aunque haya sido panorámicamente, fue muy amplia y valiosa pese a que la preocupación patriótica le llevó a dedicar a Cuba incontables horas y energías tanto en la pasada centuria luchando en los campos de batalla en la Guerra de los Diez Años y después dedicado a una valiente y ejemplar labor cívica en defensa de la causa de independencia cubana, ya en plena colonia, ya en exilio noble y militante, como en el presente siglo, con una entrega total a la nueva república, defendiendo los más altos y genuínos intereses nacionales. Por eso ha dicho Octavio R. Costa, que "En la personalidad múltiple de Manuel Sanguily... se destaca de una manera permanente y ostensible el ciudadano"[71] y ha agregado que "El tribuno, el escritor y el pensador que hay en él jamás se desvinculan de la patria"[72]. En efecto, en Sanguily, el literato y el patriota están indisolublemente unidos y en ambas vertientes su figura alcanzó dimensión prominente.

NOTAS

1. Manuel Sanguily Garritte, *Discursos y Conferencias*, 2 volúmenes, la Habana, Imprenta y Papelería de Rambla Bouza, 1918-1919.

2. ____, *Literatura Universal*, Páginas de crítica. Madrid, Editorial América, 1918.

3. ____, *Nobles Memorias, Obras de Manuel Sanguily*, Tomo I, Habana, Dorrbecker Impresor 1925.

4. La segunda edición de *Nobles Memorias* con un prólogo de Luis Valdespino fue publicada en Miami, Fl., International Press of Miami Fla. 1982.

5. Manuel Sanguily Garritte, *Juicios Literarios, Obras de Manuel Sanguily*, tomo VII, dos volúmenes, Habana, Molina y Cia. Impresores, 30.

6. Manuel Sanguily Aritzi, Advertencia preliminar en Manuel Sanguily Garritte, *Juicios Literarios*, Vol. I, 6.

7. Manuel Sanguily y Garritte, "La crítica literaria", *Juicios Literarios*, Vol. II, 9.

8. ____, "La crítica literaria", 14-15.

9. Hyppolite Tayne, *Histoire de la litterature anglaise*, Paris, L. Chette e Cie, 1897-99, 1ª edic.

10. Manuel Sanguily Garritte, "La crítica literaria", 13.

11. ____, "La crítica literaria", 13.

12. Se trata de "Impresionismo y positivismo en la crítica literaria de Manuel Sanguily", *Círculo: Revista de Cultura*, Vol. X, Año 1981, 47-55. Fue recogido en mi libro *Conciencia y Quimera*, New York, Senda Nueva de Ediciones, 1985, 69-79.

13. Manuel Sanguily y Garritte, "H. Taine", *Juicios Literarios*, vol. II, 6.

14. ____, "H. Taine", 206-07.

15. ____, "H. Taine", 207.

16. ____, "Menéndez y Pelayo", *Juicios Literarios*, . II, 85.

17. ____ "Menéndez y Pelayo", 86.

18. ____ "Menéndez y Pelayo", 87.

19. ____ "Menéndez y Pelayo", 81-82.

20. ____ "Menéndez y Pelayo", 84.

21. ____, "El libro de Varona", *Juicios literarios*, Vol. I, 398.

22. Véase mi libro *Enrique José Varona. Crítica y creación literaria*, Madrid, Hispanova de Ediciones, 1976.

23. Manuel Sanguily Garritte, "El libro de Varona", 401.

24. ____, "El libro de Varona", 404.

25. ____, "La novela de Nicolás Heredia", *Juicios Literarios*, Vol. I, 163-204.

26. ____, "La novela de Nicolás Heredia", 163-164.

27. ____, "La novela de Nicolás Heredia", 164.

28. ____, "La novela de Nicolás Heredia", 197.

29. ____, "Cromitos cubanos", *Juicios Literarios*, Vol. I, 93-127.

30. ____, "Cromitos cubanos", 94.

31. ____, "Cromitos cubanos", 94-95.

32. ____, "Cromitos cubanos", 102.

33. ____, "Cromitos cubanos", 113.

34. ____, "José María Heredia no es poeta cubano", *Juicios Literarios*, Vol. I, 129-161.

35. ____, "Un improvisador cubano", *Juicios Literarios*, Vol. I, 215-236.

36. ____, "Un improvisador cubano", 216.

37. ____, "Un improvisador cubano", 216.

38. ____, "Un improvisador cubano", 216.

39. ____, "Un improvisador cubano", 220.

40. Señaló Enrique José Varona, comentando la publicación de las *Poesías Completas* del poeta, compiladas y prologadas por Sebastián Alfredo de Morales, que Plácido era "el poeta más espontáneo de toda la literatura hispanoamericana, un hombre salido de lo más ínfimo de las capas sociales de una colonia española, mal educado y mal instruido, que por el esfuerzo de un genio asombroso se eleva a intervalos a la cima de inspiración poética, para caer vertiginosamente más tarde, escritor a la par grandilocuente e incorrecto , versificador callejero, poeta comensal de fiestas domésticas y lírico sublime. De sus labios brotan en raudal los versos más sonoros y las frases más triviales, su fantasía se enciende con imágenes grandiosas y se extravía tras fútiles concepciones." Véase "La nueva edición de Plácido" en *Artículos y Discursos*, La Habana, Alvarez y Cia., 1891, 53.

41. Enrique Piñeyro, "Gabriel de la Concepción Valdés", *Revista del Pueblo*, La Habana, Imprenta del Tiempo, segunda época, Num. 22, 30 de agosto de 1866, 179-80; "Gabriel de la Concepción Valdés", *Estudios y Conferencias de historia y literatura*, New York, Imprenta de Thompson y Moreau 1880, 202-207; "Gabriel de la Concepción Valdés (Plácido), *Biografías Americanas*, París, Garnier Hermanos, 1906, 329-359.

42. Chacón y Calvo, después de destacar esa falta de interioridad de su poesía en la que ha coincidido la crítica, señala como brillantísimas las facultades exteriores del poeta. También subraya su plasticidad y su color y ve como en "Jicotencal", el breve cuadro descriptivo llega a adquirir vigor y movimiento dramático. Véase su nota sobre Plácido en *Las cien mejores poesías cubanas*, segunda edición, Madrid, Ediciones Cultura Hispánica, 1958, 75-78.

43. Raimundo Lazo, *La literatura cubana*, México, Universidad Nacional Autónoma de México, 1965, 75.

44. Salvador Bueno, *Historia de la literatura cubana*, La Habana, Cuba, Editora del Ministerio de Educación, 1963, 105.

45. Max Henríquez Ureña, *Panorama histórico de la literatura cubana*. Primer tomo, Puerto Rico, Ediciones Mirador, 1963, 168.

46. Juan J. Remos y Rubio, *Historia de la literatura cubana*. tomo II, Miami, Florida, Mnemosyne Publishing Co., 1945, 17.

47. Enildo A. García, *Cuba, Plácido, poeta mulato de la emancipación (1809-1844)*, New York, Senda Nueva de Ediciones, 1986, 127.

48. Manuel Sanguily y Garritte, "Un improvisador cubano", 221.

49. Francisco González del Valle. "¿Es de Plácido, "La Plegaria a Dios?", La Habana, Academia de la Historia, Discurso leído en la recepción pública del doctor Francisco González del Valle y Ramírez, la noche del 16 de julio de 1823, Imprenta El Siglo XX, 1923.

50. Este artículo de Manuel García Garófalo y Morales fue publicado en el número 365, año III, época VII, del 17 de mayo de 1894 del periódico *La Defensa*. En el libro de M. García Garófalo Mesa, *Plácido. Poeta y mártir*, (México, Ediciones Botas, 1938, 264) se sostiene que esa polémica entre Sanguily y Garófalo Morales se terminó por la intervención de Juan Gualberto Gómez, que estaba identificado con Goráfalo en la defensa de Plácido y quien actuó por encargo del apóstol de la libertad cubana, José Martí, ya que dicha polémica entre abanderados del proceso revolucionario era negativa para los altos propósitos de redención política del pueblo cubano.

51. Manuel Sanguily y Garritte, "Otra vez Plácido y Menéndez y Pelayo", *Juicios Literarios*, Vol. I, 237-258.

52. _____, "Otra vez Plácido y Menéndez y Pelayo", 249-250.

53. _____, "Alrededor de Heredia", *Juicios Literarios*, Vol. I, 429.

54. _____, "Una estrofa sobre el Niágara en Heredia y dos poetas americanos", 407-422; "Alrededor de Heredia", 423-434; "El soneto es de Heredia", 435-446, en *Juicios Literarios*, Vol. I.

55. _____, "Una estrofa...", 420-421.

56. _____, "Alrededor de Heredia", 427.

57. _____, "Victor Muñoz: su labor y sus triunfos", *Juicios Literarios*, Vol. I, 447-453.

58. _____, "Victor Muñoz: su labor y sus triunfos", 449.

59. _____En 1962, el Consejo Nacional de Cultura de Cuba publicó en la Habana una nueva edición de este libro de Manuel Sanguily, *José de la Luz y Caballero (estudio crítico)*. Todas las citas que a continuación se hagan de esta obra se referirán a esta edición.

60. Manuel Sanguily Garrite, *José de La Luz ...*, 25-26.

61. _____, *José de La Luz...*, 35.

62. _____, *José de La Luz...*, 38.

63. _____, *José de La Luz...*, 39-40.

64. _____, *José de La Luz...*, 230.

65. José de La Luz y Caballero, "Rectificación. Identificación filosófica con mi maestro Varela", en *La Polémica Filosófica*, Tomo III, Polémica sobre el Eclecticismo, I, La Habana, Editorial de la Universidad de la Habana, 1946, 380-388.

66. Manuel Sanguily Garritte, *Enrique Piñeyro, Obras de Manuel Sanguily*, Tomo IV, La Habana, A. Dorrbecker Impressor, 1927.

67. _____, "Enrique Piñeyro (Semblanza)", *Enrique Piñeyro*, 29-41.

68. _____, "Piñeyro y Scherer" y "Piñeyro Madame Roland", *Enrique Piñeyro*, 45-72 y 75-92 respectivamente. Sanguily y Artitzi tuvo el acierto de recoger en el apéndice del libro los trabajos de Justo de Lara.

69. _____, "Quintana", *Enrique Piñeyro*, 101-151.

70. _____, "Enrique Piñeyro. (Instantánea)", *Enrique Piñeyro*, 255-268.

71. Octavio R. Costa, *Manuel Sanguily. Historia de un ciudadano*, Miami, Ediciones Universal, 1989, 11. Además de esta valiosísima biografía, Costa ha incluido estudios sobre Sanguily en tres de sus libros. Estos son: "Manuel Sanguily" en *Diez cubanos*, la Habana, Ucar García y Cía., 1945, 28-41; "Verbo y americanismo de Manuel Sanguily" en *Rumor de Historia*, La Habana, Ucar García., 1950, 63-90 y "Ausencia y nostalgia de Manuel Sanguily" en *Suma del tiempo*, La Habana, Ucar García y Cía. 1951, 85-90.

72. _____, *Manuel Sanguily. Historia de un ciudadano*, 11.

ENRIQUE JOSÉ VARONA: Pera
EL HOMBRE, EL LITERATO
Y EL PATRIOTA
1849 - 1933

Versión revisada y ampliada de las conferencias: "La preo-cupación socio-política de Enrique José Varona" leída en el XXXII Congreso Anual del CCP, Bergen Community College, noviembre 12 de 1994 y "Enrique José Varona y la formación de la nacionalidad cubana" leída en la VI Conferencia Anual de la National Association of Cuban-American Educators, Radisson Mart Plaza Hotel, Miami, Fl. noviembre 22 de 1997.

Enrique José Varona y Pera, una de las figuras fundamentales de la cultura cubana, nació el 13 de abril de 1849 en la ciudad de Santa María de Puerto Príncipe, hoy Camagüey. Era hijo del licenciado Agustín José de Varona y María Dolores Pera. Estudió en el colegio San Francisco de Asís en Regla y en el Cerro y en las Escuelas Pías de su ciudad natal y terminó su bachillerato en el Instituto de Matanzas. Demostró de muy pequeño su afi-ción por los libros. Se ha indicado que su asombrosa erudición fue producto del autodidactismo pues obtuvo sus diplomas uni-versitarios de Licenciado y Doctor en Filosofía de la Universidad de la Habana, a título de suficiencia en 1891 y 1892, es decir, cuando ya su obra literaria y filosófica había alcanzado re-percusión internacional.

Nutrido e inspirado por la lectura de obras románticas que, según el propio Varona, fueron sus preferidas en su juventud, salió de la acogedora biblioteca familiar, en noviembre de 1868 y se trasladó al campamento mambí de Las Clavellinas, para unir-se a los patriotas cubanos en la Guerra de los Diez Años que apenas se iniciaba, guerra de liberación contra la metrópoli española. El cambio fue muy brusco para el adolescente erudito y éste enfermó. Tuvo que regresar a la casa paterna y se refugió en el estudio y la investigación. De esa época son muy importantes ensayos de literatura comparada y de temas cervantinos, valiosos trabajos lexicográficos, así como los inicios de su labor poética.

Se casó con su prima Tomasa del Castillo y constituyó un hogar feliz. En 1878 se trasladó con su esposa e hijos a la Habana. Allí dictó desde 1880 a 1882 sus Conferencias Filosóficas, en la Academia de Ciencias de esa ciudad, que fueron indudablemente un esfuerzo de divulgación en la isla, de la Lógica, la Psicología y la Ética. En las mismas se hizo patente su decisiva filiación positivista. Las indicadas conferencias fueron sin duda el más ambicioso intento de exposición y sistematización del pensamiento filosófico positivista en la América hispana.

Cabe señalar, no obstante, que Varona, pese a su extraordinario conocimiento de la obra de los grandes voceros del movimiento positivista francés, Augusto Comte o Emilio Littré, por ejemplo y de las derivaciones inglesas, John Stuart Mill o el evolucionista Herbert Spencer, sometió todo ese pensamiento europeo a una constante revisión. Puede afirmarse, que Enrique José Varona, fue un positivista, pero no ortodoxo. Esa heterodoxia le hace un típico representante del positivismo hispanoamericano, que tuvo figuras de la categoría de Gabino Barrera, Justo Sierra, Eugenio María de Hostos, los hermanos Lastarria, etc. y que como ha reconocido Francisco Romero, tuvo una gran aportación a la historia cultural hispanoamericana por el interés que supo despertar en los estudios filosóficos.

Durante su estancia en la Habana, Varona continuó su fecunda labor literaria. Colaboró en numerosas revistas de la época como fueron *Palenque Literario, El Pensamiento, El Paisaje, El Fígaro, La Revista de Cuba*, etc., publicó algunos de sus poemarios más importantes, dictó conferencias en centros y sociedades culturales de la isla y fundó y dirigió *La Revista Cubana*, que tuvo una función fundamental en la formación de la conciencia nacional. José Martí, desde su exilio neoyorquino, supo captar la gran trascendencia de la labor varoniana en la creación de la naciente nacionalidad cubana y le llamó fundador.

Iniciada la guerra de 1895, salió al exilio y se instaló en New York. Allí, sustituyó a Martí, al morir éste, en la dirección de la revista *Patria*, órgano del Partido Revolucionario Cubano. Vencida España en la guerra Cubano-Hispano-Americana, regresó a Cuba y se le encomendó por el gobierno interventor norteamericano la reforma de la enseñanza secundaria y universitaria, la que hizo orientado por sus ideas positivistas, llevando la educación cubana hacia una mayor diversificación técnica. Aunque respondiendo a las necesidades de la naciente república, Varona se excedió, según la opinión de algunos críticos, en el repudio a las Humanidades. Jorge Mañach defendiendo a su amado maestro, calificó a esta reforma de terapéutica de urgencia.

La república le colmó de honores. Fue vicepresidente, consejero de presidentes, se le llegó incluso a ofrecer la candidatura presidencial, la que Varona rechazó, objetando su avanzada edad, pero su cargo más preciado fue la cátedra en la Universidad de la Habana. Su conducta ética y la denuncia viril que realizó de las frustraciones republicanas le valieron el amor y el respeto de todo el pueblo.

Enrique José Varona ha tenido gran trascendencia por su preocupación y obra filosófica, socio-política y literaria, pero fue sin duda, como él mismo lo reconoció, la literaria su faceta más constante y la que estuvo más ligada a las esencias de su ser. En ésta, Varona cultivó la poesía, el ensayo y la crítica. Su repercusión como ensayista y crítico ha oscurecido un tanto su valor como poeta. La mayoría de la crítica literaria cubana destaca su relieve como ensayista pero silencia su labor poética. Otros críticos se afilian al criterio negativo, entre ellos, Medardo Vitier que vio en ese campo su importancia como relativa y Rafael Esténger, que señaló el hecho de que el don poético jamás alcanzó la jerarquía de su prosa. En el grupo de los que admiraron su poesía se destacan José María Chacón y Calvo, Juan J. Remos y Alberto Baeza Flores. Se ha encontrado aciertos en sus esfuerzos por captar el color local y en algunos matices de su poesía cívica, pero se han fijado sus más decisivos valores en los poemas de fondo filosófico, aunque llenos de sencillez y pureza y en su poesía intimista en la que se captan algunos tintes becquerianos.

Pero es indudable, que es en su labor ensayística donde Varona alcanzó reconocimiento continental. Si se estudia su estilo desde la perspectiva de la estructuración de su prosa, ésta muestra como características: la sencillez, la pureza del léxico y la corrección de su sintaxis. Varona mostró a través de toda su vida una constante preocupación por la forma. Su prosa tiene armonía y elegancia, lo que realza su valiosísimo contenido ideológico. Ahora bien, si se evalúa su estilo desde la perspectiva de la percepción, hay que subrayar la actitud observadora. Este distanciamiento caracteriza la prosa varoniana de una objetividad y una mesura que también la realzan. Nunca hay en las obras de Varona exaltaciones ni rispideces, siempre el tono es contenido.

La temática de la obra de Varona es muy amplia. Raimundo Lazo clasificó la misma, señalando tres grandes temas generales: el hombre, la naturaleza y el arte. Esta clasificación es tan abarcadora que no deja nada fuera de su ámbito temático. En definitiva toda la crítica ha coincidido en subrayar esa amplitud. Cabría apuntar entre los elementos temáticos que se repiten en su obra, el científico y dentro de éste el afán de destacar el fundamento experimental de ese tipo de conocimiento. Esa preocupación por la ciencia y la experiencia, tan de raíz positivista, está presente no sólo en la obra literaria de Varona, sino también en la filosófica. Otro tema frecuente fue el relativo al arte en general y a lo literario en particular. El tema de la naturaleza es otra constante, pero ésta es casi siempre en Varona, la región inexplorada que oculta muchos secretos al conocimiento del hombre. Es un integrante pasivo de ese mundo, para él, caótico, en que el hombre se desenvuelve. Es el hombre, el tema más constante de su obra literaria y lo evaluó desde muy amplias perspectivas.

Dentro de su obra ensayística tiene una significación especial su labor como crítico literario. Fue, sin lugar a dudas, uno de los más altos representantes de la crítica positivista en la América hispana. Es opinión muy generalizada de la exegética, que trabajos como sus conferencias sobre Cervantes y Gertrudis Gómez de Avellaneda, constituyen dos de los más logrados ejemplos de la crítica taineana en este continente.

En un momento en que la crítica en Hispanoamérica estaba caracterizada por el relativismo impresionista, Varona intentó y logró dotar a su exegética de la objetividad y rigurosidad que provenía de la escuela taineana. Los factores de raza, época y lugar, le sirvieron como criterios orientadores, aunque hay que hacer la salvedad que en la crítica como en la filosofía su afiliación positivista no fue incondicional. Siempre sometió toda idea ajena a su propia evaluación. Además de Hipólito Taine, hay que anotar en la crítica de Varona, la influencia del criterio psicobiográfico de Carlos Agustín Sainte Beuve.

Varona formó parte de un grupo de notables críticos cubanos que efectuaron su labor exegética en la segunda mitad del siglo XIX y primeras décadas del XX, como fueron Enrique Piñeyro, Manuel Sanguily, Manuel de la Cruz, Rafael Montoro, Rafael María de Mendive, Nicolás Heredia, Emilio Bobadilla, etc. Es lógico, pues, que éstos expresaran su opinión sobre Varona y algunos le dedicaron trabajos muy fundamentales. Manuel Sanguily fue de los primeros en destacar la influencia taineana en la obra de Varona. También admiró su capacidad de observación y la sensibilidad que caracterizaba su alma de artista. Nicolás Heredia hizo énfasis en la erudición de Varona y en su objetividad, que puso en contraste con el subjetivismo predominante en la época; Manuel de la Cruz, se extasió con la belleza de la prosa varoniana, coincidiendo con José Martí; Julián del Casal, el poeta, indicó que Varona fue un gran escritor en un medio poco propicio para las labores intelectuales. José Enrique Rodó, le dijo en la carta con la que le remitió a Varona un ejemplar de *Ariel*, que él podía ser en realidad el Próspero de su libro, ya que los alumnos se agrupaban alrededor de él para escucharlo, como los discípulos se reunían en torno de Próspero.

Más contemporáneamente Mariano Picón Salas ha destacado la labor de Varona de búsqueda de cultura e ideas en fuentes europeas, con el propósito de fundamentar la independencia espiritual de la América hispana. Luis Alberto Sánchez ha subrayado el interés de Varona en dar a conocer a Hispanoamérica la cultura norteamericana, pues Varona fue de los primeros en comprender la imperiosa necesidad de conocerse recíprocamente que tienen los hispanos y norteamericanos. Coincidiendo con Rodó, Germán Arciniegas ha estudiado la significación de Varona como maestro de América.Ramón Menéndez Pidal, lo calificó de eminente escritor y Julio Cejador alabó su calidad como crítico y reconoció la capacidad de Varona para desentrañar el sentido de las producciones artísticas y enjuiciar el talento de sus autores.

La obra en prosa de Varona fue muy amplia y parte de ella ha quedado dispersa en las publicaciones de su época. Uno de sus libros fundamentales fue *Artículos y Discursos*[2] que vio la luz en 1881 y que recoge artículos y conferencias sobre temática social, política y literaria. Dentro de los de carácter literario están algunos dedicados a figuras cubanas como José Manuel Mestre, R. H. Merchán, Antonio Mestre, Silverio Jorrín, José de la Luz y Caballero, Tristán Medina y Ramón Meza.

Dos años más tarde en 1883 publicó *Estudios Literarios y Filosóficos*[3] Se incluyen en este libro tres artículos de literatura comparada. El primero es el relativo al personaje Caín en las literaturas modernas, en él, parte del tratamiento de Caín en el Antiguo Testamento, los Evangelios y las tradiciones talmúdicas hasta llegar al *Caín* de Byron; el segundo era un estudio contrastante de *La escuela de los maridos* de Moliere y *El marido hace mujer* de Antonio de Mendoza y el tercero estudiaba *Los*

Menecmos de Plauto y sus imitaciones modernas. Es de destacar también el ensayo titulado "La nueva era", en el que evaluaba a tres poetas de la época, Diego Vicente Tejera, Esteban Borrero Echevarría y José Varela Zequeira. Otro ensayo muy interesante es su "Ojeada sobre el movimiento intelectual en América" en el que demuestra su gran conocimiento de la literatura de este continente, no sólo la de América hispana sino la de la sajona.

En 1887 apareció en Barcelona su libro *Seis Conferencias*[4]. Contiene su famosa sobre Cervantes, otra sobre Victor Hugo, que arroja mucha luz sobre las ideas de Varona sobre el romanticismo y las restantes sobre Emerson, la educación de la mujer, la importancia social del arte y las teorías de Platón y Michelet sobre el amor.

Dos libros de Varona que recibieron gran difusión y fueron publicados en el siglo XX fueron *Desde mi belvedere*[5] cuya primera edición apareció en la Habana en 1907 y la segunda en Barcelona en 1917 y *Violetas y ortigas*[6], que se publicó con prólogo de Alfonso Hernández Catá en Madrid, en 1908. *Desde mi belvedere* contiene trabajos en que se evalúan poetas como José María Heredia y Heredia, Edgar Allan Poe y Charles Baudelaire y escritores como Balzac, D'Annunzio y Nietzche. Igual estructura tiene *Violetas y ortigas*, donde se analizan figuras cubanas como Nicolás Heredia, José Silverio Jorrín y el poeta parnasiano cubano-francés José María Heredia y Girard, autores españoles como Echegaray y Castelar y de la literatura universal como Demócrito, Taine, Sainte Beuve, Rostand, Lemaitre, Renán, Emerson, etc.

De 1918 fue una colección de aforismos que recogió bajo el título de *Con el eslabón*[7], en donde hace evidente el pesimismo que caracterizó los últimos años de su vida. La primera edición de esta obra apareció en San José, Costa Rica y la segunda, publicada en 1927, en Manzanillo, Cuba.

En 1936, el gobierno de Cuba inició la publicación de las *Obras de Enrique José Varona*[8], esfuerzo que lamentablemente no se terminó pues incluyó solamente además de la reproducción de *Desde mi belvedere* y *Violetas y ortigas*, un libro de 445 páginas que se tituló *Estudios y Conferencias* en el que se reprodujo parcialmente el contenido de algunos de los otros libros fundamentales de Varona. La colección venía precedida de un libro introductorio que tenía evaluaciones críticas de Medardo Vitier, Elías Entrialgo y Roberto Agramonte.

Las obras poéticas de Varona incluyeron *Odas Anacreónticas*[9], publicada en 1868 en su ciudad natal. Más importantes fueron su segundo y tercer poemarios, *Poesías*[10] de 1878 y *Paisajes cubanos*[11] de 1879. También sus colaboraciones a *Arpas amigas*[12] de 1879 y *Arpas cubanas*[13] de 1904, colecciones de poemas de distintos autores isleños. En *Arpas cubanas* apareció el poema de Varona "Alas" que ha sido recogido en numerosas antologías y que algunos de sus críticos consideran como su obra poética más lograda. En 1917 publicó *De mis recuerdos*[14] y en 1921 sus *Poemitas en prosa*[15], que contiene veintiséis composiciones breves escritas en esa prosa varoniana, tan rica y tan llena de hondo palpitar poético.

En cuanto a estas obras poéticas, José María Chacón y Calvo ha señalado que en *Poesías* aparecen algunas composiciones que no pueden faltar en las antologías de la poesía cubana. En este temprano libro de Varona ya se hace patente ese sustrato filosófico que tanto matiza su obra lírica.

Del poema antiesclavista "Bajo la capa del cielo" de su libro *Paisajes cubanos*, Manuel de la Cruz comentó que era el primero en mérito en sus lucubraciones poéticas. Juan J. Ramos y José María Chacón y Calvo vieron precisamente en ese poema, la influencia de Campoamor debido a la propensión al prosaísmo que lo caracteriza. Max Henríquez Ureña ha observado la influencia de Campoamor en los poemas recogidos en *De mis recuerdos*, libro, por cierto, que Baldomero Sanín Cano alabó por la finura de la expresión y por la armonía que producía la reverberación de su simbolismo y Chacón y Calvo por su tono delicado, su nítida emoción y la suavidad de su matiz. En *Poemitas en prosa*, tanto Chacón, como Remos, han subrayado la influencia del poeta indio Tagore. Alberto Baeza Flores ha destacado las puras esencias poéticas que existen en la totalidad de la obra de Varona y ha visto tanto en sus libros de verso como en los de prosa poemática, bajo la serenidad de la forma, la expresión de una angustia subyacente, que surge de la visión caótica del mundo que éste tuvo.

Un libro en prosa que llamó mucho la atención de la crítica fue *Estudios Literarios y Filosóficos*. Los tres ensayos de literatura comparada que el mismo contiene han sido ampliamente reconocidos, como muestra evidente de la asombrosa erudición varoniana y de su sagacidad crítica. Otro, el titulado "La nueva era" es muestra valiosa del empleo de las técnicas críticas taineanas.

En su libro *Seis Conferencias* José Martí observó una muestra de la gran erudición del autor y de la belleza de su prosa. Martí hizo notar que la erudición varoniana no molestaba al lector porque estaba integrada felizmente en el texto. La excelencia del estilo de Varona, decía Martí, venía del perpetuo fulgor de su pensamiento.

La conferencia sobre Cervantes que es el trabajo fundamental de una serie de estudios cervantinos que Varona dejó dispersos y que han sido recogidos muy recientemente[16], fue uno de sus ensayos que más atención ha merecido. Ya en 1893, Manuel de la Cruz señalaba la metodología usada, que relacionaba con la influencia de Taine y Stendhal. En el siglo XX, Medardo Vitier y Alberto Zum Felde también han vuelto sobre la importancia de esa innovación metodológica en Hispanoamérica. Pero además de por su técnica, el trabajo tuvo repercusión por su contenido, sobre todo en sus aciertos respecto a destacar la importancia que tuvo en el *Quijote* el contacto de Cervantes con el renacimiento italiano. Este aspecto de las repercusiones del viaje de Cervantes a Italia ha sido estudiado en nuestro siglo por críticos de la importancia del italiano Giuseppe Toffanin y el español Américo Castro.

Otro trabajo muy importante sobre este tema fue "Cervantes y el Quijote", en donde Varona apuntó la influencia del Romancero como fuente de la gran novela, tesis que sirvió de base para una muy erudita evaluación del tema efectuada por Chacón y Calvo.

En *Violetas y ortigas* y *Desde mi belvedere*, colecciones de artículos periodísticos que tienen a veces características muy similares a las de ensayos, ha visto Raimundo Lazo, la agudeza y originalidad de Varona, su dominio sobre la forma, y su capacidad de captar ese mundo en que vivió y presentarlo con cierto tono humorístico, que a veces se tornaba irónico. Baldomero Sanín Cano, coincidiendo con una muy amplia crítica, destacó también la importancia de estas obras. El propio Sanín Cano consideró *Con el eslabón* la obra que más luz arrojaba sobre la personalidad del autor, pues sus páginas mostraban su escepticismo y su pesimismo.

La posición destacadísima de Varona en la historia de la cultura cubana es indiscutible. Su importancia literaria ha sido reconocida por grandes figuras de la intelectualidad de Cuba, Hispanoamérica y España. Fue uno de los más sobresalientes críticos positivistas en el continente americano y su dimensión como ensayista rebasa las fronteras nacionales para alcanzar carácter continental.

Pero Enrique José Varona no fue un intelectual aislado de su realidad histórica. Como típico representante del hombre de pensamiento de Hispanoamérica, en Varona la preocupación por su patria y el deseo de que su pueblo mejorara las condiciones de vida, lo llevaron a estudiar con interés y seriedad los problemas que atravesaba la isla y a pronunciarse públicamente sobre ellos, la mayoría de las veces, salvo el breve período de exilio, en plena colonia, afrontando con valentía y civismo el riesgo que conllevaba tal actitud en la represiva sociedad colonial. No obstante, pese a que sentía como propios los dolores de la patria, Varona fue también, en su obra socio-política, el mismo ser razonador, ponderado, en fin, matizado de esa mesura y objetividad que caracteriza su obra literaria. Denunció con vigor los males de la colonia y las consecuencias nefastas que estaban produciendo en la infortunada isla los errores de los intransigentes gobernantes españoles de la época pero siempre estos estudios muestran un interés de encontrar las causas de esos males y de indagar los medios de superarlos.

Entre los trabajos sobre la labor colonizadora de España en América, merecen señalarse dos conferencias pronunciadas en su exilio neoyorquino, en noviembre 12 y diciembre 30 de 1896, en el Steinwell Hall de esa ciudad[17]. Varona evalúa en ellas esos empeños colonizadores desde los puntos de vista político, económico y social. Señala la importancia de la motivación económica que llevó a centrar el interés de los colonos españoles, inspirados por el afán de enriquecimiento inmediato, en la explotación de las minas, esencialmente las de oro y plata y el consecuente abandono de la agricultura y de la industria que tal práctica conllevó, dejando establecida sobre bases muy precarias la economía de la América colonial.

Con penetración, Varona comprende que esa desorganización de la sociedad colonial, que tanto la caracterizaba y tan profundamente arraigada estaba en su historia, era la raíz del fracaso que estaban experimentando las nuevas repúblicas hispanoamericanas en su afán de superar las deficiencias coloniales.

La revolución hispanoamericana, proclamaba Varona, fue producto de las aspiraciones de una determinada clase social, la de los criollos cultos y argumentaba que si bien las grandes masas indias de América participaron en la guerra emancipadora, lo hicieron sin comprender con claridad las bases ideológicas en la que ella se asentaba. Varona subrayaba el atraso cultural en que la colonización española había sumido a la población de Hispanoamérica especialmente entre los habitantes indios y negros y defendía la necesidad urgente de iniciar una vigorosa labor educativa que redimiera a estos grandes sectores de la población de nuestras repúblicas.

Este problema racial y sus hondas repercusiones humanas y socioeconómicas que estudió Varona en el siglo XIX han sido motivo de preocupación en muchos de los grandes ensayistas hispanoamericanos de la presente centuria. Baste señalar Pedro Henríquez Ureña, José Vasconcelos, Manuel González Prada, Juan Carlos Mariátegui, etc.

En estas propias conferencias hizo una crítica al régimen esclavista y todas sus nefastas consecuencias en la sociedad cubana. Un amplio análisis de la obra varoniana revela que esta preocupación antiesclavista es muy constante en Varona y que no sólo se hace presente en su ensayística sino que también es evidente como fuente inspiradora de algunos de sus poemas e incluso lo llevó en su exegética literaria a mostrarse atraído por ciertas obras que conllevaban una crítica a esa degradante práctica social.

Otro trabajo de crítica de la política colonizadora española es su ensayo "El derecho del puño", que aparece en su libro *Artículos y Discursos* de 1881, en el que analiza el frecuente uso de la violencia y como ésta traía como consecuencia la falta de respeto a la dignidad humana. Semejante acercamiento a los problemas sociales cubanos es su trabajo "El bandolerismo, reacción necesaria" que apareció en la *Revista Cubana* el 30 de junio de 1888[18]. Varona parte de un análisis de los objetivos de la vida en sociedad para concluir que el bandolerismo era un fenómeno que se producía en Cuba con la cooperación del pueblo; tenía propositos marcadamente antisociales que conspiraban contra ese objetivo de seguridad colectiva que conlleva la norma jurídica y era un caso característico de atraso social. Con el objeto de diagnosticar las causas del mismo, analiza la psicología del cubano y busca los antecedentes en el pueblo español, ya que, según afirmaba, la cultura y la historia siempre se heredan.

Nuestro sociólogo vuelve entonces al tema de la violencia y su evolución en la historia española y parte de la larga guerra de reconquista, de la que afirma, que fue dejando a retaguardia, a medida que recuperaba el territorio peninsular, una sociedad amante del peligro, acostumbrada a la lucha cotidiana y poco propicia a renunciar a los logros ganados por la fuerza y someterse sin claudicaciones al imperio de la ley. Varona evaluó el tema del bandolerismo en España y sus causas económicas y sociales y estableció un paralelismo con el mismo fenómeno social en Cuba. Hizo una crítica acerba de las condiciones que el régimen colonial español sometía al pueblo cubano en esa época. Señaló entre los grandes males que aquejaban a la Cuba del

XIX, la esclavitud, la deshonestidad de la administración colonial enturbiando todas las esferas de la vida social, la pobreza rampante, el consentimiento al juego que daban las autoridades, la injusta y despiadada represión política y los destacó como síntomas de una barbarie muy generalizada que propiciaba precisamente el auge del bandolerismo.

La conferencia "Los cubanos en Cuba"[19] fue también una valiente denuncia pues fue pronunciada en la Habana, en 1888, en velada cultural organizada por la sociedad habanera "La Caridad", prácticamente en el mismo rostro de las autoridades españolas. En ella, fundamentalmente, Varona analiza la Cuba del siglo XIX y la divide para su estudio en tres períodos históricos. El primero es el de la Cuba de principios de siglo, que mostraba al pueblo cubano dividido principalmente en tres castas, una la del esclavo, al que se había reducido a propiedad semoviente, otra, la del criollo blanco que carecía de derechos políticos y que "compra el derecho a tener siervos a costa del derecho a tener dignidad"[20] y un tercer grupo formado por los españoles que estaban al frente de la administración colonial y los grandes comercios y disfrutaban de todos los privilegios y todos los poderes.

El segundo período que estudia es el proceso de forjación de la conciencia nacional que desembocará en la primera guerra de emancipación, es decir la conocida por la de los Diez Años. El orador no oculta la admiración que esa evaluación le produce. Nos habla de la cultura del espíritu y como con libros importados de contrabando y leídos a escondidas se va forjando una pequeña élite que por sus esfuerzos y sacrificios se va agrandando. No hay nombres específicos aludidos en esta conferencia leída en la capital de la colonia pero asombra su audacia y valentía. Por esa prosa tan atildada y serena descubrimos el desfilar de nuestras grandes figuras. Ahí están la importación de las nuevas corrientes filosóficas por José Agustín Caballero y Félix Varela, la preocupación socio-económica de José Antonio Saco, el peregrinar de estudio que por el mundo hizo José de la Luz y Caballero y el que lo inspiraría a la fundación del Colegio El Salvador, fragua fecunda de amantes de la libertad, la prédica democrática de Manuel Sanguily, la llamada heroica de un Carlos Manuel de Céspedes, las hazañas bélicas de un Antonio Maceo y un Máximo Gómez. Comparando las dos décadas que acaba de estudiar, precisa muy claramente las diferencias entre ambas:

"Ved lo que en una realiza Cuba, y lo que en otra intenta. En la primera tiene la organización rudimentaria de una sociedad dividida en castas, en la segunda prepara la organización avanzada que requiere la democracia; en aquélla soporta el más absoluto despotismo militar, en ésta no acepta forma de gobierno menos libre que la república; en la una, para vivir la vida material, necesita negar sistemáticamente al hombre todos sus derechos, en la otra, para adquirir y cimentar la libertad colectiva, que es la vida superior y espiritual de los pueblos, necesita garantizar y defender la justicia igual para todos"[21].

Varona reconoce el eclipse de aquel anhelo libertario pero lo que le importa señalar es la excelencia moral del cambio que se hizo patente en ese período, que califica con razón de heroico y luctuoso a la vez.

El tercer período que estudia Varona es la Cuba posterior al Pacto del Zanjón. Lleno de pesimismo, Varona lo ve como una etapa muy triste, en que el pueblo cubano está completamente dividido en grupos de diversa organización e importancia. El único grupo más coherente, según él, era el de los inmigrantes europeos porque a pesar de sus aparentes diferencias los unía el objetivo de dominación a toda costa. Dentro de la población cubana, encontraba la corriente autonomista que, a pesar de que tenía líderes capaces, organización y procedimientos, había sido incapaz de hacerse oír y era testigo impotente del nuevo proceso de descomposición social en que se precipitaba la isla. Veía los independentistas divididos entre sí, sin ningún genuino propósito de cohesión, únicamente teniendo de común sus esperanzas y desengaños. Ese tono de dolor matiza el final del discurso. Varona se lamentaba del predominio de los elementos adventicios, del crecimiento de la ola pestilente de la corrupción, de que el apetito del lucro de una clase no encontrara el contrapeso en el espíritu de refinamiento, de civilidad y de cultura de la otra. Tendría que venir la labor mesiánica e iluminadora de Martí para hacer renacer en ese pueblo sufriente y dividido esa ansia de cohesión, cuya pérdida lamentaba Varona, para lograr la libertad de la patria.

Varona, llevado por un momento por su pesimismo, participó brevemente en las filas del autonomismo, — que pudo aglutinar en esos años, ante el temporal fracaso del empeño bélico, algunas figuras muy representativas de la opinión liberal de Cuba — y llegó a ser electo diputado a las Cortes por su provincia. Fue redactor, además, de El Triunfo que era el órgano oficial de ese movimiento, pero bien pronto su experiencia como diputado y su clara percepción de las realidades cubanas le hicieron abandonar las filas del reformismo. Proclamó que abandonaba la vida política, pero su amor por su patria le impidió hacerlo. Siguió siendo en plena colonia un abanderado de la libertad, por eso hemos previamente aludido que José Martí[22] comprendiendo la importancia de sus discursos y conferencias y su labor al frente de la *Revista Cubana* en la isla esclava en ese período lo llamó con toda razón fundador. Ante el inicio de la guerra emancipadora del 1895, Varona respondió a Cuba con el amor que le caracterizaba y salió con su familia a trabajar por la causa de su independencia al incierto exilio político donde puso su extraordinario talento al absoluto servicio de esa revolución liberadora y en reconocimiento a esa labor el angustiado pueblo cubano puso en sus firmes manos la dirección de *Patria* ante la muerte en Dos Ríos de su admirado amigo, José Martí.

De gran importancia es su alegato "Cuba contra España"[23] escrito en el 1895 en el exilio neoyorquino. En este trabajo Varona señalaba las razones que justificaban la revolución cubana. Con el enfoque socio-económico que tanto le caracterizó cuando hablaba de los dolores de la patria, indicaba el atraso en que en estos aspectos vivía Cuba y las causas del mismo. Denunciaba la explotación económica a que estaba sometido el pueblo cubano, la violación de los derechos individuales que practicaba el régimen colonial, la incompetencia que caracterizaba la administración pública. Mostraba fundadamente como el gobierno español, con impuestos excesivos, había perjudicado el adecuado desenvolvimiento de las industrias tabacaleras y pecuaria y había puesto obstáculos, con su vacilante legislación, a la explotación minera cubana. Varona encontraba la raíz de todas estas negativas medidas en el afán del gobierno español de someter la economía de la infortunada colonia a lo que calificaba de monopolio ruinoso de ciertos industriales y mercaderes de determinadas regiones de la metrópoli.

Pero la labor patriótica de Varona no terminó con la instauración de la república sino que adquiere aún una mayor significación porque con su prestigio intelectual y su probada conducta ética por las que disfrutaba de un reconocimiento muy amplio que rebasaba las costas de la isla para adquirir dimensión continental, Enrique José Varona fue la conciencia moral de la nueva república y aunque esa actitud le ganó la enemistad de gobernantes poderosos, su egregia figura que se levantaba con su gran mensaje moral desde la augusta colina de la Universidad de la Habana, fue la imagen del maestro ejemplar no sólo de toda una juventud cubana que llevaría a cabo una fecunda tarea de renovación intelectual y política, sino también de una nueva y muy valiosa intelectualidad hispanoamericana, como lo reconoció, como se ha señalado con anterioridad, Enrique José Rodó.

Muy ilustrativo es su folleto *Mirando en torno*[24] en el que recogió artículos escritos durante la revuelta de agosto de 1906 provocada por el intento reeleccionista del presidente Tomás Estrada Palma y en los primeros tiempos de la intervención norteamericana que le siguió. En ellos advirtió a sus conciudadanos de los graves peligros que para la soberanía nacional podían acarrear el desenfreno de las pasiones políticas y los egoísmos personales, pero, como él mismo lo reconoció, su voz se perdió en el desierto. La nueva publicación de esos artículos se hizo pues con el definido propósito de ese educador y patriota de darle mayor resonancia a esos trabajos que con la visionaria preocupación de su autor, habían sido una llamada a la sensatez y a la necesidad de armonía y unión que debía aglutinar a los cubanos para plasmar genuinamente los ideales democráticos que habían inspirado la fundación de la república.

Con su visión de sociólogo, Varona señalaba acertadamente que las largas guerras de emancipación que se extendieron desde 1868 a 1898 habían dejado al pueblo cubano en los bordes de la ruina material y la miseria fisiológica. La reconstrucción de la nación demandaba que la nueva república llevara a cabo una tarea tremenda, tanto material como espiritual, que requería como presupuesto un período de paz, de tolerancia mutua y de respeto a las leyes, por tanto, razonaba, que ese conflicto bélico entre hermanos, que contemplaba atormentado, hundiría al país en un mayor abismo y estaba ayudando sin proponérselo a los intereses de los poderosos capitales extranjeros. Con sano y sincero patriotismo afirmaba: "Los que se han acostumbrado aquí a contar con el gobierno de Washington, como con el Mesías, que ha de realizar nuestro milenario, y a los que aturdidamente han contribuído a que se haya visto obligado a actuar de árbitro y componedor, un tanto más severo que amigable, harían bien, a mi juicio, en considerar este aspecto de la situación. Mientras otros nos gobiernen, nuestros problemas, de por sí difíciles y complicados, se complican y dificultan más porque se mezclan con otros muchos más arduos y complejos, y forzosamente se le subordinan. Por algo dijo el poeta que prefería beber en su vaso aunque fuera pequeño, pero que era suyo"[25].

En efecto, Varona comprendió los extraordinarios peligros que la creciente dependencia de los gobiernos cubanos a la acomodaticia y pragmática política de los Estados Unidos y al naciente imperialismo norteamericano pudiera acarrear a la soberanía nacional cubana. No es que Varona no estuviera consciente de la alta significación que para los ideales de libertad y democracia en el mundo tenía la gran república forjada por Washington, Jefferson, y los constituyentes de Filadelfia, y hay abundante prueba de esa admiración en la obra varoniana[26], pero como cubano e hispanoamericano, Varona valoraba los riesgos que esa política imperialista que se estaba esbozando en EE. UU. pudiera conllevar.

Uno de los estudios más importantes de Varona sobre esta materia fue "La política cubana de los Estados Unidos"[27], conferencia pronunciada en su exilio neoyorquino, en el Steinway Hall de la gran metrópoli, el 23 de diciembre de 1897. Con esa objetividad y erudición que le caracterizaba, Varona hizo un análisis panorámico de esa política. Indicó que llevándose a cabo en este país un proceso de expansión territorial, la cercanía de la isla al territorio de Norteamérica fue sin duda una obsesión para los sucesivos gobernantes estadounidenses.

Varona comprendía que la derrota que sufrieron los intereses esclavistas en la Guerra de Secesión determinó importantes cambios en esa política, pero de todas maneras ciertos poderosos sectores comerciales de esta nación, siguieron influyendo en las orientaciones de la misma. Por otra parte, en virtud de su creciente preeminencia mundial, los Estados Unidos, como afirmó también Varona, comenzaron a tener muy en cuenta sus relaciones comerciales y políticas con España, Inglaterra y Francia para condicionar a éstas, en cierta medida, su política hacia Cuba. Es lo cierto que el sociólogo e historiador cubano consideraba que, después de la victoria de Lincoln, la nación norteamericana pretendía más lograr una alianza comercial aunque no del todo exenta de cierta tutela moral, que una anexión política, pero es indudable que tal pragmatismo, con todo el relativismo ético que el mismo conllevaba, repugnaba a Varona, pues contradecía la Doctrina Monroe y la tradicional posición de la república norteamericana como defensora y baluarte de la libertad y la democracia.

Otro estudio que es necesario señalar en cuanto a este aspecto es "El imperialismo a la luz de la sociología"[28] que fue pronunciado en la Universidad de la Habana, el 11 de marzo de 1905. Es un estudio en que predomina el enfoque sociológico y el histórico. Varona analiza el fenómeno del imperialismo para señalar que se trata simplemente de un nombre nuevo a un hecho muy antiguo, producido por el crecimiento de un grupo humano que llega a tener dominio político sobre otros grupos humanos, ya cercanos, ya lejanos de áquel.

Varona parte de los dos ejemplos más patentes de expansión imperial que mostraba la historia: Roma e Inglaterra y se detenía en el último porque su cercanía histórica le facilitaría una más adecuada y completa evaluación. Analizaba los factores que facilitaron el desarrollo imperial inglés, es decir una gran concentración demográfica, esencialmente en las ciudades, y una extraordinaria evolución económica. Varona indicaba que si bien la expansión territorial se produce naturalmente sobre los vecinos inmediatos cuando éstos por sus desarrollo demográfico y económico no presentan debida resistencia, las fuerzas imperiales en definitiva se desplazan normalmente hacia territorios que por sus debilidades intrínsecas son más propicios a que se efectúe tal penetración, así habla del gran desarrollo del imperialismo inglés en las zonas tropicales del planeta.

Varona concluía que el imperialismo norteamericano seguía el modelo inglés y que por tanto la zona más propicia a su expansión por su cercanía y por sus deficiencias económicas y sociales eran las naciones de la Unión Americana y entre ellas era el pueblo de Cuba el que debía estar más al tanto de este problema, ya que dada su naturaleza social, el fenómeno imperial estaba sometido a un determinismo que asustaba. Varona advertía a su pueblo que debía evitar ser la línea de menor resistencia y abogaba porque éste comprendiera las leyes salvadoras que presidían el desarrollo y buen crecimiento de los países y que eran fundamentalmente tres, es decir, el crecimiento de la población, el mejoramiento de la organización económica y el genuino logro de una cultura superior, factor que consideraba tan importante como los otros.

Varona aclaraba a ese efecto, que cuando él hablaba de cultura superior, debía entenderse no sólo la difusión de la ilustración, aspecto al que él no restaba importancia, sino también "la difusión de ese noble y alto sentimiento que eleva realmente al hombre a su verdadera dignidad; ése que hace que los conciudadanos se aproximen espontáneamente y se aúnan por las ideas y por el corazón para una gran obra común"[29]. Esa llamada a la unión y a la armonía del pueblo cubano cayó en el abismo producido por la lucha de las pasiones sectarias y en consecuencia la república cubana sufrió la afrentosa intervención norteamericana del 1906.

La clara inteligencia política de Varona también supo ver los peligros que para el futuro de la humanidad representaban las ideas marxistas y el naciente movimiento comunista y así en 1885 señaló: "...el comunismo aunque pretenda hacerse oportunista, no es menos una peligrosa quimera, que empieza por ser la negación de toda libertad y acaba por anular toda iniciativa, y por tanto, todo verdadero goce de los mismos bienes que pretende esparcir equitativa y profusamente"[30] Algo más de una década más tarde, en su artículo "¿Abriremos los ojos?" de 17 de octubre de 1906 que después recogió en 1910, en su ya mencionado libro *Mirando en torno* afirmó" "La teoría marxista que hace depender toda la evolución social del factor económico no es sino la exageración de un hecho cierto. Las necesidades económicas y las actividades que éstas ponen en juego no constituyen el único motor de los complejos fenómenos que presenta una sociedad humana; pero sí están en la base de los más aparentes y decisivos"[31].

Varona fue de los primeros pensadores hispanoamericanos que comprendió el riesgo que el comunismo constituía para que pudieran plasmarse efectivamente en nuestra América los ideales que habían inspirado la revolución de independencia de Hispanoamérica, la que había formado parte de todo un proceso de evolución de los pueblos que integran la civilización occidental en búsqueda de una sociedad más justa y equitativa. Varona se dio cuenta que con la supresión del "Estado de Derecho", es decir, eliminando la subordinación de todos los integrantes de la sociedad, gobernantes y gobernados a la norma jurídica, para supuestamente satisfacer necesidades colectivas, que intrínsecamente eran muy legítimas, pero que no justificaban despojar al hombre de su derecho a la libertad y el respeto a su dignidad, se estaba poniendo en peligro las bases en que descansaba la democracia moderna.

La trágica y horrible historia de los pueblos que han sido sometidos al marxismo-comunismo y que ha engendrado los movimientos liberadores de este fin de siglo, simbolizados tan patéticamente con la caída del muro de Berlín, han probado la certeza de la visión política de Varona. La agonía que hoy sufre el propio pueblo cubano da una mayor significación al mensaje de esta voz serena y reflexiva que en los umbrales del siglo XX se levantó para denunciar al comunismo como peligrosa quimera.

Varona mantuvo una actitud permanente de defensa de los supremos intereses de su patria. Fue siempre leal a Cuba y ni posiciones ni vinculaciones de amistad le hicieron claudicar su incorruptible conducta ética. En su famoso discurso leído en el acto de recepción como miembro de la Academia Nacional de Artes y Letras de Cuba del 11 de enero de 1915 en la Habana[32], cuando precisamente ocupaba el alto cargo de Vicepresidente de la República de Cuba, posición que como se sabe era puramente nominal y que no acarreaba atribuciones ejecutivas específicas, aprovechó la ocasión —con el intencionado propósito de destacar la alta función social de la cultura y prescindiendo de las limitaciones académicas que tal acto de investidura pudiera conllevar— para denunciar los graves momentos que vivía la humanidad durante la Primera Guerra Mundial y la crisis por la que estaba atravesando la república cubana.

Pero, pese a los instantes inciertos, siempre en el pensamiento de Varona estuvo la esperanza en la lejanía: "En la esfera social no está todo perdido, mientras brilla a lo lejos y en lo alto el resplandor de un ideal. Vamos, aunque no queramos, aunque no nos demos cuenta de ello, describiendo una espiral inmensa. Nos cercan a veces las tinieblas, a veces el crepúsculo; pero aún alentamos, si la esperanza de lo mejor nos llama y nos conjura"[33]. Y más adelante, agregaba "El arte no debe mirar hacia atrás, sino para comparar las dificultades vencidas y las que tiene que vencer, para descubrir los medios que pusieron en juego sus nobles antecesores y adaptarlos"[34]. Para Varona, el arte ha de cumplir una función muy fundamental en la redención espiritual del hombre. "El lugar del poeta, del pintor, del escultor, del músico está en la plaza Pública"[35]. Este discurso termina con una hermosa y profunda referencia a la estatua de la Victoria de Samotracia que con sus alas desplegadas recibe en lo alto de la escalinata de entrada del museo del Louvre de París a los amantes del arte del mundo que allí acuden en cultural peregrinación y cuya pequeña réplica tenía Varona en su despacho. Dice así el Maestro cubano: "Vuela ¿a dónde? "¿Quién lo sabe? De todos modos a conquistar lo futuro que le tiende los brazos"[36].

Su muerte ocurrida en 1933 — después de la caída del régimen del presidente Gerardo Machado a cuya prórroga de poderes Varona se opuso, manteniendo su posición, a pesar de que ya era un octogenario, de guía espiritual de la juventud universitaria, que en esa ocasión histórica se levantó en defensa de los ideales democráticos — llenó de dolor al pueblo cubano que supo ver su venerable figura como el más excelso representante de las más altas aspiraciones de amor por la cultura y los ideales democráticos en la Cuba republicana.

NOTAS

1. Para una adecuada documentación y una más amplia revisión de la crítica sobre la obra literaria de Varona, ver mi libro, *Enrique José Varona, Crítica y creación literaria*, Madrid, Hispanova de Ediciones, S. A., 1976.

2. Enrique José Varona, *Artículos y discursos*, La Habana, Alvarez y Cia., 1881.

3. ____, *Estudios literarios y filosóficos*, La Habana, La Nueva Principal, 1883.

4. ____, *Seis conferencias*, Barcelona, Gorgas y Cia., 1887.

5. ____, *Desde mi belvedere*, La Habana, Cultural S. A., 1938. El texto consultado fue el de la edición oficial.

6. ____, *Violetas y ortigas*, Madrid, Editorial América, 1908.

7. ____, *Con el eslabón*, Manzanillo, El Arte, 1927.

8. ____, *Obras de Enrique José Varona*, Edición Oficial, La Habana, 1936-1938, 4 volúmenes.

9. ____, *Odas anacreónticas*, Puerto Príncipe, El Panal, 1868.

10. ____, *Poesías*, La Habana, 1878.

11. ____, *Paisajes cubanos*, La Habana, 1879.

12. Enrique José Varona y otros, *Arpas amigas*, La Habana, Imprenta Miguel del Valle, 1879.

13. ____, *Arpas cubanas*, La Habana, Imprenta Rambla y Bouza, 1904.

14. Enrique José Varona, *De mis recuerdos*, La Habana, 1917.

15. ____, *Poemitas en prosa*, La Habana, Imprenta El Siglo XX, 1921.

16. ____, *Los estudios cervantinos de Enrique José Varona*, Edición y estudio preliminar de Elio Alba Buffill, New York, Senda Nueva de Ediciones, 1979.

17. ____, *El fracaso colonial de España*, New York, Figueroa, 1896.

18. Este trabajo aparece recogido en *Enrique José Varona. Textos escogidos*, Edición y estudio preliminar de Raimundo Lazo, México, Editorial Porrúa S. A., 1968.

19. Enrique José Varona, "Los cubanos en Cuba" en *Enrique José Varona. Textos Escogidos*, 5-20.

20. ____, "Los cubanos ...", 12.

21. ____, "Los cubanos ...", 16.

22. José Martí, "Seis conferencias de Enrique José Varona", en *Homenaje a Enrique José Varona*, La Habana, Ministerio de Educación, 1951, 268-269.

23. ____, *Cuba contra España*, New York, R. Power Press, 1895. También aparece recogido en el libro de Varona, *De la colonia a la república*, 39-66.

24. ____, *Mirando en torno*, Artículos escritos en 1906, Habana, Imprenta Rambla y Bouza y Cia., 1910.

25. ____, "Gobierno a distancia", *Mirando en torno*, 43.

26. Recordemos solamente que en su "Ojeada sobre el movimiento intelectual de América", Varona señaló que los Estados Unidos eran modelo de los estados que después han querido encontrar en la ciencia un organismo gobernativo". Añadió

que su constitución "ha sido obra de estadistas" y también indicó que "en este pueblo todas las ideas fundamentales de la sociedad, como gozan de la independencia y de la libertad que les son indispensables para desenvolverse, cobran cada día más vigor, más lozanía y dan más colmados frutos "Este trabajo fue recogido en su libro *Estudios y Conferencias*.

27. Esta conferencia aparece en la obra de Varona, *De la colonia a la república*, 135-152.

28. Aparece en *Colección de autores cubanos*, La Habana, Editorial Cuba, 1936. Fue recogido en la antología ya aludida de Raimundo Lazo, *Enrique José Varona. Textos Escogidos*, 21-36.

29. Enrique José Varona, "El imperialismo a la luz de la sociología" en Raimundo Lazo, *Enrique José Varona. Textos Escogidos*, 35.

30. ____, "Notas bibliográficas", *Revista cubana*, 1885, II, 366.

31. ____, "¿Abriremos los ojos?", *Mirando en torno*, 33.

32. ____, "Discurso de ingreso en la Academia Nacional de Artes y Letras de Cuba" en *Enrique José Varona. Textos Escogidos*, 49-62.

33. ____, "Discurso ...", 59.

34. ____, "Discurso ...", 59.

35. ____, "Discurso ...", 59.

36. ____, "Discurso ...", 62.

JOSÉ MARTÍ,
LUZ EN LA AGONÍA CUBANA
1853 - 1895

Versión revisada de la conferencia pronunciada en el Acto Martiano organizado por el "Patronato José Martí" de California, el 31 de enero de 1988 en la ciudad de Los Angeles. Esta conferencia fue publicada en el periódico 20 de Mayo. Los Angeles, California, en sus ediciones quincenales del 31 de enero al 9 de abril de 1988.

Hablar de José Martí es hablar de luz. Hay quienes ganan el respeto a su nombre en la historia por la firmeza de su carácter, o por el deslumbramiento de su inteligencia, o por la valentía que caracteriza sus actos, pero Martí fue de aquéllos que trazó su vida en el mundo, más que por todas esas aludidas cualidades que poseyó, por la luz que emanaba de su ser, pues estuvo siempre envuelto, desde apenas un niño, en una llama de amor por la patria, por América y por la humanidad, que lo consumió hasta convertirlo en estrella que ilumina.

Quizás por eso, por esa dimensión un tanto de elegido, de cruzado de una causa sublime, de peregrino de la dignidad; quizás por esos matices épicos que adornan la vida de quien por otra parte fue lírico poeta y pensador reflexivo; tal vez por esos tonos de héroe que lo llevaron a sufrir en tierna adolescencia los rigores de la prisión en las canteras de San Lázaro y a morir en la plenitud de su vida en la campiña rebelde cubana, forjando con la fecunda mancha de sangre de Dos Rios, el nacimiento de la república que soñaba, el apóstol es el cubano que ha recibido, muy merecidamente, desde luego, la mayor atención de sus contemporáneos y de las generaciones futuras. Luz fue su vida y luz es su obra.

Luz, por ser el forjador de la patria cubana y por haberla asentado en una base ideológica de amor, de culto a la libertad como piedra esencial de la república, de respeto a la norma jurídica como fundamento de la soñada convivencia democrática, de tolerancia espiritual que emanaba de su concepción creacionista de la vida, que en él era acercamiento a la idea de Dios y a la necesidad metafísica del hombre.

Luz, por ser poeta excepcional, que en su memorable _Ismaelillo_ ya sentaba definitivamente las raíces de la corriente intimista, en la que la nueva crítica literaria ha visto en unión de la vertiente exotista, los dos elementos fundamentales del modernismo. Como fundador de ese movimiento ya se le califica, superando la primitiva denominación de precursor. Recuérdese al efecto, que el gran Rubén Darío le llamó maestro. Pero si en _Ismaelillo_ se aúnan en aparente sencillez lo puramente poético y los elementos sobrenaturales, cuando el padre que había en el poeta vibra de ternura ante el hijo y acalla por amor las tempestades que anidan en su alma de hombre, en _Versos libres_ se impone la idea de la libertad pujante, lo que ha hecho que se le relacione con el vigoroso verso del autor de _Hojas de hierba_, el norteamericano Walt Whitman.

Hay en estos versos libres la impresionante tensión de quien sabe que su destino está marcado por su propia exigencia moral, de quien ya había hecho innumerables sacrificios por la patria a pesar de que apenas alcanzaba los treinta años, de quien estaba convencido de que su adorada Cuba iba a requerir la totalidad de su entrega. Hay también en estos poemas, y yo lo he apuntado en otra ocasión, además de su sufrimiento como cubano, un padecer como hombre, pero no a lo Miguel de Unamuno, no en el concepto del autor de _Del sentimiento trágico de la vida_, ya que un estudio cuidadoso de la vida y la obra de este abanderado del amor demuestra hasta la saciedad su fe en la legalidad trascendente del mundo. No hay conflicto en él entre su razón y su fe. La razón será siempre para nuestro héroe instrumento necesario en su tarea, pese a los intentos de algunos de presentarlo como un mero intuitivo; hondo escritor reflexivo, lo llamó Humberto Piñera en un libro memorable. Pensador profundo lo forjó en un bronce también memorable el arte devoto de Sergio López Mesa, que para orgullo nuestro adorna a esta ciudad. Aludo, cuando hablo de la tensión martiana a su creencia de que sólo el dolor y el sacrificio podían salvar espiritualmente al hombre. Hay en él, siempre, una cierta confianza metafísica que le viene, como hemos indicado, de su seguridad interior de pertenecer a un orden esencialmente justo y aunque su clarísima inteligencia le permitía ver las miserias morales de sus semejantes, supo, como el sublime crucificado, comprender y perdonar.

Pero además de con esos dos poemarios excepcionales, Martí ilumina a su pueblo con *Los versos sencillos* en los que la gran poetisa de los impresionantes Andes, Gabriela Mistral, vio la semilla genuina del ser de Martí. Ella misma advirtió de que no nos dejáramos llevar por la aparente sencillez de esos versos pues hay en todos ellos dentro de la sobriedad de la forma, producto de su excelente dominio del idioma, una extraordinaria profundidad filosófica. El hombre de la rosa blanca, como lo llamó uno de sus biógrafos más destacados, Alberto Baeza Flores[1], los escribe en un breve refugio, entre la naturaleza poderosa de las montañas newyorkinas de Catskill, a donde sus enfermedades le habían obligado a trasladarse. Se alejaba por muy corto tiempo de la rigurosa vida en la gran metrópoli, tan llena para él de devoradora misión política, y allí, en el remanso campestre, que todavía hoy permanece inmaculado, volvió los ojos a sí mismo, se adentró en ese manantial de extraordinaria sensibilidad que era su alma y nos hace, a través de esos versos inmortales, sentir un tanto esa sensación de deslumbramiento que experimenta el hombre ante lo inconmensurable. El excelso poeta en sus versos es luz no sólo porque con la maestría de su arte nos arrastra a zonas inalcanzadas de placer estético, sino porque integrada muy felizmente con la forma, vibra en ellos todo un profundo mensaje de amor, que incita al florecimiento de lo mejor del hombre.

Pero si Martí alcanzó preeminencia por su labor poética, igual jerarquía obtuvo por su obra de ensayos. Es a través de ésta que nos podemos acercar más a la totalidad de su vida, porque en él, obra y vida se integran completamente pues ambas hacen evidente la preocupación ética e intelectual que siempre lo caracterizó. Él es la cúspide de ese interés cívico que corre en la ensayística cubana y que integra una fuerza poderosa de pensamiento que aúna nuestras más grandes figuras, movimiento que inician los padres José Agustín Caballero y Félix Varela, que hicieron resonar en las vetustas paredes del Seminario San Carlos de la Habana las ideas de Descartes y con ellas los nuevos planteamientos que se hacían en el mundo filosófico europeo. En la labor de Varela, como en la de José de la Luz y Caballero, hay toda una vigorosa manifestación de independencia intelectual frente a la metrópoli española. A estas figuras excelsas se une José Antonio Saco con su preocupación por la educación y la esclavitud y Enrique Piñeyro y Manuel Sanguily que además de sus arduas labores patrióticas, brindan al lector cubano de la colonia las manifestaciones literarias del romanticismo y del realismo positivista. Figura descollante de este decursar de grandes ensayistas fue Enrique José Varona, que en su memorable trabajo "Los cubanos en Cuba", analizó la historia de la isla, fundamentalmente en el siglo XIX, para poner de manifiesto las lacras de la colonia que originaba el nefasto régimen imperial español. Escritor cimero de esa sucesión de ensayistas notables fue José Martí, que recoge esa preocupación cívica y la convierte en dinámica fuerza redentora.

Puede decirse que aunque en los ensayos martianos se muestra una variedad temática impresionante, como se hace evidente con sólo hojear los índices de las ediciones de sus obras completas, es la preocupación por la patria el tema más constante: es su dolor por la condición degradante de su tierra el más lacerante de todos los sufrimientos que le tocó padecer. Ni la desgarradora lejanía del hijo, ni la incomprensión de la esposa, ni la envidia y la injusticia de algunos de sus contemporáneos, le hirió más profundamente que el contemplar la opresión que padecía su isla.

En su ensayo "El presidio político en Cuba" denuncia las iniquidades que la administración española de su tierra hacía sufrir a los cubanos que reclamaban sus derechos. "Dolor infinito debía ser el único nombre de estas páginas", sentencia y añade: "Dolor infinito, porque el dolor del presidio es el más rudo, el más desvastador de los dolores, el que mata la inteligencia, y seca el alma, y deja en ella huellas que no se borrarán jamás"[2]. En esas páginas, pone de manifiesto a los que ejercen la representación del pueblo español, los horrores que sufrían los presos políticos en la prisión de las Canteras de San Lázaro. Por esas páginas desfilan nombres que su vehemente prosa inmortaliza, en ellas se asoma la inocencia de los doce años del niño Lino Figueredo, la ancianidad ultrajada de Nicolás del Castillo, la irracionalidad injustamente castigada de Juan de Dios Socarrás. Fustiga con fuerza de diamante en la conciencia moral de la nación española este hombre que habla para todos los siglos. Hay reciedumbre en esa denuncia que tanto nos recuerda la inolvidable obra maestra *Los castigos* de Victor Hugo y que hoy de nuevo resuena por el mundo con ecos dolorosos en las páginas de *Contra toda esperanza* de Armando Valladares y los poemarios *Desde las rejas* de Miguel Sales y *Donde estoy no hay luz/ y está enrejado* de Jorge Valls, poetas que han pagado en este siglo, como él pagó en la centuria pasada, el precio de los hombres dignos capaces de atreverse bajo regímenes de intolerancia a soñar con la libertad como la esencia de la vida humana.

Otro trabajo memorable de nuestro supremo héroe es "La república española ante la revolución cubana". En el mismo, a la par que recibe jubiloso el advenimiento de la república española, previsoramente le advierte a sus gobernantes lo que de traición significaría a los principios que habían inspirado su nacimiento, el que la república tuviera, ante las justas apetencias de independencia de Cuba, el mismo desdén e incomprensión que el régimen totalitario que la había precedido. En frase ejemplar subraya ante la historia: "Si la libertad de la tiranía es tremenda, la tiranía de la libertad repugna, estremece y espanta"[3]. Vuelve aquí a alegar que el pueblo cubano había ganado con su sacrificio el derecho a ser libre y que la república española que se alzaba luchando contra la opresión y proclamando que la fuerza militar debía someterse a la ley, no podía utilizar precisamente a aquélla para ahogar los sueños de libertad del pueblo cubano. Y para convencer a las autoridades españolas, para hacerles evidente lo equivocado que estarían si no respondieran al llamado a la dignidad que les estaba haciendo, Martí da aquí esa definición insuperable de patria que tanto nos dice y que pudiera incluirse por su valor intrínseco en los tratados de Derecho Político moderno: "Patria es comunidad de intereses, unidad de tradiciones, unidad de fines, fusión dulcísima y consoladora de amores y esperanzas"[4]. Bañémonos en la luz de ese profundo mensaje. Comprendamos que mientras haya cubanos que paguen con la ofrenda de su vida o con la pérdida de su libertad, el derecho de hablar y pensar sin hipocresía; que mientras haya cubanos que sigan dedicando su arte, su talento y sus energías a la exaltación de su tierra, que mientras haya cubanos que se reúnan en actos tan hermosos espiritualmente como éste, tendremos patria, porque ya lo dijo nuestro gran cruzado de la libertad, patria es fusión dulcísima y consoladora de amores y esperanzas.

Su obra, como ya he dicho, está en íntima coincidencia con su vida, es esencialmente auténtica. Fue un hombre en el que se integran los grandes movimientos de ideas que se agitan en el mundo occidental décimonono. Del positivismo toma su respeto por la ciencia. Hay páginas memorables en su obra que claman por la necesidad de la reforma de la educación en nuestros países latinoamericanos. "La universidad europea — subraya — ha de ceder a la universidad americana"[5]. Reconoce la necesidad de superar el escolasticismo estrecho y decadente que ahogaba las mentes juveniles hispanoamericanas. Martí nutre sus pensamientos con ciertas ideas renovadoras de matiz positivista, pero las acoge con una adecuada reserva. Ve con simpatía la importancia de los estudios científicos que postulaban Comte y Littré y la idea del progreso de Herbert Spencer y el evolucionismo británico, pero rechaza la intransigencia positivista que transformó su posición antidogmática en el nuevo dogmatismo de la ciencia. Del positivismo toma la genial inteligencia martiana la tendencia renovadora que permitiría, mediante la experimentación, el crecimiento técnico que tanto necesitaba nuestra América, pero no aceptaba su pragmatismo exagerado, su materialismo básico, que tan áridas repercusiones iba a producir en el desarrollo intelectual de las naciones, y se aterraba ante su repudio a la metafísica. Este hombre-poeta, que había aprendido a amar a los clásicos en sus estudios juveniles con Rafael María de Mendive y en sus andanzas universitarias españolas, este humanista que leía devotamente a Cervantes y a Santa Teresa de Jesús, este pensador reflexivo para quien la vida era una empresa moral, supo conciliar lo que el siglo le ofrecía y se acercaba al mismo tiempo que a lo nuevo, a lo antiguo, a éste con unción romántica, a aquél con curiosidad intelectual. Lector voraz y extraordinario, era un hombre integral que, sin perder contacto con la realidad, como su labor política y diplomática lo demuestra, se enfrenta al medio ambiente cargado de unas apetencias ideales que le impelen a luchar por tratar de transformar el mundo en función de aquéllas. Hace poco con motivo de una encomienda que recibí de una institución cultural antillana, de la ciudad de Union City en New Jersey, que agrupa a cubanos, dominicanos y puertorriqueños, subrayaba yo la vinculación que en este sentido de capacidad integradora tenía nuestro apóstol con otros dos forjadores de pueblos antillanos, Juan Pablo Duarte y Eugenio María de Hostos.

Este aspecto humano, vital, de Martí, tiene una dimensión iluminadora muy fundamental hoy en día ante los dolorosos momentos que padece nuestra Cuba. No se puede sin caer en falsedad intentar mostrar al apóstol de la libertad cubana en concordancia o armonía con el pensamiento marxista-leninista que da fundamento teórico al régimen dictatorial que hoy gobierna nuestra sufriente isla de palmeras. Un brillante intelectual cubano que para mi honra tuvo la encomienda de presentarme hoy a ustedes, el buen y querido amigo y siempre generoso

Octavio Costa, en un artículo memorable que mereció el primer premio de 1987 del concurso del Colegio de Periodistas de Cuba en el exilio, titulado "Entre Martí y Marx hay un insalvable abismo" puso de manifiesto la enorme distancia ideológica que existe entre el socialismo científico, con su base ateista, con su tesis de la supremacía del estado, a cuyos objetivos sacrifica la libertad humana, con la exaltación del odio y la lucha de clases, y la doctrina martiana que está basada esencialmente en el amor, en el respeto a la norma jurídica, en la subordinación de la función estatal al logro de la felicidad humana, sólo posible, según Martí, en una atmósfera de genuina libertad. Resumiendo las hondas discrepancias que separan a los dos pensadores, señaló Costa "Y es que Martí y Marx están ubicados en polos opuestos. Martí está en la corriente del idealismo. Por encima de todo una trinchera de ideas vale más que una trinchera de balas porque la idea es la única realidad. Mientras que para Marx no hay más realidad que los fenómenos económicos. La economía lo condiciona todo".[6]

Martí es pues, luz en nuestra agonía por ser un cruzado de la libertad humana. Es cita obligada su definición de la libertad, que aparece en su trabajo "Tres héroes" publicado muy simbólicamente en su revista *La edad de oro* dedicada precisamente a los niños: "Libertad es el derecho que todo hombre tiene a ser honrado, y a pensar y a hablar sin hipocresía".[7] Pero la libertad como don supremo requiere del hombre el trabajar por ella. Téngase en cuenta que para nuestro apóstol la libertad no sólo ha de ganarse con el sacrificio de todos los bienes, hasta los más esenciales como la vida, sino también ha de ser producto de la labor cotidiana, de la necesidad de la convivencia social armónica, pues en el respeto colectivo a la libertad del individuo está, para él, su mayor seguridad. Así afirma, refiriéndose al dolor que experimenta como cubano al contemplar el merecido regocijo con que el pueblo norteamericano celebra las fiestas de la inauguración de la Estatua de la Libertad en la bahía newyorkina: "Terrible es libertad, hablar de ti para quien no la tiene"[8] y más adelante en ese propio trabajo añade: "Los que te tienen, oh libertad, no te conocen. Los que no te tienen no deben hablar de ti, sino conquistarte".[9] Años antes, hablando de la libertad como hermosa y delicada flor cuyo cultivo requiere del cuidado tierno de todos, había afirmado: "La libertad es la atmósfera y el trabajo es la sangre. Aquélla es amplia y generosa; sea ésta benéfica y activa"[10] y también "Los hombres han de vivir en el goce pacífico, natural e inevitable de la libertad, como viven en el goce del aire y la luz"[11].

La libertad es, pues, esencia de la vida humana y el mensaje martiano sigue teniendo extraordinaria trascendencia en nuestros días y especial significación para el pueblo cubano que ha perdido la felicidad de vivir en el goce pacífico de ella. Un destacado escritor contemporáneo laureado por el premio Nobel de la paz, el intelectual judío Ellis Wiesel, que sufrió en plena adolescencia, como Martí, los horrores del presidio político, en este caso el campo de concentración nazi de Buchenwald y que ha dedicado su vida a la defensa de la libertad humana, se preguntaba hace unas semanas en una revista de circulación nacional en este país, en palabras hermosas y nobles que pudieran considerarse verdaderas paráfrasis martianas, si existía una inspiración más noble en el hombre que el deseo de ser libre y llegaba a la conclusión que sólo por la libertad, el hombre puede conocerse a si mismo ya que la soberanía que tiene sobre su propia vida es la que puede hacer al hombre medirse y conocerse realmente. Y añadía, como casi un siglo antes había proclamado Martí, que violar esa libertad, desconocer esa soberanía, es negar al hombre el derecho a vivir su vida, a ser responsable de sí mismo con toda la dignidad que esto conlleva[12]. Partiendo en principio del derecho de los disidentes judíos en la comunista Unión Soviética pero, sin duda, hablando del hombre en general, agregaba Ellis Wiesel que héroes y mártires constituyen el orgullo de sus pueblos por luchar con un arma en la mano o una plegaria en los labios. De mil maneras diferentes, cada uno de ellos proclaman que solamente la libertad le da significado a la vida del individuo y del pueblo[13].

Cuba ha añadido en estos trágicos días de su historia, héroes y mártires a la larga lista de cubanos dignos que se han sacrificado por su patria. Cuba siempre ha tenido que pagar un precio muy alto por disfrutar el goce pacífico de la libertad al que aludía nuestro apóstol. Mientras que para casi todo el continente la independencia se obtiene con apenas unos pocos años de esfuerzo, nuestra insularidad, unida a otras determinadas circunstancias históricas, pospusieron la plasmación de los sueños de nuestros libertadores. Décadas de luchas constantes en la manigua, en las ciudades, en exilios siempre dolorosos y tristes, lograron vencer todos los inconvenientes. Este final del siglo XX encuentra sin embargo al pueblo cubano, de nuevo, como en la centuria anterior, dividido entre una población isleña, aparentemente sumisa pero interiormente hirviendo de desagrado y repulsión por la pérdida de su libertad y la falta de respeto a la dignidad humana vigentes en la isla, y un exilio que sigue añorando sus palmeras a pesar del transcurso de tres décadas y las influencias negativas que para la dedicación a las actividades patrióticas constituyen las comodidades y los lujos que ofrece a los que están en este país, que constituyen la mayoría de la diáspora cubana, estos Estados Unidos por tantas cosas bendecido.

Pero pese a las concesiones de algunos exiliados cubanos a los cantos materialistas de la sociedad de consumo a la que determinados hedonistas norteños tratan de convertir completamente la tierra de Washington, de Jefferson y Lincoln, muchos cubanos siguen soñando con su patria, estudiando su historia y su cultura con devoción y seriedad, erigiendo estatuas del apóstol surgidas del amor y la maestría artística de sus creadores, creando rincones martianos en parques de Miami, en los mismos centros vitales de la gran urbe newyorkina, en la intersección de grandes avenidas en New Jersey, en un jardín de rosas de la plaza central de Houston, en Texas, o en un acogedor parque junto a un hermoso lago californiano. E igual dedicación cívica ofrecen los cubanos de Puerto Rico, de Caracas, de España. Todavía recuerdo, como una experiencia digna de atesorar, la ocasión en que visitando la inmortal Venecia italiana con motivo de un congreso que allí celebraba la Sociedad Internacional de Hispanistas, un hombre de apariencia muy humilde se nos acercó, al oirme hablar en español con mi esposa, para cerciorarse si era verdad que éramos cubanos, como él había reconocido por nuestro acento. Al confirmárselo, nos confió con orgullo que también lo era y que vivía allí por ciertos azares del destino y al conocer que éramos profesores y veníamos de Nueva York nos preguntó con avidez ¿Cuándo regresamos? Bastó esa evocación a nuestra tierra para que un hondo sentimiento de infinita nostalgia uniera a esas tres almas hermanas que — en medio de toda la grandeza arquitectural y la exquisita belleza escultórica que caracteriza a esa maravilla de los hombres que es Venecia — solamente tenían ojos para ver los ondulantes penachos de las palmas y hacían realidad, aunque fuera por un instante solamente, nuestra adorada patria, en ese inmortal concepto martiano de fusión dulcísima y consoladora de amores y esperanzas.

Que la patria está vigente lo demuestran nuestros nuevos mártires, los que han dado su vida por recobrar la libertad de Cuba, los que sufren hoy en las prisiones marxistas cubanas y también los cubanos que en este país y en la América latina han perdido su libertad por tratar de conquistarla para su pueblo. El culto martiano plasma el ansia del pueblo cubano de acercarse a esa luz verdadera de tan honda dimensión ética y cívica, a las más genuínas entrañas democráticas de nuestra nacionalidad.

Pero el mártir de Dos Ríos escapa por su dimensión humana de las fronteras nacionales. Rubén Darío, ese gran poeta de América, le reprochaba a Cuba, en su libro *Los raros*, que la sangre de Martí por su ámbito universal no le pertenecía, a pesar de que ella era digna de todos los sacrificios. Claro que para el autor del manifiesto de Montecristi, la redención de Cuba tenía una mayor trascendencia continental, que parecía escapársele al gran nicaragüense, pero a esto me referiré en breve, lo que quiero destacar ahora y por eso cito la autoridad de Darío, es otra cosa, la dimensión continental y universal del cubano. Porque Martí también es luz, también trazó caminos en la búsqueda de la esencia hispanoamericana.

Martí era un hombre que tenía fe en los valores espirituales de la América hispana, que vio claramente el carácter mestizo de su cultura y por eso rechazó con energía todo intento de desconocer los logros que Hispanoamérica había obtenido y de interpretar como resultado de inferior capacidad del latinoamericano los fracasos que experimentaban en su época las nacientes repúblicas. Martí diagnosticó nuestros males. Habló de la necesidad de estudiar nuestras características como el paso previo para el intento de encontrar soluciones a nuestros problemas. Así en su formidable ensayo " Nuestra América" se preguntaba "Cómo han de salir de las universidades los gobernantes, si no hay universidad de América donde se enseñe lo rudimentario del arte del gobierno, que es el análisis de los elementos peculiares de los pueblos"[14]. Y más adelante afirmaba " Resolver el problema después de conocer sus elementos, es más fácil que resolver el problema sin conocerlos"[15]. En fin, se coloca en lugar destacadísimo de una serie de pensadores del continente que empiezan a expresar su preocupación por lo nuestro, producto del sincretismo cultural de lo autóctono y lo hispánico que arrastra consigo la tradición civilizadora de occidente. Martí comprende la importancia que en la forjación del alma de Nuestra América ha tenido además del aporte de la Madre Patria, a la que siempre amó y le exigió que estuviera a la altura de su grandeza historica, las grandes culturas maya, azteca e inca y en el Caribe y en las costas del continente la cultura africana. Se une pues a Andrés Bello y a Eugenio María de Hostos cuando postulan reformar la enseñanza para mirar hacia el continente y de nuevo es faro que ilumina la ensayística hispanoamérica del siglo XX en la búsqueda de nuestras esencias. Sus atinadas reflexiones señalan senderos que recorrerán en nuestros tiempos figuras del calibre intelectual de Pedro Henríquez Ureña, José Vasconcelos, Alfonso Reyes, Baldomero Sanín Cano, Mariano Picón Salas y Jorge Mañach, entre otros destacados escritores.

Hace ya un siglo, que Marti había advertido de los peligros que la amenazaban a la que él llamó amorosamente "Nuestra América" y su mensaje de haber sido oído y aceptado, hubiera evitado incontables sufrimientos . Dijo nuestro apóstol con severidad pero al mismo tiempo con ese optimismo que da siempre a su palabra ese tono de confianza y fe tan suyo: "La colonia continuó viviendo en la república; y nuestra América se está salvando de sus grandes yerros — de la soberbia de las ciudades capitales, del triunfo ciego de los campesinos desdeñados, de la importación excesiva de las ideas y fórmulas ajenas, del desdén inicuo e impolítico de la raza aborigen — por la virtud superior, abonada con sangre necesaria, de la república que lucha contra la colonia"[16], y antes, más sucintamente pero ahondando en la raíz del asunto, había advertido; "El problema de la independencia no era el cambio de forma, sino el cambio de espíritu"[17].

Su preocupación por el indio, por el negro, anuncia una temática muy presente en nuestra ensayística del siglo XX y en la literatura hispanoamericana en general. En ese brillante ensayo "Nuestra América" al que hemos aludido, con el dolor que le produce el repudio que el indio y el negro sufrieron en el proceso colonizador español y que seguían padeciendo, aunque un tanto más discretamente en las nacientes repúblicas de América, afirma: "El genio hubiera estado en hermanar, con la caridad del corazón y con el atrevimiento de los fundadores, la vincha y la toga; en desestancar al indio, en ir haciendo lado al negro suficiente; en ajustar la libertad al cuerpo de los que se alzaron y vencieron por ella"[18]. Martí es un creyente convencido de que la democracia es el régimen político más perfecto que ha creado el hombre, que todo pueblo está capacitado congénitamente para su disfrute y que es tarea del gobernante, a través de la educación, darle a los sectores que han sido menos favorecidos por la historia las adecuadas oportunidades de superación. Era pues un político de honda raíz popular que proclamaba la inexistencia de las razas. Su doctrina de amor rechazaba determinadas ideas de la época que, intentando basarse en audaces y parciales investigaciones científicas, iban a producir en este siglo XX horribles consecuencias para la humanidad. En efecto, ciertos pensadores europeos tomarían las ideas de Federico Nietzche, — sobre todo sus especulaciones sobre el superhombre — para desvirtuarlas en parte—como apuntan sus biógrafos más destacados — y plantear ciertos postulados que exaltaban la soberbia humana lo cual al cabo de décadas engendrarían los crímenes horrendos del nazifacismo. Sin entrar a especular sobre repercusiones imposibles de preveerse en su tiempo, nuestro apóstol sí advirtió de las nefastas consecuencias que los nuevos y falsos conceptos de raza podían producir. En un estudio dotado de la rigurosidad, la seriedad y la objetividad que caracterizaron su labor intelectual, titulado "Martí y las razas", Fernando Ortiz[19] dejó precisado definitivamente la crítica del apóstol a todas esas teorías. Martí fue toda su vida, aún desde niño, un observador inteligente y acucioso de la sociedad en general y de sus semejantes en particular, que nunca hizo concesiones a la demagogia ni al oportunismo. Para él, señalaba Ortiz, el concepto de raza tenía una resonancia social, era una mera contingencia histórica.

Permítaseme subrayar, volviendo al punto al que aludí previamente, que aún la redención cubana aparece en Martí bañada de un alto propósito continental. Él estaba consciente de los intereses expansionistas que pesaban extraordinariamente en la cancillería norteamericana de la época y veía la independencia de Cuba y de la isla hermana Puerto Rico, como un sólido valladar a esas apetencias imperiales que nacían en ciertos sectores reaccionarios y económicamente motivados de los Estados Unidos. Él pensaba que el logro de la labor independentista en las dos islas aseguraría más firmemente la soberanía del resto del continente. Pero no se tome esta inteligente actitud, surgida de las realidades de la época, como odio a esta gran nación del norte. El forjador de nuestra patria sentía gran atracción afectiva por la democracia norteamericana y por su pueblo tan desprovisto de los atavismos aristocráticos que retardaban el desarrollo de la vieja Europa. La gran parte de su obra que está dedicada a observar y evaluar al pueblo norteamericano demuestra hasta la saciedad su interés y devoción por este país. Recuérdese que una porción sustancial de su labor periodística se debió a que era corresponsal en esta nación de muy importantes periódicos latinoamericanos y a través de la misma muestra su visión objetiva pero amiga de los usos y costumbres de la vida estadounidense. Martí es, entre los grandes escritores de Latinoamérica del siglo pasado, el que mostró mayor interés por descubrir la esencia del modo de ser norteamericano y tuvo gran empeño en compartir sus observaciones, siempre sinceras e inspiradas en un espíritu de justicia, con su propio pueblo. Por otra parte estuvo muy interesado en hacer patente la creciente preocupación cultural que ya se advertía en este país en esas décadas finales del siglo XIX y esto iba encaminado a desvirtuar la falsa imagen de materialismo y tecnicismo extremo con ausencia de espiritualidad y cultura que aún hoy día tiene nuestra América de la sajona.

La importante relación entre la literatura hispanoamericana y la norteamericana en esta centuria es algo que ya se reconoce en los manuales de historia literaria pero Martí fue de los primeros que hizo a los lectores argentinos, uruguayos, venezolanos, mexicanos, etc. , darse cuenta de lo que estaba aportando al mundo de las ideas, de las letras, de las artes, esta nación que se alza al otro lado del rio Grande, tan sólo vista como potencia económica. Martí es luz al mismo tiempo para Nuestra América cuando habla de la necesidad de comprendernos que tenemos la América latina y la sajona y cuando postula la importancia que para esa anhelada comprensión tiene, que cada una de ellas adquiera el debido conocimiento de la otra. Aparece pues, nuestro brillante ensayista, como un adalid del ideal panamericano, que se basa en el mutuo respeto y en la tolerancia debida; respeto que, según él, debe ganar nuestra América por el trabajo laborioso y la superación constante. Ese ideal martiano de necesaria cooperación recíproca entre iguales, es hoy todo un noble programa para Latinoamérica llevada a veces, por influencia de los nefastos intereses del comunismo internacional, a posiciones extremas y que se debate entre dictaduras marxistas y militares o democracias dolorosamente vacilantes.

Pero Martí también tiene que ser luz en nuestra agonía para hacernos comprender que en este final del siglo XX, como ocurrió al terminar el XIX, debemos ver -entre los dolores que nos acechan y los peligros que amenazan el destino democrático del continente, por el que dieron sus vidas los fundadores- indicios que nos entibien el corazón con esa fe martiana de que el hombre es sólo malo por accidente y por esencia noble. Es un hecho cierto el crecido número de repúblicas hermanas que en los últimos años han dejado atrás regímenes totalitarios para ir avanzando en el camino democrático, también lo es, que pese a los avances de las ideas marxistas entre los fanáticos del odio en nuestra América, ha surgido en ella, quizás por el doloroso ejemplo del sufrimiento a que ha estado sometido el pueblo cubano, una nueva conciencia, una más firme actitud de defensa de los valores democráticos, una mayor beligerancia en la lucha por el sublime don de la libertad. Aún en este país, tradicionalmente vuelto a Europa y erróneamente poco preocupado de nuestras dolencias políticas, hay una diferente y creciente convicción de la necesaria interrelación de nuestros procesos históricos. La luz martiana debe pues seguir guiándonos en esta terrible agonía a la que está sometido nuestro pueblo. Ella es la que inspira la sangre de los mártires; el grito rebelde de las prisiones isleñas; los logros intelectuales, artísticos y profesionales de la diáspora cubana; las cartas, sorprendentes por su audacia y por su evidente propósito de no ocultar la indignación, que se reciben de Cuba, muchas de ellas, precisamente de los jóvenes que más han estado sometidos a un feroz adoctrinamiento político; el creciente número de autoridades del régimen marxista que se acogen al exilio político en tierras extranjeras aprovechando la menor ocasión que se les ofrece y las frases hermosas y reveladoras de una joven cubana ganadora en un reciente concurso de ensayos en Nueva York, que hablando por su generación, esa juventud del exilio, que como la de allá, es la esperanza de Cuba, afirmaba que se sentía orgullosa de pertenecer a esta tribu de nómadas que acarician todos los días la palabra patria.

En fin, que pese a la radical oscuridad que en ocasiones nos agobia, la luz del nuevo día martiano nos llena de fe y de esperanza y nos seguirá iluminando con fuerza poderosa e inextinguible. Y ese aliento de legítima vigencia de la esperanza, que fue el ala y raíz del mensaje del apóstol, es el que quiere dejar en éste, por tantas razones valiosísimo auditorio, el modesto profesor, que ha atravesado este vasto continente para hablarles de nuestra luz, de la más nuestra y la más fulgurante. Termino como él empezó una ofrenda memorable, confesando que "no tengo más derecho a dirigirme a los cubanos..., que el del más humilde de ellos, amar bien a mi patria"[20].

NOTAS

1. Alberto Baeza Flores, *El hombre de la rosa blanca*, Barcelona, España, Medinaceli S.A., 1976.

2. José Martí, "El presidio político en Cuba", *La enciclopedia martiana*, Miami, Florida, Editorial Martiana Inc., 1978, tomo 2, 11.

3. ____, "La república española ante la revolución cubana" *La enciclopedia martiana*, tomo 2, 52.

4. ____, *Ibid*, 56.

5. ____, "Nuestra América, *Obras completas*, la Habana, Editorial Nacional de Cuba, 1963, tomo 6, 18.

6. Octavio R. Costa "Entre Martí y Marx hay un insalvable abismo" *Diario Las Américas*, Miami, Florida, 21 de octubre de 1987, 5a.

7. José Martí, "Tres héroes" *Obras completas*, tomo 18, 304.

8. ____, "Fiestas de la estatua de la libertad", *Obras completas*, tomo 11, 99.

9. ____, Ibid

10. ____, "México antaño y hogaño", *Obras completas*, tomo 6, 338.

11. ____, "Maestros ambulantes", *Obras completas*, tomo 8, 288.

12. Ellis Weisel, "What reality make us free", *Parade Magazine*, diciembre 27 de 1987, 6.

13. ____, *Ibid*, 7.

14. José Martí, "Nuestra América", *Obras completas*, tomo 6, 17.

15. ____, *Ibid*.

16. ____, *Ibid*, 19.

17. ____, *Ibid*.

18. ____, *Ibid*, 20.

19. Fernando Ortiz, *Martí y las razas*, Publicaciones de la Comisión Nacional del Centenario del Monumento de Martí. La Habana, 1953.

20. José Martí, "A los cubanos de Nueva York", *La enciclopedia martiana*, tomo 2, 130.

EL MUNDO LITERARIO
DE CHACÓN Y CALVO A LA LUZ
DE LA CRÍTICA DE
ZENAIDA GUTIÉRREZ VEGA

Conferencia leída en University of Tennessee, Knoxville, en el XXXVIII Congreso Anual de Mountain Interstate Foreign Languages Conference, el 7 de octubre de 1988. Publicada en Círculo: Revista de Cultura *Vol. XVIII, 1989, 191-198.*

José María Chacón y Calvo es, sin duda, una de las grandes figuras de la crítica y del ensayo de la Cuba del siglo XX, pero fue ademas, como apuntó Ramón Menéndez y Pidal,[1] un activo americanizador de la cultura española que supo establecer conexiones sustanciales entre el mundo literario de España e Hispanoamérica.

Perteneció Chacón y Calvo a una familia que se caracterizaba por su refinamiento cultural y por su vinculación a la tradición hispana y que en el proceso de emancipación de la isla de la corona española, aportó su apoyo a la lucha independentista por medio del padre del escritor, quien brindó colaboración efectiva y amistad sincera al apóstol de la libertad cubana, José Martí, en su gesta redentora. Esa doble y, sólo en apariencia, contradictoria actitud, devoción por el ancestro hispánico y genuíno amor a la patria, matiza esencialmente la vida y la obra de este cubano estudioso, moderado, inteligente y culto, que tan activamente interviene en el proceso cultural de la joven república.

La vida y la obra de José María Chacón y Calvo han sido estudiadas en cinco fundamentales libros y en innumerables artículos por la doctora <u>Zenaida Gutiérrez Vega</u>, cubana como él, que actualmente es profesora de la Universidad de la ciudad de Nueva York, en Hunter College.

En el primero de ellos, *José María Chacón y Calvo, Hispanista*

97

cubano[2] se realiza un estudio biográfico y literario de Chacón. El libro está dividido en dos partes, la primera se refiere al itinerario biográfico y la segunda a su obra escrita. El estudio hace evidente la existencia de cierta devoción de discípula en la autora pero se caracteriza por su objetividad, documentación y rigurosidad en la investigación. Tiene muchos méritos, entre ellos, su muy adecuada estructura y su precisión conceptual y hace evidente al lector, las innegables afinidades que unen a la crítica, Gutiérrez Vega y al autor estudiado, Chacón y Calvo.

Al estudiar la vida de Chacón, Gutiérrez Vega establece la decisiva influencia de los factores familiares y medio ambientales de los inicios de la república cubana en el proceso formativo de Chacón. Aunque este aspecto merece más atención, ahora sólo quiero destacar aquí los aciertos de Gutiérrez Vega en enfocar las raíces sustanciales de la personalidad de Chacón, tanto en su condición de hombre como la de escritor. Muy importante son los capítulos dedicados a evaluar sus andanzas, en la carrera diplomática, como funcionario en la secretaría de la primera legación y posteriormente embajada, de Cuba en España y a estudiar como esta estancia prolongada en la península, le permitió a Chacón y Calvo establecer fraternales relaciones, no solamente con grandes figuras de la cultura de la madre patria: Ramón Menéndez y Pidal, Federico García Lorca, Juan Ramón Jiménez, Rafael Alberti, Azorín, por citar algunos de los más famosos, sino también de la América hispana como Pedro Henríquez Ureña o Alfonso Reyes. Muy sustancial e iluminadora, para una completa comprensión de la trascendencia de Chacón y Calvo en la historia de la cultura cubana e hispanoamericana, es la detallada y amplia evaluación de la labor de éste como propulsor de cultura en su país y como recíproco embajador cultural entre España y América hispana. La segunda parte de la obra fundamenta muy sólidamente la relevancia de Chacón en el campo de la ensayística y la crítica literaria y en el de la historiografía y la investigación de textos de literatura.

Este libro de estudio general queda adecuadamente complementado con otro, *Estudio bibliográfico de José M. Chacón*,[3] aporte verdaderamente definitivo en este aspecto. Dividido en las clásicas bibliografías activa y pasiva, este tomo de 164 páginas, tiene además, un índice onomástico muy útil. La sección de bibliografía activa está dividida en ocho acápites que comprende desde el de libros hasta el de artículos varios que está constituido por 1129 fichas, a pesar de que la bibliógrafa ha separado en acápites especiales los artículos históricos que forman 132 fichas, las notas cronológicas que alcanzan a 146, y las notas bibliográficas que suman 240. La obra pone de manifiesto la cultura enciclopédica de Chacón así como su laboriosidad y fecundidad intelectual. Muestra al mismo tiempo, el cuidado que ha puesto en la confección de la misma Gutiérrez Vega y su rigurosidad técnica, pues llega incluso a agregar al final de cada ficha de los artículos una explicación sumaria de su contenido.

Además de estos dos libros, Gutiérrez Vega ha publicado otros tres, _Epistolario Alfonso Reyes-José M. Chacón_[4] de 1976, _Fernando Ortiz en sus cartas a José M. Chacón_[5] de 1982 y _Corresponsales españoles de José M. Chacón_[6] de 1986. Estos epistolarios son producto de una exhaustiva investigación de casi cuatro décadas y se complementan por numerosas notas aclaratorias en las que se hace evidente el amplio conocimiento de Gutiérrez Vega sobre la vida y la obra de Chacón y sobre la literatura hispana e hispanoamericana en general. Como se ha dicho, por la jerarquía del autor estudiado, el lector se asoma en estos libros al mundo literario de aquella época.

Chacón, con su obra, es un continuador de los grandes ensayistas cubanos del siglo XIX Éstos, pese a las influencias de esos momentos históricos, se alejaron en no pequeña medida del impresionismo para explorar caminos críticos más objetivos que requerían un más sostenido y responsable ejercicio intelectual. Enrique José Varona, por su preeminencia y por su vida prolongada, trae a los jóvenes cubanos de las primeras décadas de esta centuria, una actitud en la que se mezcla el afán de saber, la laboriosidad y rigurosidad metodológica y el amor a la patria.

Chacón fue de los primeros en reconocer el dominio que en la cultura cubana de la época ejercía la figura egregia de Varona. Al mismo tiempo, el ilustre maestro atisbó en el joven Chacón, la brillantez y la rigurosidad que iban a caracterizarlo en su vida literaria. Debe aclararse que ni la metodología crítica taineana, de la que fue Varona uno de los más altos exponentes, quizás el más alto en América hispana, ni las ideas filosóficas del positivismo que Varona sintetizara como nadie en nuestro continente, ejercieron ninguna influencia sobre Chacón, pero sí, éste tuvo una luminosa comprensión de lo que Varona representaba para la tradición cultural cubana, de lo necesaria que era la actitud del maestro, ante la tarea del requerido crecimiento en tan disímiles aspectos a los que el pueblo cubano se enfrentaba. Esto nos permite comprender las numerosas páginas de Chacón de exaltación a Varona, su fundamental participación en el Homenaje al Maestro y en el intento parcialmente logrado de publicar sus obras y en la tarea asumida plenamente por Chacón de ser un propulsor de la cultura en la isla.

Zenaida Gutiérrez Vega analiza muy ampliamente los dos procesos formativos de Chacón: el cubano y el hispánico. Nos asoma a sus maestros, a sus circunstancias vitales, a sus funciones en la carrera diplomática en España, que por la humildad de su jerarquía, le permitía dedicarse a su verdadera labor vital, la que llenaba las apetencias más profundas de su ser, la de investigador y crítico literario, la de ensayista poseedor de una prosa poemática que le nacía de su innato sentido estético, de su candorosa sinceridad que hacía del cultivo de la amistad, una entrega total. Chacón encontró en Alfonso Reyes, en Federico García Lorca, en Juan Ramón Jimenez, verdaderos amigos, que supieron comprender la pristina pureza de su alma franciscana. Sus paseos por los caminos de España, de los que dejó testimonio en hermosos libros, en los que percibimos un marcado sabor azoriniano, muestran, como también lo hacen esos epistolarios recogidos por la paciencia y la laboriosidad de Gutiérrez Vega, al hombre esencialmente sencillo que era José María Chacón y Calvo. Ese hombre modesto y un tanto tímido, pese a su brillantez, estaba oculto en el ilustre erudito, pero se mostraba con la transparencia del cristal ante la genuína amistad.

En una hermosísima evaluación del primer libro de Gutiérrez Vega, Lino Novas Calvo, el gran cuentista y fino y depurado crítico, sintetiza muy felizmente ese tomo, cuando afirma:

"La Dra. Gutiérrez Vega nos lleva, como de la mano, por la parábola de su biografiado: la familia, los estudios, los viajes, las academias, los congresos, las sociedades culturales, la diplomacia, los archivos, las bibliotecas...! ¡Y el mar y la montaña y los caminos empolvados! Nos lleva al mismo tiempo— porque todo en Chacón parece ocurrir al mismo tiempo y desde dentro— por sus libros publicados o en proyecto. Pudiéramos suprimir los títulos; siempre quedaría lo que más importa: la emoción que ha puesto en escribirlos."[7]

Esta opinión de Novas Calvo subraya el elemento poético que caracteriza toda la obra de Chacón y Calvo. Hablando específicamente de *Los ensayos sentimentales*, pero en realidad, con connotaciones generales, ha precisado Gutiérrez Vega, que Chacón "Oscila entre ser poeta, crítico e historiador; pero su posición inicial es la de artista, un artista nato que se vuelve hacia la crítica y la historia, ya que sus ensayos de creación forman una parte mínima de su obra. Aunque fue un versificador frustrado es, en cambio, un poeta permanente. Lleva la poesía hasta el documento histórico 'por el goce y la emoción del hallazgo'. En sintesis, es la suya una labor de percepción, de arte, vivificada toda desde dentro por un temperamente artístico."[8] Esto ya había sido percibido claramente en plena juventud de Chacón por Enrique José Varona, cuando dijo de él, que era "un erudito, más un literato, más un poeta."[9] A esa veta sentimental del escritor cubano, aludía sin dudas, Azorín, cuando al acusar recibo a Chacón del envío de su *Hermanito menor*, destacaba la peregrina hermandad que Chacón había logrado en ese libro, al unir en él "Delicadeza y realismo."[10]

Gutiérrez Vega clasifica los libros de ensayo y crítica de Chacón y Calvo en dos grupos fundamentales, los de ensayo de creación en donde incluye a *Hermanito menor* y a *Ensayos sentimentales* y los de crítica literaria propiamente dicha, que abarca sus *Ensayos de literatura cubana*, su famosa antologia *Las cien mejores poesías cubanas*, sus *Ensayos de literatura española* y sus *Estudios heredianos*.

El analisis del primero de ellos, *Hermanito menor*, produce uno de los acápites más luminosos del libro de Gutiérrez Vega y aludo no solamente a su inteligente estudio del aspecto linguístico y sintáctico, que es de por sí, muy valioso, sino también a su acercamiento a su contenido temático. La crítica señala de inicio el motivo romántico que inspira el breve tomo, un viaje a los Pirineos de Aragón, durante el cual, Chacón, quería descubrir "los caminos desconocidos," los "pueblecitos perdidos" e inmediatamente después, Gutiérrez Vega, conduce al lector a los dos grandes aspectos temáticos del libro: la naturaleza y el hombre como producto de esa naturaleza y en concordancia con ella. El ambiente del libro, dice, está imbuído del selecto espíritu de Juan Ramón Jiménez y está logrado por las notas que caracterizan la sensibilidad del autor. Hay una preferencia de impresiones —agrega— en que predominan la soledad, la paz, la serenidad, el silencio, debido a la sensibilidad clásica de Chacón. La crítica traza un paralelo entre ese libro y el otro, *Ensayos sentimentales*, para precisar que el escritor estudiado pertenece a esa parte de la generación del 30 que hereda el paisaje lírico, romántico y no el paisaje interpretado, intelectual, propio de la generación del 98.

Gutiérrez Vega pone de manifiesto además la portentosa erudición de Chacón no sólo en el campo de la literatura hispanoamericana y cubana en particular sino también en el de la peninsular. Se detiene en ocasiones para fijar el método exegético que utiliza Chacón, Así, por ejemplo, alude a las consideraciones de éste sobre el método histórico-comparado de crítica, en su monografía sobre José María Heredia, que incluyó en su libro *Ensayos de literatura cubana.*

La gran atracción que en Chacón y Calvo ejercía la poesía, se hace evidente al recorrer sus estudios críticos. Si bien su preocupación intelectual, lo lleva a interesarse por todos los géneros literarios, tal como lo demostró la propia Gutiérrez Vega, en el ya aludido estudio bibliográfico, es lo cierto que, una revisión de sus ensayos críticos mayores, apuntan a una decisiva preferencia por el género poético, Valiosísimos son sus enfoques sobre: "Los orígenes de la poesía cubana"; "Romances y tradiciones en Cuba"; y sus ensayos sobre muy altas figuras de la lírica cubana como José María Heredia, Gertrudis Gómez de Avellaneda, o Luisa Pérez de Zambrana, por sólo citar algunos, sin olvidar, el ya mencionado, fundamental aporte antológico sobre las cien mejores poesías cubanas.

Hay que detenerse, aunque sea muy brevemente, dada la naturaleza general de este trabajo, en el estudio de Chacón titulado "Cervantes y el Romancero" que formó parte de su libro, *Ensayos de literatura española.* Este ensayo que constituye un innovador aporte dentro de los estudios cervantinos antecede al conocido estudio de Ramón Menéndez Pidal, "Un aspecto en la evolución de *El Quijote*" y así lo reconoció el ilustre crítico español, como lo ha aclarado completamente Gutiérrez Vega.[11] A ese trabajo de Chacón y Calvo, me he referido hace ya algunos años, cuando señalé la precedencia que en cuanto a referirse al romancero como fuente de *El Quijote,* tuvo Enrique José Varona, en su discurso de 1905 titulado "Cervantes y *El Quijote*."[12] Chacón fue sin duda uno de los más valiosos cervantistas que ha tenido Cuba, tierra, por cierto, que ha sido muy fecunda en la producción de reconocidos exégetas de la obra del inmortal Manco de Lepanto.

José María Chacón y Calvo, por la importancia de su obra literaria, por su genuína preocupación por la cultura de su tierra y su continente, por su devoción por la Madre Patria y por su interés de que se reconociera la gran aportación que las letras españolas habían hecho a la cultura del mundo occidental, de la cual la América hispana es digna heredera, no sólo es una figura central de la historia literaria de Cuba, sino que, sin duda, tuvo grandes repercusiones, en esta parte del Atlántico y también en la península ibérica, pues España lo ha considerado, con razón, como uno de los hispanoamericanos más hondamente preocupados por el estudio de la literatura y cultura española y por fijar bases y fundamentos de mutua comprensión entre las naciones de habla hispánica. Por eso, la paciente y rigurosa labor de Gutiérrez Vega tiene tantas fecundas consecuencias. La vastísima obra de Chacón, su monumental epistolario, sus archivos, reclamaban la capacidad investigativa de un erudito muy serio y cuidadoso, pero el artista, el poeta que anidaba en Chacón y que tiñó muy peculiarmente su labor intelectual, también requería de un crítico dotado de una fina capacidad de sentir. Esto ha sido visto con mucho acierto por la profesora Rosario Rexach, quien en una reseña sobre el aludido epistolario de Alfonso Reyes y Chacón, publicada en *Cuadernos Americanos*, ha señalado que ese libro fue el resultado feliz de una serie de circunstancias: "las de que ambos escritores guardaran copia de ese epistolario, al menos, muchas de las cartas originales, la de que la Dra. Gutiérrez Vega fuera a residir en Madrid en la casa en que vivió Chacón y Calvo y la de que la crítica tuviese un raro espíritu de investigación y la sensibilidad para descubrir tesoros donde otros verían un simple acaecer sin la menor circunstancia."[13]

En efecto, la labor de Gutiérrez Vega en los tres epistolarios publicados va más allá de la investigación, recolección y clasificación de las cartas no sólo en el archivo de Chacón sino también en los de sus corresponsales, con todo el largo y fatigoso trabajo que esto conlleva, sino que además, la crítica cubana nos conduce, a través de esos libros suyos, con sus acotaciones y notas eruditas, por un esclarecedor recorrido por la vida y la obra de Chacón y Calvo, ya que en éste, ambas están intimamente ligadas.

De uno de esos epistolarios, el dedicado a los corresponsales españoles, ha dicho Eugenio Florit, que además de inmenso poeta, es inteligente y acertado crítico, lo siguiente: "libro de veras monumental por su contenido y por las numerosas notas aclaratorias de algunos detalles del texto, más fotografías de sus corresponsales, y aún más, con los hermosos artículos del propio Chacón que van al frente de las cartas de cada uno — de casi cada uno — de los amigos españoles, con la adición de uno italiano y otro alemán."[14] Como señala Florit, incluye todo o casi todo, lo que era la flor de las letras españolas de aquellos años de anteguerra y a ese efecto, enumera: "Rafael Alberti, Azorín, Los Ballesteros, Bonilla San Martín, Américo Castro, Díaz Canedo, Falla, García Lorca, Jorge Guillén, y así por orden alfabético de apellidos hasta Ramón Gómez de la Serna (el hijo de Concha Espina)."[15]

La labor de Zenaida Gutiérrez Vega no ha pasado desapercibida y ha merecido justificado reconocimiento. Además de las figuras cuyas opiniones hemos citado o aludido en este trabajo, se han acercado muy encomiásticamente a su obra entre otros: Anita Arroyo, Eduardo Avilés Ramírez, Alberto Baeza Flores, Octavio R. Costa, Juan Expósito Martín, Roberto González Echevarría, Alberto Gutiérrez de la Solana, Josefina Inclán, José Olivio Jiménez, Carlos Márquez Sterling, A.S. Muñoz, James Willis Robb y Alberto Valenzuela Rodarte.

En resumen, la lectura de estas obras de la profesora Gutiérrez Vega, le permite al lector contemporáneo interesado en las letras hispánicas asomarse un tanto mágicamente, al superar las barreras del tiempo, al mundo literario no sólo de España sino de Hispanoamérica, en las primeras seis décadas del siglo, a través de los ojos de Chacón y Calvo, ser sensible y brillante, transido de amor a sus semejantes, dotado de genuina humildad y excepcional capacidad para encontrar la verdadera belleza en la naturaleza y en la humanidad. Otro prodigio más, que nos permite ver en este siglo, tan turbulento y abrupto, las más luminosas aristas que han hecho del camino de la historia, un sendero de luz.

NOTAS

1. Ramón Menéndez y Pidal. "Palabras preliminares" en Zenaida Gutiérrez-Vega, *José María Chacón y Calvo. Hispanista cubano.* Madrid, Ediciones Cultura Hispánica, 1969,7.

2. Zenaida Gutiérrez Vega, *José María Chacón y Calvo. Hispanista cubano.*

3. _____. *Estudio bibliográfico de José M. Chacón*, Madrid, Fundación Universitaria Española, 1982.

4. _____. *Epistolario Alonso Reyes-José M. Chacón*, Madrid, Fundación Universitaria Española, 1976.

5. _____. *Fernando Ortiz en sus cartas a José M. Chacón*, Madrid, Fundación Universitaria Española, 1982.

6. _____. *Corresponsales españoles de José M. Chacón*, Madrid, Fundación Universitaria Española, 1986.

7. Lino Novas Calvo, "Adiós a José María," *Exilio, Revista de Humanidades*, Otoño invierno 1969 - primavera 1970, 320.

8. Zenaida Gutiérrez Vega, *José María Chacón...*, 169.

9. Enrique José Varona, carta manuscrita de 7 de junio de 1922, a Luis Baralt y

Félix C. Lizaso Reproducida en Zenaida Gutiérrez Vega, *José María Chacón...*, 31-33.

10. José Martínez Ruíz (Azorín), Carta manuscrita a Chacón y Calvo, de 13 de diciembre de 1918. También reproducida por Zenaida Gutiérrez Vega en *José María Chacón y Calvo...*, 152-3.

11. Véase Zenaida Gutiérrez Vega, *José María Chacón...*, nota 355, 183.

12. Véase mi libro *Los estudios cervantinos de Enrique José Varona*, New York, Senda Nueva de Ediciones, 1979, 14.

13. Rosario Rexach de León, "Reseña sobre Epistolario Alfonso Reyes-José M. Chacón y Calvo por Zenaida Gutiérrez Vega," *Cuadernos Americanos*, México, vol. 4, 206-7.

14. Eugenio Florit, "Reseña, *Corresponsales españoles de José M. Chacón, "Círculo: Revista de Cultura*, vol. XVII, 1988, 153-54.

15. *Ibid.*

FRANCISCO ICHASO Y LA
PROBLEMATICA DE SU TIEMPO
1900–

Conferencia leída en la Universidad de Miami Koubek Memorial Center, en la Sesión de Clausura del X Congreso Cultural de Verano del Círculo de Cultura Panamericano, el 22 de julio de 1990. Publicada en Círculo: Revista de Cultura, Vol. XX, 1991, 25-32

La vida y la obra de Francisco Ichaso están íntimamente relacionadas con la problemática del tiempo en que le tocó vivir, es decir, las primeras seis décadas del siglo XX. Esa interrelación abarca dos aspectos, pues el escritor cubano mostró honda preocupación por el destino de su patria, que surgía como nación independiente en el mundo, al mismo tiempo que también la sintió por el futuro de la humanidad a la que veía sumida en un período de profunda crisis. A analizar de qué manera se enfrentó a esos dos problemas, está encaminado este trabajo.

Ichaso, como muchos miembros de su generación, expresó honda frustración ante los acontecimientos que determinaron que la república cubana naciera con la limitación a su soberanía que constituía la Enmienda Platt, restricción política que se haría evidente en las dos intervenciones norteamericanas que padeció la naciente nación. Además, la plasmación de la república no conllevó la superación de los males administrativos que sufrió la isla durante el largo período colonial, bajo la tutela española, vicios que habían sido denunciados con rigor y valentía por los más destacados ensayistas cubanos de la pasada centuria.

Manifestación de toda esa angustia de la intelectualidad cubana en los inicios de la república, fue el discurso que Enrique José Varona pronunció con motivo de su ingreso en la Academia Nacional de Artes y Letras de Cuba en 1915. En el mismo, el insigne escritor proclamó que "Cuba republicana parece hermana gemela de Cuba colonial".[1] Varona llamaba la atención al resurgimiento en la república de los males coloniales como el asalto a la Administración Pública, la incompetencia, el favoritismo, el nepotismo, la corrupción, el despilfarro en la administración de la Hacienda Pública, etc. En igual sentido se pronunciaría en varias ocasiones, otro intelectual más joven que Varona, pero anterior a la generación de Ichaso, Fernando Ortiz, que titularía uno de sus ensayos, escrito en 1924, *La decadencia cubana*. Ichaso, pues, recogía el pensamiento de su generación cuando afirmaba: "Tanto los libertadores como la generación subsiguiente a ellos tuvieron la sensación de que nuestro pueblo no había peleado, de que todo había sido una ilusión, un sueño, casi una pesadilla, y de que la independencia no la habíamos alcanzado por nuestro propio esfuerzo sino por la decisiva ayuda extranjera".[2] Es decir, expresaba esa sensación de frustración ante su circunstancia, que va a ser común a todos los jóvenes intelectuales de la época, característica que constituye una de las claves interpretativas de sus obras.

Esto permite comprender el por qué Ichaso como Mañach, como Lizaso, como Chacón y Calvo y como otros escritores cubanos de su tiempo, vieron en Enrique José Varona, al maestro ejemplar, no sólo por la seriedad y rigurosidad de su labor intelectual, sino también por su elevada dimensión ética. Ichaso lo calificó de gran mentor en lo cívico y lo cultural e indicó al efecto: "Nuestra generación vio en él a un guía recto y sapiente, a un verdadero apóstol de la cultura. Constantemente acudían los jóvenes a su casa del Vedado, convertida en templo cívico, a escuchar la palabra del filósofo, a recibir sus consejos y orientaciones".[3] Filósofo del escepticismo creador ha llamado a Varona, Roberto Agramonte,[4] subrayando esa aparente contradicción entre su escepticismo filosófico y el profundo mensaje positivo de su apostolado ético. Es pues en esta dimensión moral de Varona donde está la raíz de su gran influencia en Ichaso y sus contemporáneos, a pesar de que ni él ni los miembros de su generación siguieran al maestro ni en su afiliación al positivismo en lo filosófico, ni en su adhesión tan entusiasta a la metodología taineana en lo literario.

La vida y la obra de Ichaso está consecuentemente matizada de ciertas directrices comunes a su generación. Fue un activo participante del Grupo Minorista y uno de los editores de la *Revista de Avance*, de tanta relevancia en la historia literaria cubana de este período. Ichaso fue un miembro destacado de la institución revolucionaria ABC que luchó contra el quebrantamiento del proceso constitucional que constituyó la prórroga de poderes del régimen del presidente Gerardo Machado. Llegó a ser director de *Denuncia* que fue el vocero del ABC en la clandestinidad y más tarde redactor del órgano de esa institución, *Acción*. Su afiliación política al ABC lo llevó a ser electo delegado a la Asamblea Constituyente que tuvo a su cargo la redacción de la Constitución de 1940, en donde tuvo una participación destacada. Fue electo representante a la Cámara de Diputados y ocupó el cargo de Director Cultural del Ministerio de Estado de la república. A ese servicio público unió una intensa labor periodística, esencialmente en las páginas del *Diario de la Marina* y de la revista *Bohemia*, llegando a obtener el premio "Justo de Lara". Fue profesor de la Escuela Profesional de Periodismo de la Habana y participó en múltiples actividades culturales. En fin, su constante labor como ciudadano, periodista y profesor, conspiró para que su brillante inteligencia y su vasta cultura no se plasmara en una más amplia labor ensayística.

No obstante el ansia de serenidad reflexiva que le caracterizó pese a que siempre se dejó arrastrar por la vorágine que ha sido la vida política cubana en este siglo XX, le permitió producir una obra muy valiosa que ha quedado dispersa en importantes periódicos y revistas de la época, pues solamente fueron recogidos en forma de libros muy pocos de sus trabajos. Entre éstos cabe senalar: *En torno a Juan Sebastián Bach* de 1927;[5] *Góngora y la nueva poesía*,[6] conferencia leída con motivo del tricentenario de la muerte del escritor; *Lope de Vega: poeta de la vida cotidiana*[7] de 1935, que mereció premio en el tercer centenario del fallecimiento del gran dramaturgo del Siglo de Oro, en el concurso nacional de Cuba; "Crisis de lo cursi" que apareció en el *Homenaje a Varona*[8] de 1935 y que después recogería con otros valiosos ensayos en su libro posterior *Defensa del Hombre*[9] y del que Max Henríquez Ureña[10] dijera que era el más agudo y original de los escritos que integraban ese volumen; *Martí y el teatro*[11] de 1935 y *Entre excelencias: los incidentes Braden-Santovenia*[12] de 1947. En todos ellos se hace patente la fluidez y vigor de su prosa, su amplia erudición y la agudeza y claridad de su juicio crítico.

Otra clave de la actitud vital de Ichaso que se refleja en su obra es su visión de Martí. Nuestro crítico comprendía que la naciente república no coincidía con la aspiración del apóstol y postulaba como uno de los prerrequisitos para la necesaria superación de los males cubanos, un honesto esfuerzo para conocer al verdadero Martí. A ese efecto indicaba: "Urge desentrañar la personalidad de Martí, estudiar su vida y su obra, integrar una filosofía y una política con su ideario disperso" (48). Estaba reaccionando ante la deificación de la figura del apóstol que estaba caracterizando los estudios de aquella época. Como Mañach, Ichaso criticó esa actitud pues consideraba que con el proceso deificador se alejaba a Martí de su pueblo y se hacía más insuperable la sensación de frustración del cubano. Ichaso y sus contemporáneos habrían de luchar para reintegrarle a Martí su dimensión humana. Señalaba en cuanto a esto: "A la vuelta del discernimiento puntual, la obra de Martí se nos aparecerá, no como el producto de una frecuente improvisación genial, ni siquiera como el sólo resultado de una intuición maravillosa, sino como el fruto de una constante elaboración mental, que si no logró la superior ordenación filosófica fue por las circunstancias en que se produjo o porque el temperamento del hombre y la pluralidad de sus apetencias no se avenían a la canalización estricta del método" (50). Coincidiendo con Ichaso, Humberto Piñera, en un libro fundamental para la exegética martiana, *Idea, sentimiento y sensibilidad de Jose Martí*, llamó recientemente al mártir de Dos Ríos, profundo escritor reflexivo.[13]

Ichaso no coincidía —al igual que algunos de sus colegas, Jorge Mañach y Félix Lizaso, entre otros— con la visión tan generalizada de Martí como romántico arrebatado, visión que conllevaba una connotación de utópico o iluso. Ichaso comprendía el peligro que tal calificación engendraba pues justificaba el abandono de la genuina doctrina martiana. Así aludía a la idea tan común en el pueblo cubano, que le concedía al apóstol reconocimiento por su condición de héroe en su tiempo, pero pensaba que éste hubiera fracasado como político en la república que él mismo fundara. Ichaso razonaba que tal afirmación era más censura a los cubanos que no habían sabido vivir a la altura del legado del apóstol que juicio adverso sobre aquél, pero concluía que de todas maneras esas expresiones revelaban un desconocimiento de la verdadera personalidad del apóstol. Precisando su visión del Martí hombre, Ichaso señalaba que había indudables esencias románticas en la obra del apóstol de la libertad cubana, pero precisaba que si la misma se analizaba con un sentido de totalidad, es decir, desde un punto de vista filosófico, no podía calificársela de romántica. Ichaso reconocía que Félix Lizaso tenía razón cuando afirmaba que faltaba en la obra martiana esa marcada ideosincracia femenina que Lassere consideraba como sintomática del romanticismo y abundaba por su cuenta en la tesis de reconocer que muchas de las características románticas atribuidas a Martí, llegaron a él por pristina vía humanística. Pero de todas maneras se preguntaba hasta qué punto no era romántico lo que patentizaba en gran parte la obra poética de Martí.

En resumen, Ichaso estaba muy consciente de la importancia de la contribución de su generación a la exegética de la obra martiana. Señalaba que en la actitud del pueblo ante el fundador de la república había dos mayorías: la de los idólatras y la de los indiferentes y una minoría silenciosa, que era la única que conocía o deseaba conocerlo. Ichaso rechazaba la idolatría y aconsejaba la necesidad de leer a Martí y de hacerlo con rigor crítico.

Claro que una evaluación cuidadosa de la obra de Francisco Ichaso, como hemos apuntado al principio de este trabajo, demuestra que esa preocupación por el destino de su patria y la angustia que anidaba en su alma porque su pueblo parecía alejarse de sus grandes mentores, eran parte de sus reservas ante el destino de la Humanidad. Ichaso vio, repito, el siglo XX como una época de crisis en la que el hombre parecía alejarse de los valores que habían fundamentado el proceso de superación del ser humano en la Historia.

En el primero de los diez ensayos del libro *Defensa del Hombre*, que precisamente da título al libro, Ichaso plantea sus dudas al respecto. Con motivo de la muerte de Miguel de Unamuno, medita sobre la significación de ésta. Razona acerca de las causas que determinaron que el autor de *La agonía del cristianismo* hubiera sido objeto de ataques y denuestos por los voceros más militantes de ambos extremos políticos de la convulsionada España, que sufría la horrible guerra civil. El crítico veía claramente esto como consecuencia de que Unamuno no era un hombre de partido, aunque había tomado posición ante todo con visión meteórica y que por tanto no podía ser admirado por ningún sectario. Con agudeza, precisa Ichaso lo que llama él "panyoísmo" de Unamuno y nos acerca a su humanismo personalista, de base distinta al humanismo clásico. De esa sinceridad vital unamunesca, de esa necesidad de ser uno mismo, parte Ichaso, aunque reconozca toda la profunda carga egocéntrica que hay en el brillante autor de *Del sentimiento trágico de la vida*, para adentrarse en la crisis del siglo XX, una época en que se sacrifican millones de seres humanos en defensa de principios que supuestamente pretenden la seguridad y la felicidad del hombre. Ichaso reconoce el fenómeno del exceso de estimación de las ideas como el factor que ha engendrado un precio cada vez menor a la vida humana.

Juan J. Remos[14] ha visto en este trabajo las huellas de Ortega y Gasset y aunque el destacado crítico no elaboró su opinión, se comprende fácilmente que Remos estaba aludiendo a ciertos paralelismos entre estas ideas de Ichaso y la tesis sostenida por el filósofo español en su famosa obra *La rebelión de las masas* en lo referente a la crisis del hombre actual y la irrupción del hombre masa en las esferas del poder.

A Ichaso no se le escapan los peligros que representa el imperialismo económico que esclaviza a las naciones débiles y depaupera a las masas pero también advierte los peligros del imperialismo ideológico que intenta someter las conciencias y mecanizar la voluntad humana. Ichaso en 1937 hablaba para la Historia previendo el peligro inminente en que estaba a punto de precipitarse la Humanidad. Los acontecimientos que están sucediendo en nuestros días, el reconocimiento medio siglo después, por parte de los más altos dirigentes del comunismo internacional, de los fracasos políticos y económicos que han caracterizado la historia de este sofístico movimiento ideológico, el repudio que los pueblos esclavizados por tantas décadas han manifestado a un sistema de vida negador de la libertad y la espiritualidad humana, han dado una vigencia extraordinaria a estas iluminadoras páginas del destacado ensayista cubano.

Ichaso hace una revisión histórica del Renacimiento y del Positivismo, para coincidir con Ortega y Gasset en que el liberalismo es la suprema generosidad, y explica, citando al escritor español, que es el derecho que la mayoría otorga a las minorías y es por tanto el más noble grito que ha sonado en el planeta por cuanto proclama la decisión de convivir con el enemigo, más aún, con el enemigo débil. Ichaso advierte los peligros del absolutismo estatal que no puede aceptar la posición del hombre de conciencia. Pone de manifiesto nuestro crítico, que el totalitarismo político constituye un peligro para la manifestación de la genuina libertad humana. Advierte de los fanatismos políticos que van contra el hombre con el pretexto de salvarlo y aconseja tolerancia y comprensión.

Ichaso aboga por un nuevo humanismo, en que se atienda tanto a lo corporal como a lo espiritual, pero en el que estos conceptos tengan un verdadero y amplio alcance. Un humanismo en que la tolerancia, ya en el aspecto político, ya religioso, afirme la existencia e independencia del espíritu humano y bajo la cual deba crearse una sociedad que luche por "la integración de la persona humana en las direcciones de la Verdad, la Belleza y el Bien" (39).

En otro de los ensayos de *Defensa del hombre*, el titulado "Una muerte sin sentido y un canto desesperado", escrito para comentar un poema de Luis Amado Blanco, que había sido inspirado en la muerte del gran poeta español Federico García Lorca, el escritor se preguntaba muy significativamente: "¿Qué seguridad puede haber en un mundo en que ser poeta, joven y libre cuesta la vida?" (243), para contestarse que más que de una necia desvalorización de la vida humana se trataba" de un problema más general y grave: de una disminución progresiva de la seguridad humana en una época en que todos los desvelos del hombre parecían precisamente encaminados a crearse seguridades para su vida, para su trabajo, para su pensamiento, para sus creencias" (243). Comprende el trágico significado de la muerte de García Lorca y predice la inseguridad que iba a caracterizar la vida contemporánea en este angustioso siglo XX.

Ichaso, al expresar toda esa angustia y preocupación por el destino del hombre ante la dinámica de los acontecimientos históricos, es un vocero muy representativo de esa generación de nuevos valores que se agruparon en torno a la *Revista de Avance*, en la que además de él participaron Jorge Mañach, José Zacarías Tallet, Félix Lizaso, Medardo Vitier, Eugenio Florit, Roberto Agramonte y Lino Novas Calvo entre otros. Carlos Ripoll ha visto con acierto, como en las páginas de la *Revista de Avance* se evidencia "La evolución desde la rebeldía estética hasta la rebeldía política, toda vez que dicha publicación nace en la efervescencia poética del tricentenario de Góngora y muere en 1930 por el asesinato en la plaza pública, de un dirigente estudiantil".[15]

Francisco Ichaso fue, como ha indicado Rosario Rexach, "el paladín del redescubrimiento de Góngora en Cuba, que luego tendría tan excelentes continuadores en los poetas de *Orígenes* agrupados en torno a la figura de José Lezama Lima".[16] Ichaso llevó a cabo esa labor a través de artículos y conferencias, una de ellas la aludida anteriormente, "Góngora y la nueva poesía" y fue el primero en escribir en Cuba, como la propia Rexach destaca, acerca del libro de Dámaso Alonso sobre *Las Soledades de Góngora* en el volumen de *Revista de Avance* de 30 de mayo de 1927.

Ichaso sintió un entusiasmo extraordinario por todas las manifestaciones artísticas. Fue un verdadero humanista. Abrigó una gran atracción por la música. Recuérdese su trabajo sobre

Juan Sebastian Bach o los ensayos en *Defensa del hombre*, sobre el canto o sobre la música negra; se angustiaba con el lento proceso que mostraba el teatro cubano para echar sus raíces propias, véase a ese efecto, su ensayo "Nuestra escena"[17] escrito a manera de prólogo a *La luna en el pantano* de Luis Alejandro Baralt en el que realiza un penetrante análisis crítico de la evolución del teatro cubano desde sus orígenes hasta el año 1936, fecha en que se escribe el trabajo.

En resumen, fue un crítico literario preocupado no solamente por las letras de su patria a la que dedicó numerosos estudios, sino también por la literatura española e hispanoamericana e incluso la universal. Su trabajo "Aspectos de la crítica" permite conocer su vastísimo conocimiento de la historia de la exegética literaria. Este trabajo es sin duda uno de los enfrentamientos a dicho tema más amplio y exhaustivo en las letras cubanas. Es verdad que pudiera objetarse, como él se adelanta a reconocer, que en el mismo se ciñe demasiado a la literatura francesa, pero es también cierto, como a su vez él subraya, que Francia es la cuna de la crítica por excelencia, de la crítica en el sentido peculiar de la palabra.

La obra ensayística de Francisco Ichaso revela una lograda pulcritud en la forma, al mismo tiempo que hace evidente la capacidad reflexiva y la extraordinaria erudición que lo caracterizó. Ichaso pese a su vida tan agitada, tan intensamente inmersa en el periodismo y la política, es decir, en la vorágine de los acontecimientos históricos de la república cubana, creó en sus ensayos, una obra en la que se enfrentó a la problemática de su tiempo y la cual, por su gran valor literario, merece, de la crítica, una mayor atención de la que hasta ahora ha recibido.

Ichaso murió, como vivió, sintiendo a Cuba hondamente. Enrique Labrador Ruíz cuenta que su gran amigo cayó como fulminado por un rayo al leer en la redacción de un periódico de México los despachos telegráficos de las agencias de noticias internacionales que daban cuenta del fracaso del heroico intento de recuperar la libertad para el pueblo cubano por los valientes expedicionarios de Playa Girón. Pese a la en él, militante preocupación cívica, que le tomó parte tan sustancial de su vida, Ichaso hizo un aporte muy valioso a la ensayística cubana del presente siglo, que ya comienza a considerarse digna sucesora de la del siglo pasado, por tantos motivos valiosísima.

NOTAS

1. Enrique José Varona. *Textos Escogidos*, Edición de Raimundo Lazo, (México, Editorial Porrúa S.A., 1968), 56-57.

2. Francisco Ichaso. "Ideas y aspiraciones de la primera generacion republicana" *Historia de la nación cubana*, Vol. VIII, 1952, 333.

3. _____. "Ideas y aspiracioncs...", 339.

4. Roberto Agramonte y Pichardo. *Varona, el filósofo del escepticismo creador,* (La Habana, J. Montero, 1949).

5. Francisco Ichaso, *En torno a Juan Sebastión Bach,* (La Habana, Publicaciones del Conservatorio Bach, 1927).

6. _____. *Góngora y la nueva poesía,* (La Habana, Ediciones de la *Revista Avance,* 1927).

7. _____. *Lope de Vega poeta de la vida cotidiana,* (La Habana. Cultural S.A., 1935).

8. _____. "Crisis de lo cursi", *Homenaje a Enrique José Varona,* (La Habana, Publicaciones de la Dirección de Cultura de la Secretaria de Educación, 1935).

9. _____. *Defensa del Hombre,* (La Habana, Editorial Trópico, 1937). Todas las citas de esta obra se referirán a esta edición. A continuación de las citas aparecerán entre paréntesis los números de las páginas correspondientes.

10. Max Henríquez Ureña, *Panorama histórico de la literatura cubana* 1492-1952, (Puerto Rico, Ediciones Mirador, 1963), Vol. II, 418.

11. Francisco Ichaso, *Martí y el teatro,* (La Habana, P. Fernández, Cuadernos de divulgación cultural de la Comisión Nacional Cubana de la UNESCO, 1935).

12. _____. *Entre excelencias: los incidentes Braden-Santovenia,* Prólogo de Joaquín Martínez Sáenz, (La Habana, Centro de Estudios Políticos y Sociales de Cuba, 1947).

13. Humberto Piñera Llera, *Idea, sentimiento y sensibilidad de José Martí* (Miami, Ediciones Universal, 1981).

14. Juan J. Remos y Rubio, *Historia de la Literatura Cubana,* (Miami, Mnemossyne Publishing Company, 1969), Tomo III, 473.

15. Carlos Ripoll, *La generación del 23 en Cuba y otros aportes sobre el vanguardismo,* (New York, Las Américas Publishing Co., 1968), 111.

16. Rosario Rexach, "Los ensayistas de la *Revista de Avance*: Francisco Ichaso", *Actos del Sexto Congreso Internacional de Hispanistas*", (Toronto, Canadá, University of Toronto, 1980), 594.

17. Francisco Ichaso, "Nuestra escena", en Luis Alejandro Baralt, *La luna en el pantano* (La Habana, Oscar García y Cía., 1936).

LA SERENA IMPACIENCIA
DE JORGE MAÑACH Robato 1898-1961

Conferencia pronunciada en Thompson Hall, Teachers College, Columbia University, el 19 de abril de 1997 en acto organizado por el Círculo de Escritores y Poetas Iberoamericanos de New York, con ocasión de la entrega de premios del XXXIII Certamen Literario Internacional "Odón Betanzos Palacios".

La genuína vocación literaria de Jorge Mañach le impulsó a llevar a cabo una obra muy extensa y valiosa, en la que se hace evidente su preocupación por tratar de encontrar las esencias del carácter cubano en particular y al mismo tiempo intentar acercarse al modo de ser del hispanoamericano. Por eso, su dimensión de ensayista ha pasado los límites de su patria y una cada día más amplia y prestigiosa crítica, le da categoría continental.

La impaciencia por hallar las raíces de nuestros males y de nuestras deficiencias que lo agitó y lo conturbó profundamente, la indudable preocupación patriótica que lo llevó a sacrificar desde joven, muchas horas de gozosa creación literaria para lanzarse a la arena pública, está en su ensayística, siempre recubierta de una hermosísima elegancia de estilo y de un ponderado razonar en permanente búsqueda de la verdad. Lo cierto es que Mañach, bien haya sido como consecuencia de las más profundas características de su ser, bien por las influencias que en su formación pudieran haber ejercido la denominada mesura sajona a la que estuvo expuesto en su adolescencia y juventud en este país, en donde fue alumno de la Universidad de Harvard y también con sus estudios en la Universidad de la Soborne, centro de divulgación del racionalismo francés, fue siempre un hombre caracterizado por una objetividad de pensamiento, una constante preocupación por la forma y por una dis-

115

creción que se reflejaba necesariamente en el escritor. Pero, esa belleza formal, que se plasma en su obra, no impide que el observador acucioso pueda descubrir, debajo de la tersura de su prosa, toda la pasión reprimida que le producen los dolores de su patria. Al leer a Mañach se atisban los reflejos y se oyen los ecos del correr de esos arroyuelos que arrastran su dolor por las frustraciones de la república cubana. Fue, en su preocupación por su pueblo y en su lucha por el desarrollo cultural y crecimiento cívico del mismo, un digno continuador de la obra de Félix Varela, Enrique José Varona y José Martí.

Nacido en 1898, es decir, cuatro años antes del establecimiento de la república cubana, Mañach va a formar parte del grupo de jóvenes que inician su vida literaria en una patria independiente y recogen en su obra las frustraciones que esa juventud experimentó ante las caídas de la nueva república, en la que se reproducían los vicios de corrupción, incapacidad gubernamental, violencia social, inadecuado planeamiento económico, que habían plagado a la colonia. Ya en los comienzos republicanos, figuras del calibre intelectual y moral de Enrique José Varona y Fernando Ortiz habían levantado sus voces para señalar males y recomendar soluciones. Denuncia que se reitera en la obra de José Antonio Ramos y en la novelística naturalista de Carlos Loveira.

La vida de Mañach es típica del intelectual hispanoamericano, a los que, en no poca medida, los males de sus tierras ha arrastrado a la vorágine de la vida política. Pero su intensa actividad pública no le impidió ser un destacadísimo escritor y profesor de la Universidad de la Habana, participar activamente en la vida académica cubana, enseñar en universidades norteamericanas y ser además un extraordinario divulgador de cultura, bien con la creación del programa radial la Universidad del Aire, bien con su fecunda labor periodística, que tuvo un propósito cultural innegable al mismo tiempo que reflejó su permanente preocupación cívica.

Uno de sus ensayos en que expresa más esa angustia por las frustraciones que estaba experimentando la república fue *La crisis de la alta cultura en Cuba*, conferencia leída en la Sociedad Económica de Amigos del País. Mañach sabía que el tema tenía que estar necesariamente relacionado con la determinación del método que había de seguirse para fijar la adecuada evaluación de lo que por cultura ha de entenderse. Sin desechar ninguno de los dos criterios más usados con los que las Ciencias Sociales se han acercado a medir la cultura de una colectividad, es decir, el análisis de la capacidad de un pueblo de producir grandes figuras intelectuales que tengan cierta veneración a la tradición nacional y determinada fe en el futuro de su conglomerado social por un lado, o la evaluación directa de todos los integrantes del grupo para encontrar en su conducta, en sus modos de pensar, la medida de la madurez y el crecimiento cultural de esa colectividad, Mañach, con su visión totalizadora, con su afán de objetividad, parte aquí, de un criterio en el que se unen el de tener en cuenta la élite intelectual, como medida de la capacidad de un grupo social para engendrarla y el de buscar las raíces de los logros en la colectividad, cuando define una cultura nacional como "un agregado de aportes intelectuales numerosos, orientados hacia un mismo ideal y respaldados por un estado popular que los reconoce, aprecia y estimula"[3]. Subraya que los tres elementos que ha distinguido en su definición, es decir, los esfuerzos diversos, la conciencia y orientación comunes y la opinión social, son igualmente sustanciales.

Mañach analizaba con justificada admiración el proceso de creación de la conciencia nacional que Cuba experimentó en el siglo XIX y aludiendo al valor intelectual de las grandes figuras cubanas del siglo décimonono, razonaba que toda esta labor forjó las luchas independentistas, que con su necesaria violencia produjeron cierto retraso del desarrollo cultural cubano. Así especulaba en este trabajo: "Pero se dijera que es sino de las culturas el retardarse a sí mismas, por la virtud de sus propios efectos. La cultura en un pueblo sometido engendra la acción, y la acción siempre sumerge temporalmente la meditación. Así, las guerras libertarias, consecuencia en cierto modo intelectual, ahogaron la intelectualidad"[4].

Mañach en este trabajo nos da una visión extremadamente negativa de la cultura cubana en esas primeras décadas de la vida republicana de su país. Es indudable que el amor que sentía por su patria; su rigurosa formación en muy prestigiosos centros de alta cultura; la impaciencia de la edad, tenía sólo 27 años cuando pronunció esta conferencia; su genuina inclinación al estudio cuidadoso, a la erudición, a la investigación exhaustiva, conspiraron para intensificar los tonos grises del ensayo, pero hay que tener en cuenta que fue concebido, más que como una amarga crítica, como una denuncia, con toda el ansia de mejora que ésta siempre tiene. Recuérdese que ante la reacción producida por la conferencia escribió en el *Diario de la Marina* dos artículos en los que intentaba plantear "Algunos remedios a la crisis de la cultura"[5]. Por otra parte, cuando Mañach concibió este estudio, enfrentaba todos los logros del siglo anterior a los de menos de tres décadas del nuevo. En una conferencia que pronuncié hace ya un año, "La cultura en la república cubana"[6] intenté demostrar con la perspectiva que da ya el fin de la centuria, que el siglo XX cubano tiene figuras respetables que han adquirido justificada dimensión universal y que pueden sin desmérito compararse con las del siglo anterior. Precisamente uno de los grandes logros del exilio cubano quizás compelido por el desarraigo y por la nostalgia de la patria es el haber llevado a cabo una callada pero muy seria labor de evaluación sobre la obra de todo el pasado cultural de la isla, tan intencionadamente desconocido, por obvias razones políticas, por el presente gobierno de Cuba. Lo cierto es que ha sido injusticia con Mañach, tomar sus criterios fuera de contexto y no, como realmente fueron concebidos, esto es, como fustigación a la inercia intelectual y cívica de un específico momento histórico, como noble llamado al trabajo fecundo y a la conducta ética, como programa a realizar en la centuria.

Otro de los ensayos medulares de Mañach que también está motivado por su afán de encontrar las esencias de su pueblo como necesario instrumento para postular caminos de superación fue su *Indagación del choteo*.[7] Mañach se enfrenta a un tema que a primera vista pudiera ser poco trascendente pero lo hace con la seriedad y rigurosidad que siempre caracterizó todos sus trabajos y reflexiona con su penetración e inteligencia habitual sobre esa característica de su pueblo. El autor encuentra en esa propensión al choteo de nosotros los cubanos, una raíz que entronca con nuestra actitud de rebeldía contra lo que él llama: "Toda traba a la libre expansión" (41), lo que relaciona con lo que él considera cierto desmedido individualismo del cubano que proviene de la herencia española. Así el choteo puede ser, y lo ha sido a través de la historia de Cuba, un instrumento de defensa contra el exceso de autoridad y hasta un freno ante una exagerada formalidad, y en estos aspectos ha tenido sin duda repercusiones positivas, como él reconoce, pero lo que rechaza y cree que ha sido causa de muchos de nuestros males es precisamente el exceso de choteo en que usualmente ha caído su pueblo, pues se pregunta si "¿No se trata más bien de un hábito de burla que se endereza por sistema contra todo lo prestigioso, hasta cuando es agradable?" (46). Y ese énfasis en la actitud absoluta y sistemática del choteo, es lo que lo hace, según Mañach, una modalidad aparte de la burla (46).

118

Con muy atinado juicio ha señalado Andrés Valdespino que "Como en ningún otro trabajo de Mañach se advierte en éste esa oscilación de su personalidad entre la atracción hacia ciertas características de la psicología criolla —atracción que refleja la raíz hispánica de su temperamento— y el rechazo de esas mismas características por su formación mental"[8].

De igual importancia a nuestro propósito de subrayar la preocupación de este autor por su patria, son los ensayos "La nación y su formación histórica" y "El estilo en Cuba y su sentido histórico", que recogió en un libro que vio la luz en 1944 titulado *Historia y estilo*, del que se ha hecho una reedición reciente, que contiene un excelente prólogo de Rosario Rexach[9].

"La nación y su formación histórica" es el discurso de ingreso en la Academia de la Historia de Cuba en 1943, en donde precisamente venía Mañach a ocupar el sillón que dejara vacío su eminente y admirado maestro Enrique José Varona, por lo que el nuevo académico comenzó su trabajo con una exaltación de los grandes méritos de su profesor. He aludido en varias ocasiones en mis estudios sobre Varona[10] a la admiración que Mañach sintió por aquél y a los trabajos que le dedicó. Había sin duda en él una gran devoción por su admirado maestro. Lo cierto es que son notables las afinidades que los acercaban en cuanto a capacidad intelectual, rigurosidad de trabajo y lacerante amor patrio.

El académico continúa anunciando que su discurso tiene por tema "un ensayo de contemplación abstracta de nuestra historia. Más precisamente: los supuestos teóricos y metódicos en que semejante empeño pudiera apoyarse" (16-17). Aclara que no tratará de hacer Filosofía de la Historia, sino lo que Hegel llamó, distinguiéndola de aquélla, Historia reflexiva y confesó que había surgido su preocupación sobre el tema cuando un extranjero le comentó que los cubanos no habían logrado constituir una nación verdadera. Recordaba Mañach su reacción patriótica y las vehemencias de su argumentación encaminada a negar tal afirmación pero también recordó el haber pensado que tal inquietud ante esa negación era un indicio de su acierto. Por eso es que se proponía "poner previamente en claro las condiciones generales a que está sujeta toda formación histórica y después comprobar esa noción con nuestra experiencia como pueblo" (19). O sea, que había que determinar primero el concepto de nación para después estudiar el caso de Cuba.

Analiza casos como Francia, Inglaterra y España que consideraba que habían logrado, por su evolución histórica, el carácter de nación y agregaba que además de las siempre señaladas condiciones de unidad de territorio, de lengua, de aspiraciones e intereses comunes, de religión, había que tener en cuenta la unidad cultural, Conociendo sus opiniones contenidas en "La crisis de la alta cultura en Cuba" es fácil comprender que Mañach, con tristeza, tenía que concluir que Cuba todavía no había adquirido el concepto de nación. Comprendía el extraordinario esfuerzo que la intelectualidad cubana del siglo XIX había hecho en el inicio de la formación de la conciencia nacional pero explicaba extensamente las razones históricas que propiciaron que en las primeras décadas de la república no se produjera un completo proceso de solidaridad e integración nacional, razones a las que como hemos señalado en el transcurso de este trabajo, ya había aludido en otros ensayos.

El discurso termina sin embargo con un breve acápite que llama "perspectiva" y que como él mismo reconoció resultaba una declaración de esperanza. Mañach sostiene que aún en los momentos más terribles como eran en los que su voz se levantaba, la humanidad sufría los rigores de la Segunda Guerra Mundial, el hombre nunca debía perder la fe en el progreso. Partía de esa idea del progreso del evolucionismo inglés, que era tan afín al positivismo que había tenido en Cuba a su maestro Varona como su adalid. El orador veía en su tierra conciencias individuales que angustiadas, vigilaban y cooperaban, y también destacaba que había otras proyectadas hacia lo universal. Observaba que en el mundo lo mejor del esfuerzo humano estaba empeñado en darle solución a los graves problemas que enfrentaba la humanidad. Es más, confiaba, como su admirado Ortega y Gasset, en la fraternidad de las naciones como el mejor medio para lograr "que éstas conjuguen adecuadamente sus deberes y derechos" (66). Y agregaba "El verdadero espíritu de nación no excluye ese mutuo respeto y auxilio de las naciones entre sí, ni obsta a aquel supremo desideratum de justicia plena entre los hombres" (67). Y fijando claramente su posición tanto ante los intentos de negar las nacionalidades como el de acabar con las individualidades, termina su oración afirmando: "El mundo del futuro tiene que ser una coordinación de naciones, como toda nación ha de ser una coordinación de personas, no de meros individuos. Una vez más, el deber de Cuba coincide con la vocación del mundo" (67).

"El estilo en Cuba y su sentido histórico" fue otro discurso de ingreso, pronunciado un año después del anterior, es decir en 1944 y en esta ocasión en la Academia Nacional de Artes y

Letras, en donde al acercarse a la Historia de la literatura cubana, demuestra su extraordinaria erudición en la materia. Como Amalia de la Torre ha precisado muy acertadamente[11] el propósito del mismo era descubrir si los estilos de los diferentes autores estudiados correspondían con las diversas etapas de formación de la conciencia colectiva cubana que habían sido analizados en "La nación y su formación histórica". Este objetivo se revela en el comienzo del trabajo, en el que, antes de que, llevado por la lógica estructuración de sus estudios, intentara definir lo que por estilo debía entenderse, afirmaba para subrayar esa correlación, que "Estudiando con motivo análogo al de la presente ocasión —se refería desde luego al ensayo sobre la nación— el proceso de nuestra formación como pueblo, y particularmente el de la conciencia cubana, me ocurrió insistentemente preguntarme si entre los indicios que revelaban los momentos sucesivos de esa formación, tales como las actitudes y las ideas, los hechos económicos y políticos, no figurarían también el estilo artístico y literario" (108). Hay en estas palabras de Mañach, en mi opinión, indudables reminiscencias de la exegética positivista de Hipólito Taine cuando éste aludía en su famoso prólogo a su *Historia de la literatura inglesa* a los factores de raza, medio y época y esto se comprueba más cuando Mañach agregaba de inmediato: "La manera como escribieron nuestros pensadores y nuestros poetas ¿sería en cada uno de ellos reflejo de su temperamento y escuela, o también de su más inmediato clima histórico, de su circunstancia" (108), alusión orteguiana desde luego, pero que en este contexto de análisis crítico tiene una indudable connotación taineana.

La revisión histórica del estilo en Cuba si bien subraya el innegable retraso en nuestras primeras etapas coloniales y el hecho de que a la isla llegaran siempre con bastante demora los renovadores movimientos literarios, adquiere un tono mucho más positivo cuando se acerca al proceso de formación de la conciencia nacional. Aun cuando subraya las influencias negativas de los factores políticos-sociales en que vivía la colonia en aquella época, se descubre, por ejemplo, para citar sólo unos casos, cierto tono admirativo por la energía y claridad que vibra en la prosa de José Antonio Saco, por la lucha que late en la poesía herediana contra las limitaciones a que lo somete la colonia, por el sentido de frustración que alimenta la poesía intimista de Rafael María de Mendive y Juan Clemente Zenea, por la evolución del estilo de Enrique José Varona causada por el innato afán de conocimiento que éste tenía y que lo llevó a buscar siempre el contacto con las nuevas ideas de renovación que recorrían el mundo o por el estilo de síntesis de José Martí, en el que ve el primer acento genuinamente personal que se da en la prosa cubana. Los tonos grises vuelven al discurso al enfrentarse el orador a la historia literaria republicana.

En resumen, estos cuatro trabajos están interconectados estructuralmente y constituyen por su rigor metodológico y su enfoque temático un intento muy serio e inteligente de enfrentamiento a la problemática cubana, desde el punto de vista histórico, sociológico y cultural. En *La crisis de la alta cultura* se evalúa el decursar cultural del pueblo cubano estudiando las bases históricas que determinaron, en opinión del autor, que no se consolidara en la república el proceso cultural del siglo XIX. En *Indagación al choteo* encamina la búsqueda de las causas de los problemas a los que se enfrentaba el pueblo cubano en sus características psicológicas. En "La nación y su formación histórica", el acercamiento es socio-político, aunque con apoyo de una perspectiva cultural para demostrar las razones por las que él consideraba que Cuba no se había podido convertir en nación. En "El estilo en Cuba y su sentido histórico" se estudia la correspondencia entre la historia literaria y la historia cubana desde la perspectiva socio-política y en ocasiones se hace referencia al proceso económico. En el fondo, en todos ellos, la angustia cubana de Mañach denunciaba los males para encontrar soluciones y fijar medios de superación ante las caídas de la recién inaugurada república.

Todas estas crisis y frustraciones que estaba experimentando el pueblo cubano hacían muy patente el contraste entre la realidad y la patria ideal que había soñado Martí, lo que llevó a Mañach y a los hombres de su generación a considerar que uno de los primeros aportes fundamentales que debían de hacer para el logro de esa necesaria superación de males era acercarse con serenidad y rigurosidad al estudio del apóstol de la libertad de Cuba, ya que opinaban que el proceso deificador que éste había experimentado en los primeros años de la república lo había alejado de su pueblo y había producido, como consecuencia, un aumento de la frustración popular. Había pues que reintegrarle a Martí, su dimensión humana.

Mañach publicó numerosos ensayos sueltos sobre Martí pero fueron dos los libros en los que lo estudia específicamente. Su biografía *Martí, el apóstol*[12] de 1933, que logró y sigue obteniendo muchas ediciones, le ganó merecido reconocimiento y ha sido con justicia muy positivamente evaluada por la crítica, sin embargo, su segundo libro, _El espíritu de Martí_[13] por tratarse de un acercamiento más subjetivo al apóstol de la libertad de Cuba, es en mi opinión, tan iluminador como el primero, en lo referente a la gran figura estudiada pero más que áquel en lo que revela de afinidad entre Mañach y Martí, pues el autor busca en éste su esencia cubana, hispanoamericana y española. Además, hay que añadir que esta valiosa obra no ha recibido la atención merecida, quizás por las circunstancias históricas en que fuera publicada. Apareció, después de muerto Mañach cuando estaba exiliado en Puerto Rico, donde ocupaba una cátedra en la Universidad de ese país. En la misma se recogían las conferencias que había pronunciado en un curso que ofreció en la Cátedra Martiana en el Aula Magna de la Universidad de la Habana en 1951.

Este libro, aunque no fue escrito como tal, pues como se ha señalado, es la recolección de un ciclo de conferencias, muestra sin embargo la planeada estructura conceptual que caracterizan las obras de Mañach. Hay que destacar que no estamos frente a otra biografia de Martí, sino ante un valiosísimo intento, pese a la magnitud de la empresa que se propuso, de desentrañar e identificar las claves de la personalidad martiana. Él aclaraba que estaba poniendo los comentarios personales que no había puesto en su famosa Biografía pues no había querido en aquella ocasión quitarle a los hechos su propia y suficiente elocuencia. Mañach aquí evalúa las tres etapas de Martí, la niñez y adolescencia en Cuba, la juventud en sus estudios en España y la madurez en el exilio, con su deambular por América hispana y su labor patriótica en los Estados Unidos. Observa la germinación de la personalidad martiana, escindida en agónica crisis entre los llamados de la patria y las obligaciones de las responsabilidades familiares.

El crítico indaga la raíz hispana de Martí partiendo de Salvador de Madariaga que veía en la pasión el rasgo central del alma española y busca también en los grandes próceres de América hispana: Bolívar, Sarmiento, Montalvo, esa misma pasión que alentó a Martí, _pasión_ común de nuestra tierras, a las que con tanto entusiasmo éste cantó. Mañach subrayó además su carácter hispanoamericano por esa vocación de universalidad que Alfonso Reyes tan justamente le ha reconocido a los pueblos de Nuestra América. También le impresionó la esencia cubana del Mártir de Dos Ríos, por lo mucho que la sensibilidad primó en él, condicionando toda la integración de su espíritu, y por el acento afectivo que ella puso en su carácter y en su vida. Mañach vió a Martí como una integración, como una especie de natural sinteticidad, como unidad de contrarios, en fin, como manifestación de esa armonía que le fue tan característica.

Un último aspecto en que me quiero detener en este libro es el estudio de la relación del pensamiento martiano con los dos movimientos ideológicos que dominaron el siglo XIX, o sea el romanticismo y el positivismo. Para el crítico, Martí era romántico, por la sensibilidad, por el anhelo de absolutos, por la sobrevaloración de lo espiritual, por la confianza en la bondad innata del hombre, pero observaba que su romanticismo estaba frenado, equilibrado por la visión científica y objetiva con que su siglo reaccionaba ante los anteriores excesos de entusiasmo y fantasía. Mañach precisó que Martí reflejó en su obra la conjugación de un temperamento idealista-realista y la época crepuscular en la que le tocó vivir. No podemos dejar de pensar cuando leemos esa opinión de Mañach que él, al igual que su admirado Martí, también se debatió entre su idealismo un tanto quijotesco y su racionalismo que siempre lo refrenaba.

La preocupación por América hispana es presencia destacada en la obra de Mañach pero se hace central en su libro póstumo *Teoría de la Frontera*[14], como señalé en un estudio sobre esta obra que incluí en un libro publicado hace ya varios años[15]. En *Teoría de la Frontera* se recogió el material que Mañach estaba elaborando en el momento de su muerte para una serie de conferencias que iba a dar en la Universidad de Puerto Rico, en el cual medita acerca de las características del hispanoamericano, se enfrenta a la problemática de "Nuestra América" para usar la terminología de José Martí y se estudia las relaciones entre la América sajona y la hispánica.

Con su acostumbrada estructuración racional, el autor parte de la premisa de una vocación humana de universalidad que se había ido acumulando a través de la historia y considera que la misma proviene, si no de la Edad de Oro, del ocaso de la cultura greco romana y para probarlo, alude a los estoicos y a los epicúreos en su blasonar de que eran ciudadanos del mundo. A esto, agrega con precisión que: "A través del ecumenismo medioeval, ese noble desvelo se trasmitió al Renacimiento, dándole su fulgor más noble a la concepción misma del Humanismo, del Derecho Natural y del de Gentes" (35). De esa manera incorporaba el destino de América hispana a la tradición de la cultura occidental, de la que España era portadora y por eso vio a América proyectar en pleno Renacimiento la imagen de "tierra llamada a la plenitud de la convivencia humana, de la libertad y de la justicia" (36) y recordando a Alfonso Reyes señaló que de esa imagen se había alimentado lo mejor de la inteligencia americana. Estas ideas de Mañach con respecto a la tendencia humana hacia la universalidad, lo acercan, a dos pensadores de nuestra lengua, el mejicano José Vasconcelos[16] y el español, José Ortega y Gasset[17], a quien él tanto admiró.

Otro aspecto que hay que destacar por su importancia histórica es su visión de las relaciones entre la América hispana y los Estados Unidos. En efecto, Mañach, partiendo de esas ideas de solidaridad a las que había aludido, comprendió que si bien las mismas plantean la necesidad de cooperación entre las naciones para el logro de ventajas o eliminación de peligros, como pudieran ser los relativos a la defensa de los valores humanos y la resolución de conflictos supranacionales, también conllevaban ciertos riesgos, pues para el logro de sus propósitos, habría que no aceptar que la soberanía de una nación pudiera permitirle violar los intereses humanos dentro o fuera de su territorio. Y esa intervención, aun cuando se revista del manto de colectiva, como él razonaba, siempre sería muy peligrosa para las naciones débiles, únicas sobre las que pudiera aplicársele este principio. Claro que para él, era obvio que: "Una vez asentada la posible licitud de la intervención ajena, en los asuntos interiores de cualquier nación, la licitud del principio puede hacerse incalculable y prestarse a todo género de convivencia" (59). Sin embargo, Mañach estaba al tanto de la dolorosa experiencia, que le habían dado al hombre los trágicos acontecimientos del siglo XX, que había demostrado la necesidad de que lo humano tenía que estar por encima de lo nacional y de que no podía haber legitimidad en un gobierno que se caracteriza por la arbitrariedad y la opresión.

Mañach comprendía que todos estos principios que devenían de la justificada sed de justicia del hombre, conllevaban graves peligros al aplicarlos a las realidades históricas y pudieran ser frutos de desfiguraciones que los desvirtualizaran. Veía la importancia esencial que esta cuestión tenía para las relaciones entre las dos Américas, la hispana y la sajona. A ese efecto realizó un análisis del proceso imperialista norteamericano que culminó con la adquisición de Puerto Rico y Filipinas y la imposición de la Enmienda Platt a la naciente república cubana y puso de manifiesto que esta expansión imperialista fue deliberada y casi metódica pero al mismo tiempo se preguntó por qué la expansión se había parado en las Antillas. No es que desconociera los acontecimientos de Panamá, Santo Domingo y Guatemala sino que los vio como meros episodios, muy distintos del puro afán expansivo.

Mañach se adentra a evaluar el por qué de la indiferencia y hasta la aquiesencia de los Estados Unidos ante gobiernos opresores y dictatoriales entre nuestras repúblicas hispanoamericanas y encuentra su causa en el principio de no intervención que las propias naciones de América hispana han defendido, unido al escepticismo estadounidense respecto a la capacidad democrática de nuestros países y la influencia poderosa que ejercen los propios intereses económicos de este país y las presiones políticas internacionales. Plantea la tesis de que la democracia por basarse en el consentimiento expreso del pueblo y en el respeto a la pluralidad de opiniones militantes, no puede ser intrínsecamente imperialista no así los regímenes totalitarios como el facismo y el comunismo que sienten la necesidad de imperar congénitamente.

El ensayista cubano considera que la distinción entre la democracia y el comunismo es muy profunda pues se basa en un desdoblamiento de la cultura occidental. Opina que los sustentos de la democracia son la libertad como condición de la personalidad y, en una proyección social, la propiedad privada como condición de independencia personal y de su desarrollo, o sea que se basa en una concepción trascendente del hombre y de la vida, mientras que para él, el comunismo sustituyó la trascendencia religiosa por la histórica, es decir, por una concepción inmanentista. Sus palabras al efecto, nos deben hacer meditar sobre la verdadera causa de la caída del vasto imperio comunista que hemos contemplado en los finales de esta centuria. He aquí lo que dijo: "Reducido así en lo social a una escueta base económica, el hombre se vio despojado de aquel finalismo espiritual y convertido en elemento de la máquina social misma" (69).

Otro aspecto de este libro que debemos destacar es su evaluación de la aportación que la tradición española, portadora de la cultura occidental, hizo a Nuestra América. En Mañach, como en su admirado Martí, el amor por su Cuba y su devoción por los hombres que crearon la conciencia nacional y que lucharon por la independencia de su isla, nunca le entibiaron su amor por la Madre Patria y su legítimo orgullo por la grandeza cultural hispánica. En relación al debate histórico entre la leyenda blanca y la negra de la conquista española afirma: "No fue la tan acendrada *brutalidad* de la Conquista lo que se impuso a las culturas indígenas, sino más bien —aunque a veces la perspectiva sentimental no nos deje verlo— la superioridad intrínseca de la cultura española, que mal que bien tuvo entre los conquistadores y misioneros un reflejo" (22). No obstante, su sentido de justicia lo llevó a reconocer que las culturas indígenas catequizadas más o menos por lo hispánico, "comunicaron no poco de su peculiaridad al estrato criollo, el cuál quedó así compuesto, como diría Martí, no ya de 'españoles de uva' pero sí de 'maíz'" (92). Pero pese a todo ese equilibrio, hay en mi opinión una diferencia, por lo menos en el tono afectivo entre la visión de Mañach sobre las culturas autóctonas y la de Pedro Henríquez Ureña en *Ensayos en busca de nuestra expresión*[18] o la del propio José Martí en su memorable estudio "Nuestra América"[19]. En mi trabajo sobre Mañach al que aludí previamente, fundamentaba con citas textuales que éste, en cierta medida, llegaba en *Teoría de la frontera* a limitar los valores culturales de las grandes civilizaciones indígenas (161). También indicaba que al señalar Mañach que el Inca Garcilaso de la Vega, pese a la evocación que hizo de tradiciones y costumbres, en definitiva se fue a educar a España, el crítico cubano parecía desconocer la legitimidad de esa aspiración en un hombre transido de afán de conocimiento, como era el Inca Garcilaso, dadas las limitaciones culturales que sufría la colonia y así mismo parecía olvidar que *Los Comentarios Reales* fue el primer logrado ejemplo en nuestra literatura hispanoamericana de ese mestizaje en que se integran esos dos factores culturales tan fundamentales en la formación de nuestra América.

Por último, me quiero detener en un trabajo fundamental de Mañach que contribuye extraordinariamente a iluminar lo que hemos denominado su serena impaciencia. Me refiero a su conocido *Examen del Quijotismo*[20]. Mañach con éste y con *El sentido trágico de la Numancia*[21] continúa una valiosa tradición cervantina cubana que tiene sus más altas manifestaciones en la amplia obra sobre el *Quijote* y su autor de Justo de Lara,[22] en la conferencia de Varona sobre Cervantes[23] que ha sido reconocida como una excelente muestra de la crítica positivista en Hispanoamérica, en el ensayo de José María Chacón y Calvo, "Cervantes y el Romancero"[24], que con tanto acierto ha evaluado Zenaida Gutiérrez Vega[25] y además en los estudios de Borrero Echevarría[26], Enrique Piñeiro[27] y Juan J. Remos [28] entre otros,[29] pero es indudable, que ha sido este trabajo de Mañach en unión de los de Varona y Chacón y Calvo, los tres que han merecido más amplio reconocimiento en el campo de la investigación erudita.

Queremos en este ensayo apuntar la relevancia de su enfoque en la crítica cervantina del presente siglo y destacar el propósito de Mañach de encontrar las raíces hispánicas del personaje inmortal.

El propio Mañach nos advierte que va a intentar una fenomenología del quijotismo a través de su objeto-sujeto, Don Quijote, creación literaria tan vívida que se le puede tomar como un suceso humano efectivo. Mañach inmediatamente analiza de entrada no a Don Quijote sino a Alonso Quijano que es la figura cuya locura crea al Quijote y encuentra la causa de ese enloquecimiento en la "nostalgia y soledad, de haberse sentido demasiado a solas consigo mismo, con una voluntad de grandeza sin nada en que emplearse" (20). Para Mañach en la España cervantina convivían la Edad Media y el Renacimiento y si bien alude a los elementos medioevales de la novela ve con nitidez que Cervantes es un hombre inspirado en las ideas del Renacimiento aunque viviendo en la España de la Contrarreforma, de ahí la ambivalencia de la obra, en donde él encuentra también, esa pura esencia hispana del Quijote, esa fe en la capacidad del hombre, esa voluntad tan española de transformar la realidad. Lo que tiene que relacionarse necesariamente con lo que había expuesto en *Indagación del choteo* pues ésta era la raíz de ese choteo cubano usado como instrumento de rechazo ante la autoridad desmedida. Y también con *Teoría de la frontera* pues el crítico halla las causas de los graves problemas con los que se enfrenta Hispanoamérica en no poca medida en nuestra natural tendencia a los extremismos y aconseja: "La genuína esencia de nosotros está en aquel realismo ilustre de España que ponía ala en el talón" (162), aclarando que es a "ese realismo al que Cervantes aspiró; cuando quiso que Don Quijote y Sancho viviesen juntos y no se separasen" (162).

Mañach comprende la risa del lector ante lo que llama simplificación idealista del personaje cervantino y la razón de su dualismo y equívoco, esto es, emplea la misma palabra de Ortega y Gasset en sus *Meditaciones del Quijote*,[30] aunque pueden encontrarse sustanciales diferencias en el análisis de ambos.

Es verdad que la crítica ha analizado comparativamente este estudio con los de Ortega y Gasset y Angel Ganivet[31] pero me parece que ya en los umbrales de la próxima centuria hay que destacar como Mañach, en este ensayo de 1950, observa la disociación entre el héroe y la realidad, destaca la ambigüedad de la realidad cervantina y se enfrenta a la significación global de la novela, o sea, lo que hizo de ella una realización genial como expresión artística de un problema humano. Temática y enfoques que le afilian, en general, a corrientes muy modernas de interpretación de la obra cervantina y, en particular, a muy respetados y prestigiosos acercamientos exegéticos. Hay en este ensayo afinidades con la tesis que desarrollaría Manuel Durán en *La ambigüedad en el Quijote*,[32] cuando señala que hay en esta obra dos vertientes, una moralizadora y otra psicológica que son inseparables y caracterizan el tránsito del didactismo medioeval a la novela moderna con matices psicológicos y encamina su obra a subrayar ese paso y a señalar en que forma ese tránsito crea un sentimiento de ambigüedad e incertidumbre con respecto a la realidad objetiva. También las hay con Angel del Río en "*El equívoco del Quijote*[33] cuando subraya la ambivalencia de la obra cervantina y señala que la ley interna del *Quijote* consiste en una tensión constante o más bien un equilibrio prodigiosamente mantenido por el autor entre oposiciones radicales: ser-parecer, realidad-fantasía, locura-discreción, drama-comedia, lo sublime y lo grotesco, etc. y lo mismo ocurre con Francisco Ayala en *Experiencia e invención*[34] cuando éste sostiene que lo que da verdadera trascendencia a la obra de Cervantes es que presenta el conflicto del Quijote en toda su hondura y profundidad y si vincula los ideales góticos a un demente de apariencia ridícula, hace de él, al mismo tiempo el héroe a quien asiste una razón superior.

Luminoso es el ensayo de Mañach, por la aportación que hizo a esa obra maestra tan analizada a través de los siglos pero también lo es porque nos permite atisbar la raíz de esa impaciencia que alimentó su quehacer literario. Miembro de una generación que se enfrenta con sus anhelos juveniles a la nueva república cubana, que llega con un siglo de retraso al seno de sus hermanas hispanoamericanas. La generación de Mañach, con esa voluntad de hacer que pervive en nuestra tradición española, con esa ambivalencia nuestra de ser realistas y quijotes al mismo tiempo, se impacienta al ver reproducidos en su isla, las caídas y los dolores que venían padeciendo nuestras sufrientes naciones de América y se desespera de que la naciente Cuba no aprenda en las páginas de la historia hispanoamericana.

Mañach, sin duda uno de los más dotados de su generación, sintió muy intensamente esa dualidad que anidaba en su ser y que venía de la herencia española, pues estuvo siempre muy ligado a España no sólo por su ancestro sino por sus numerosas estancias en la Madre Patria. Realismo español, matizado por una educación en parte extranjera y genuíno quijotismo confluyeron en este hombre candoroso y bueno, inteligente y honesto, que ya en los umbrales de su muerte, en carta a su gran amiga Rosario Rexach y hablando de su fe inicial en una revolución que prometía grandes cambios pero que en definitiva traicionaría a su pueblo y le despojaría a él de su última oportunidad de ver sus anhelos patrios convertidos en realidad, dijo lo siguiente:

"...no estoy arrepentido de mi tenacidad en la ilusión...Sólo los cínicos comprenden pronto el cinismo. Los ingenuos tardan en conocer la superchería; pero nunca fue pecado la ingenuidad"[35]

NOTAS

1. Véase: Andrés Valdespino, *Jorge Mañach y su generación en las letras cubanas*, Miami, Ediciones Universal, 1971; Jorge L. Martí, *El periodismo literario de Jorge Mañach*, Rio Piedras, P. R., Universidad de Puerto Rico Editorial Universitaria, 1977: Amalia V. de la Torre, *Jorge Mañach, maestro del ensayo*, Miami, Ediciones Universal, 1978; Nicolás Emilio Alvarez, *La obra literaria de Jorge Mañach*, Madrid, Edic. J. Porrúa, 1979; Raoúl García Iglesia y otros, *Nuestro Mañach*, Miami, Municipio de Sagua la Grande en el exilio; Rosario Rexach, *Dos figuras cubanas y una actitud*, Félix Varela, 1788-1853 y Jorge Mañach, 1898-1961, Madrid, Editorial Verbum S. L., 1996. También se publicó un libro *Homenaje de la nación cubana a Jorge Mañach*, que contiene valiosos ensayos sobre Mañach por la Editorial San Juan en Puerto Rico, en 1972. No debe dejar de mencionarse *Jorge Mañach. Bibliografía* de Dolores Rovirosa publicada por SALAM Secretariat, Memorial Library, University of Wisconsin-Madison, WI., en 1985.

2. Jorge Mañach, *La crisis de la alta cultura en Cuba*, Conferencia leída en la Sociedad Económica de Amigos del País y publicada por acuerdo especial de dicha corporación. Habana, Imprenta y Papelería La Universal, 1925.

3. _____, *La crisis de ...*, 11.

4. _____, *La crisis de ...*, 16.

5. Estos dos artículos fueron recogidos en la edición publicada por la Sociedad Económica de Amigos del País, a la que alude la nota 2.

6. Me refiero a una conferencia que pronuncié el 16 de octubre de 1994, en la Asociación Pro-Cuba de Elizabeth, New Jersey y que está inédita.

7. Jorge Mañach, *Indagación del choteo*, Habana, Ediciones Revista de Avance, 1928. Todas las citas de este ensayo se referirán a esta edición y aparecerán con el número de la página entre paréntesis a continuación de la cita.

8. Andrés Valdespino, *Jorge Mañach y ...*, 76.

9. Jorge Mañach, *Historia y Estilo*, La Habana, Editorial Minerva, 1944. La edición reciente que señalo es la facsimilar que con prólogo de Rosario Rexach, publicó en Miami, la Editorial Cubana en 1994. Las citas de estos dos ensayos también aparecerán con el número de la página entre paréntesis a continuación de la cita y corresponderán a esta edición.

10. Véase, por ejemplo, mi libro, *Enrique José Varona. Crítica y creación literaria*, Madrid, Hispanova de Ediciones, 1976.

11. Amalia V. de la Torre, *Jorge Mañach. Maestro...*, 103.

12. Jorge Mañach, *Martí, el apóstol*, Madrid, Espasa-Calpe, 1933.

13. _____, *El espíritu de Martí*, San Juan, Puerto Rico, Editorial San Juan, 1972.

14. _____, *Teoría de la frontera*. Introducción por Concha Meléndez. Rio Piedras, P. R., Universidad de Puerto Rico, Editorial Universitaria, 1970. También las citas de este libro se referirán a esta edición y aparecerán en la misma forma que han aparecido las citas de otros libros en este trabajo.

15. Aludo a mi trabajo, "Jorge Mañach: *Teoría de la frontera*" que incluí en mi libro, *Conciencia y quimera*, New York, Senda Nueva de Ediciones, 1985.

16. José Vasconcelos, *La raza cósmica*, 3ª. edición, México, Espasa-Calpe Mexicana S. A., 1966 e "Indología" en *Obras Completas*, México, Libreros Mexicanos Unidos, Vol. II, 1958, 1069-1304.

17. José Ortega y Gasset, *La rebelión de las masas*, 36a edición, Madrid, Revista de Occidente, 1962.

18. Pedro Henríquez Ureña, *Ensayos en busca de nuestra expresión*, Buenos Aires, Editorial Raigal, 1952.

19. José Martí, "Nuestra América" en *Obras Completas*, Tomo VI, La Habana, Editorial Nacional de Cuba, 1963, 15-23.

20. Jorge Mañach, *Examen del Quijotismo*, Buenos Aires, Editorial Suramericana, 1950. Las citas a este trabajo se referirán a esta edición y se expondrán en la misma forma que la cita de los otros ensayos de Mañach.

21. _____, "El sentido trágico de la Numancia", La Habana, *Boletín de la Academia Cubana de la Lengua*, VIII, Nos. 1-4, (enero-diciembre 1959), 29-49.

22. José de Armas y Cardenas que usó el nombre literario de Justo de Lara es el cubano que más amplia aportación ha hecho a los estudios cervantinos. Entre sus numerosos títulos podemos citar, *Cervantes y El Quijote: El Quijote y su época: el Quijote de Avellaneda y sus críticos; Cervantes, Boceto Biográfico; Cervantes en la literatura inglesa; Cervantes y el Duque de Sessa; Los plagios de Cervantes y Un tipo de envidioso literario*.

23. Está incluida en mi libro *Los estudios cervantinos de Enrique José Varona*, New York, Senda Nueva de Ediciones, 1979.

24. José María Chacón y Calvo, *Cervantes y el Romancero*, La Habana Imprenta El Siglo XX, 1917. Fue recogida en el libro de Chacón, *Ensayos de Literatura española*, Madrid, Editorial Hernando, 1928.

25. Zenaida Gutiérrez Vega, *José María Chacón y Calvo*, hispanista cubano, Madrid, Ediciones Cultura Hispánica, 1969.

26. Esteban Borrero Echevarría, *Alrededor del Quijote*, La Habana, La Moderna Poesía, 1905.

27. Enrique Piñeyro, "En honor del Quijote". Reproducido en *Revista Cubana*, Año XXII, enero-diciembre de 1947.

28. Juan J. Remos, "Tradición cervantina en Cuba", *Revista Cubana*, Año XXII, enero-diciembre de 1947.

29. Véase mi estudio preliminar en *Los estudios cervantinos de Enrique José Varona*, aludido en la nota 23.

30. José Ortega y Gasset, *Meditaciones del Quijote*, Introducción por Julián Marías, Madrid, Edición de la Universidad de Puerto Rico y la *Revista de Occidente*, 1957.

31. Estos aspectos han sido estudiados en los libros sobre Mañach, anteriormente mencionados de Andrés Valdespino, Amalia V. de la Torre, Rosario Rexach y Nicolás Emilio Álvarez.

32. Manuel Durán, *La ambigüedad en el Quijote*, Xalapa, México, 1960.

33. Angel del Río, "El equívoco del Quijote", *Hispanic Review*, Vol. XXVII, No. 2, abril de 1959, 200-221.

34. Francisco Ayala, *Experiencia e invención*, (Ensayos sobre el escritor y su mundo), Madrid, Taurus, 1960.

35. Rosario Rexach, *Dos figuras cubanas...*, 190.

Obra ensayística de Piñera

- **Vertiente filosófica**
  - Obras didácticas
  - Historia del pensamiento filosófico
  - Resto de labor filosófica

- **Vert. filosófica-literaria**
  - Filosofía y literatura
    1. Lit. Española
    2. Lit. hispano-americana
    3. Ensayos y books literatura cubana

LA ENSAYÍSTICA DE
HUMBERTO PIÑERA LLERA:
FILOSOFÍA Y LITERATURA

Este trabajo apareció publicado en Estela Piñera y Alberto Gutiérrez de la Solana, editores, Humberto Piñera Llera: escritor, crítico y educador, *New York, Senda Nueva de Ediciones, 1991, 37-43.*

La tradición filosófica cubana adquirió su mayor relieve en los dos últimos siglos. En el XIX se destacan figuras del calibre de Félix Varela, José de la Luz y Caballero, Rafael Montoro, Enrique José Varona y José Martí. En el XX continúa esta tradición en sus primeras décadas con el predominio del Positivismo varoniano y después con los esfuerzos de la Sociedad Cubana de Filosofía, fundada y dirigida por Humberto Piñera. Entre las figuras del campo filosófico cubano del presente siglo, se deben mencionar a Jorge Mañach, Medardo Vitier, las hermanas Mercedes y Rosaura García Tudurí, Rafael García Bárcena, Máximo Castro Turbiano, Roberto Agramonte, Pedro Vicente Aja, Dionisio de Lara, Rosario Rexach, Antonio Hernández Travieso, José Ignacio Rasco y José I. Lasaga.

Esta sucesión de ensayistas cubanos con grandes preocupaciones filosóficas, que a su vez han estado ligados al proceso histórico-político de la patria cubana en la presente y pasada centuria, da a la ensayística de ese país dos constantes que se hacen patentes en la obra de Piñera, me refiero a la interrelación entre lo literario y lo filosófico y a la preocupación por la patria.

La obra ensayística de Piñera abarca esencialmente dos vertientes, la puramente filosófica y la filosófica-literaria. En la exclusivamente filosófica hay que distinguir tres subvertientes. En la primera pueden incluirse las obras didácticas escritas en

Cuba, su *Lógica*[1] de 1952 y su *Introducción a la Filosofía*[2] de 1954, de la que se publicó en 1980 una nueva edición bajo el título *Introducción e Historia de la Filosofía*.[3] En la segunda subvertiente agruparemos las obras de historia del pensamiento filosófico cubano como son su *Historia contemporánea de las ideas en Cuba*[4] escrita en 1957 y su *Panorama de la filosofía cubana*[5] escrita para la Unión Panamericana en 1960, obras en que no sólo demuestra su erudición y su profundo conocimiento de la cultura cubana sino también su modestia, al diluir la importancia que en el resurgimiento de la preocupación filosófica en la Cuba del siglo XX, tuvo la Sociedad Cubana de Filosofía, de la cual fue él según palabras de la Dra. Mercedes García Tudurí,[6] la fuerza propulsora fundamental. En la tercera puede agruparse el resto de su labor filosófica, en donde se enfrenta a esa problemática o analiza críticamente destacadas figuras del pensamiento universal. Aportes fundamentales en esta clase de estudio son sus libros *Filosofía de la vida y filosofía existencial*[7] de 1952 y veinte años más tarde, *Las grandes intuiciones de la Filosofía*,[8] valiosísimo tratado en que estudia las contribuciones de diez grandes filósofos, que él considera intuitivos, desde Parménides hasta Heidegger.

La segunda gran vertiente de la obra ensayística de Piñera Llera es la filosófica-literaria. En su libro de 1975, *Filosofía y literatura: aproximaciones*[9] señala las relaciones entre ambas disciplinas: "En realidad, ambas han sido y en cierto modo siguen siendo cosas diferentes, aunque muy recientemente, se ha llegado a la conclusión de que una y otra son, a lo sumo dos maneras de expresión (sólo esto) de la única realidad a la cual tiene acceso el hombre".[10] Piñera considera pues, que la diferencia entre literatura y filosofía es más aparente de lo que a primera vista, puede creerse. Se trata, según él, de adoptar un punto de vista diferente que hace que el filósofo y el literato no puedan ver la realidad del mismo modo. El filósofo se interesa por la esencia de las cosas mientras que el literato toma una manifestación particular y concreta y la convierte en el argumento de la obra. Pero como razona Piñera esa diferencia de actitud que adoptan filósofo y literato ante la realidad, hace patente la existencia de un remoto fondo común a ambas actividades. Esa realidad imaginada, ensoñada o trasunta es una realidad con cierto añadido, pero en definitiva añade Piñera, "ninguna realidad se nos da jamás exactamente tal como ella es, pues intentar hacer tal cosa es quedarse sin realidad".[11] Esto lo lleva a asimilar el imaginar del literato con el especular del filósofo y respalda su opinión con la afirmación de Ortega y Gasset acerca de que la sola diferencia entre la imaginación poética y la científica estaba en que esta última era controlable. En resumen que en toda obra literaria hay, según Piñera, siempre una pizca siquiera de especulación, como en toda filosofía hay de alguna manera un esfuerzo de imaginación, porque "mientras la realidad es sólo una, hay, en cambio, distintos modos de acceder a ella".[12] En definitiva, para nuestro crítico, lo del filósofo y lo del literato se reduce a un suponer. Para probar su tesis pone dos ejemplos de literatura contemporánea en que se hace evidente las dos aproximaciones metodológicas a una temática común, una de literatura española: Miguel de Unamuno en *Del sentimiento trágico de la vida* y *San Manuel bueno, mártir* y el otro de literatura francesa: Jean Paul Sartre en *El ser y la nada* y *La náusea*. En efecto, todo el problema de la lucha entre la razón y la fe acerca de la vida eterna que inspira las memorables meditaciones de Unamuno en *Del sentimiento trágico de la vida* constituye la temática fundamental que anima la construcción literaria de su famosa novela *San Manuel bueno, mártir*. De la misma manera, añade Piñera, *La náusea* no es más que la novelización de lo dicho filosóficamente en *El ser y la nada*.[13] A esto Piñera añade el concepto de que contemporáneamente, es decir para la filosofía existencialista, la filosofía no es análisis sino descripción, para concluir de que se está en el camino que puede conducir al descubrimiento de que filosofía y literatura son como el anverso y el reverso de una misma realidad.

Piñera se acerca a la problemática literaria, a la luz del pensamiento filosófico, que con su preocupación por las esencias, le da a sus evaluaciones una mayor amplitud y penetración. Cabe aclarar no obstante de que el hecho de que Piñera haya sido durante toda su vida un profesor, se refleja en los matices didácticos que tiñen su ensayística. Característica que lo acerca a Pedro Henríquez Ureña. En ocasiones, Piñera logra un tono coloquial que se integra muy felizmente con la rigurosidad de su pensamiento. Su prosa es sencilla, directa, sin caer en los excesivos ropajes y tecnicismos que usualmente acompañan las obras filosóficas.

La vertiente filosófico-literaria de la ensayística de Piñera puede dividirse a su vez, en esta ocasión siguiendo un criterio exclusivamente temático, en otras tres subvertientes, una la que se refiere a sus estudios sobre la literatura española, la segunda que incluye los trabajos de evaluación de la literatura hispanoamericana y la tercera, que comprende los ensayos y libros que dedicó específicamente a la literatura cubana.

Dentro de los estudios dedicados a la literatura española debemos distinguir en primer lugar un magnífico libro *El pensamiento español en los siglos XVI y XVII*.[14] Considero esta obra una de sus fundamentales aportaciones en el campo literario-filosófico. En ella, Piñera muestra su extraordinaria cultura al fijar las bases ideológicas de esos siglos. Estudia el renacimiento y el barroco con gran penetración. Muy ilustrativo es por ejemplo su análisis del origen de la tensión del hombre de la época barroca que se muestra en la creación literaria de ese momento histórico. Piñera apunta como una de las consecuencias básicas de la época renacentista, el haber hecho perder al hombre barroco la ingenuidad del hombre medioeval.[15] Mientras el hombre del Medioevo creaba para Dios, el del Barroco, que había experimentado ya— la calificada por Piñera— descomunal experiencia de la individualización renacentista, creaba para sí mismo y ahí encontraba Piñera la causa de esa tensión que caracterizaba al hombre barroco. Dios y el mundo se habían recogido dentro de él y lo tiraban con igual fuerza. Para nuestro crítico, el drama del barroco estaba en ese idealismo subjetivo. Piñera fija las características del pensamiento español de los siglos XVI y XVII para así brindar nueva luz, a la obra literaria de Juan Luis Vives y los erasmistas españoles, de Fray Luis de León, de Diego Saavedra Fajardo, de Baltasar Gracián y de Francisco de Quevedo y Villegas. En su introducción a la segunda parte del libro, lo dice muy claramente: "La tarea es nada menos que la siguiente: llegar a saber por qué el hombre barroco piensa del modo en que lo hace para después escribir tal como lo muestra en sus escritos".[16]

Además de ese fundamental estudio, podemos citar multitud de trabajos específicos sobre autores, temas y obras de literatura española. Se deben destacar no obstante sus libros *Unamuno y Ortega y Gasset, contraste de dos pensadores*[17] y *Novela y ensayo en Azorín*,[18] su trabajo sobre Cervantes y *El Quijote*;[19] su penetrante estudio "Etica y moral de Quevedo"[20] y su agudo e iluminador trabajo "Tempo de Proust en el tiempo de Machado".[21]

En su libro *Unamuno y Ortega y Gasset*, Piñera intenta y logra lo que promete en el subtítulo, un contraste entre esos dos pensadores que dominan la ensayística española del siglo XX. Muy de destacar es como Piñera maneja el tema del racionalismo y antirracionalismo en Unamuno y Ortega. El contraste entre la angustia unamuniana y el optimismo intelectual orteguiano es evaluado por Piñera, sin dejarse arrastrar por sus inclinaciones personales. Piñera es siempre moderado y tiene un intrínseco afán de justicia. Defiende a Ortega y Gasset de los ataques que se le han hecho respecto a que su pensamiento es de marcado matiz aristocrático, con cierta raíz antidemocrática, al señalar con justicia, que el aristocraticismo de Ortega, es un aristocraticismo de cultura[22] pero también ha sabido ver sus contradicciones, como cuando ante el razonamiento de Ortega en cuanto a que las masas en la sociedad contemporánea han tomado el papel de las minorias porque éstas han abandonado su puesto, Piñera se pregunta qué era entonces la sociedad para Ortega y razonaba al efecto que si hasta entonces la masa había estado ausente, esto contradecía la tesis orteguiana del compromiso dinámico entre minoría y masa. En definitiva concluía Piñera "no es rigurosamente exacto que la masa haya estado siempre alejada del poder".[23]

De los ensayos de literatura hispanoamericana que como los dedicados a la literatura española son bastante numerosos, cabe mencionar como muy representativo dentro de las evaluaciones panorámicas su trabajo "El ensayo en Hispanoamerica"[24] y con respecto a estudios específicos, por su interés y por el acercamiento innovador que lo anima "Alejandro Korn y la libertad creadora";[25] "José Enrique Rodó y la libertad"[26] y "Borges: el escritor y su enigma".[27]

El estudio sobre Borges es muy representativo de lo que se ha señalado acerca del enfoque filosófico de la obra literaria que caracteriza la ensayística de Piñera. En efecto, cuando Piñera evalúa a Jorge Luis Borges, lo primero que se pregunta el crítico cubano es cuál es la actitud radical del cuentista y ensayista argentino ante el mundo, para contestarse que es la ironía, el punto de apoyo en que se basa Borges para enfrentarse al ser variabilisimo de la realidad. Piñera aclara que esa ironía consiste en que Borges considera que el mundo no es acreedor a la "seriedad que suele acreditársele".[28] En fin, que Borges tiene una prudente reserva, dado que nada del mundo se muestra con la totalidad que debe tener o sea que de las cosas cabe siempre una interpretación. En definitiva, Piñera ve en Borges una radical desconfianza con respecto a cualquier cosa, y esto a sus ojos, lo asemeja a Descartes, Quevedo y Nietzche. Borges, contrariamente a la generalidad del ser humano, vive en lo que para otros sería un incómodo estado de continua revisión. En el fondo, Borges parece partir, según Piñera, del conflicto entre la lógica del absurdo y el absurdo de la lógica. Por eso el crítico cubano encuentra como principal cometido de la obra de Borges el de desconcertar. Esto lo lleva a proclamar la pertinencia de cualquier interpretación de los escritos borgianos porque "ninguna de esas `inter-pretaciones' efectuadas desde tal o cual posición más o menos congruente con la realidad en que se instala el intérprete, jamás alcanza a dar en el blanco de esa diana vertiginosamente voluble del universo borgiano".[29]

Piñera analiza otros dos elementos frecuentes en la creación literaria de Borges, el infinito y el azar. Opina que "La biblioteca de Babel" contiene la visión cosmogónica del mundo propuesto por Borges. El universo imaginado por Borges, aclara Piñera, está bajo la especie de lo infinito, infinitud extensible a la totalidad de las manifestaciones. En consecuencia, concluye Piñera, para Borges no hay un orden ni podrá haberlo, porque la realidad es per se continua e inagotable recreación. "La lotería de Babilonia" permite a Piñera determinar la importancia del elemento del azar en el complicado juego de la cosmogonía de Borges. Piñera subraya la innata disposición del humano a creer en la lógica y la simetría para destacar que el gran ironista que es Borges utiliza "La lotería de Babilonia" para hacernos ver como el ser humano no ceja en el afán de someter a la lógica lo que de suyo es ilógico. La lotería (creación humana del azar superpuesto a la aleatoria composición del cosmos) no es más que su interpolación en el orden inventado del mundo".[30]

Piñera destaca la importancia de este análisis de la actitud de Borges ante el mundo para entender su obra. Hay, afirma, en ella una sutil enseñanza "la inutilidad de casarnos con tal o cual punto de vista o actitud que, a más de ser inevitable prejuicio, sigue apuntando a un objeto como si éste pudiese por sí solo dar cuenta del resto".[31] En consecuencia, razona Piñera, Borges sabe que "si bien el hombre ha intentado siempre buscar la solución del enigma esencial del universo— que por otra parte es la suma de innumerables enigmas subalternos— jamás dará con la solución porque en fin de cuentas no la hay porque tampoco hay tal problema".[32] Como se ve Piñera estudia las bases filosóficas que produce el desconcierto que origina la lectura de la obra borgiana.

Dentro de los estudios sobre literatura hispanoamericana merecen mención aparte los que dedicó a la de su país, Cuba. Imposible sería en un trabajo de la naturaleza del actual referirnos a toda su copiosa bibliografia sobre este tema. Baste mencionar algunos de sus ensayos de acercamiento panorámico:"La cultura cubana en el siglo XIX"; "Cultura y revolución en Cuba" y "Literatura y evasión"[33] y desde luego a una obra que consideramos fundamental dentro de su labor ensayística, nos referimos a su *Idea, sentimiento y sensibilidad de José Martí*[34] He indicado en otra ocasión[35] que este libro es un serio y riguroso intento de sistematización y evaluación del pensamiento martiano sobre los problemas fundamentales de la realidad omnitemporal a que se enfrenta todo escritor medularmente meditativo. Piñera parte de una revisión general del pensamiento occidental sobre la temática que es objeto de las preocupaciones fundamentales de la ideología martiana, para después ir directamente al análisis del Martí pensador. Claro que aquí Piñera se enfrenta a una tarea en cierto grado bastante peligrosa, porque en definitiva Martí fue un poeta y por tanto hasta su prosa está cargada de genuino lirismo y consecuentemente es esencialmente sugerente. Pero pese a los obstáculos con los que se enfrenta, Piñera logra su objetivo en virtud de su extraordinaria cultura filosófica, su vasto conocimiento de la obra martiana y el riguroso método que se impone, todo lo cual se une al hecho fundamental de que José Martí fue sin duda esencialmente un profundo escritor meditativo.

Piñera intenta definir las preocupaciones que él considera son las constitutivas de la poderosa personalidad de Martí y dedica los capítulos del libro a estudiarlas por separado. Señala como aspectos básicos de la personalidad martiana: el amor a su patria y su sentido de la vida, considerada como explicación y justificación desde los puntos de vista estético, ético y religioso. Al estudiar lo consciente que estuvo siempre Martí de la responsabilidad de la palabra, encuentra como ésta en él estuvo en todo momento al servicio de la verdad, la justicia y el amor. Ahí encuentra el crítico la razón por la cual, la obra martiana mantiene su perenne vigencia. Creada por el enfrentamiento del hombre a los problemas más fundamentales que pueda plantearse el ser humano, la palabra del escritor cubano ha podido vencer las limitaciones del tiempo y del espacio que usualmente condena la obra de escritores menos profundos.

Piñera ha ido pues recorriendo la literatura en busca de los escritores que han matizado su labor de genuina preocupación filosófica. A veces se ha detenido en literatos, que aunque a primera vista parecen no ser profundos, como Azorín, han sabido dotar a su obra de una capacidad de alusión que ha permitido al pensador que es Piñera, inferir todo el problemático acercamiento del autor estudiado a esa múltiple y esquiva realidad que ha atraido tan inexorablemente tanto a uno como a otro. Pero esta

139

preocupación conceptual de la obra ensayística y crítica de Piñera que se ha tratado de destacar en este trabajo, no puede llevar a desvirtuar su posición crítica. Piñera siempre parte del texto de la obra, aunque lo atrae como se ha indicado el afán de dilucidar como se enfrenta el autor estudiado a los grandes problemas de la existencia y es por ello que hay que situarlo en cuanto a su obra de crítica literaria dentro del campo de la crítica estilística. Hay en él, como diría Spitzer hablando de la nueva crítica, una "indagación de lo psíquico en lo ideomático",[36] aunque lo que le interesa realmente de lo psíquico en muchas ocasiones es la actitud filosófica del autor, acaso porque ésta en definitiva condiciona la obra y es una clave básica para la interpretación del texto.

La preocupación de Piñera como crítico es por la obra en sí, aunque vaya a buscar las esencias que laten en ella. Es decir, su perspectiva no es histórica, sino estructural, aunque su vasta erudición en el campo filosófico le permita establecer las coordenadas que sitúen al autor dentro de los movimientos de ideas de su época.

Piñera Llera, por su obra en que se hace patente su extraordinaria cultura, su penetrante inteligencia, su rigurosidad metódica, su objetividad y mesura, ya ocupa un lugar destacado en la ensayística cubana del siglo XX, que tiene, como él, figuras de relieve continental.

NOTAS

1. Humberto Piñera Llera, *Lógica*, Habana, Cultural S.A., 1952.

2. _____. *Introducción a la Filosofía*, Habana, Cultural S.A., 1954.

3. _____. *Introducción e Historia de la Filosofía*, Miami, Ediciones Universal, 1980.

4. _____. *Historia contemporánea de las ideas en Cuba*, México, Fondo de Cultura Económica, 1957

5. _____. *Panorama de la filosofía cubana*, Washington D.C., Unión Panamericana, 1960.

6. Mercedes García Tudurí , "En torno a la Filosofía en Cuba," *Cuba diáspora*, 1975, 50.

7. Humberto Piñera Llera, *Filosofía de la vida, y filosofía existencial*, La Habana, Lex, 1952.

8. _____. *Las grandes intuiciones de la filosofía*, Madrid, Oscar, 1972.

9. _____. *Filosofía y literatura: aproximaciones*, Madrid, Plaza Mayor, 1975.

10. *Ibid.*, 12.

11. *Ibid.*, 17.

12. *Ibid*

13. *Ibid.*, 13.

14. _____. *El pensamiento español en los siglos XVI y XVII*, New York, Las Américas Publishing Co., 1970.

15. *Ibid.*, 151 y siguientes.

16. *Ibid.*, 162.

17. _____. *Unamuno y Ortega y Gasset*, (Contraste entre dos pensadores), México, Edit. Jus S.A., 1965.

18. _____. *Novela y ensayo en Azorín*, Madrid, Agesa, 1971.

19. "Realidad y fantasía en el Quijote." Leida en Middlebury College, 1961.

20. _____. *Etica y moral de Quevedo,*" *Exilio*, New York, IV, número 1, 1970, 3-31.

21. _____. "Tempo de Proust en el tiempo de Machado", *La Torre*, Puerto Rico, enero-abril, 1965, 137-154.

22. _____. *Unamuno y Ortega y Gasset*, 397.

23. *Ibid.*, 396.

24. _____. "El ensayo en Hispanoamerica", *Revista Interamericana de bibliografía*, XVII, 1967, 317-321.

25. _____. "Alejandro Korn y la libertad creadora", *Homenaje en el centenario de su nacimiento*. Estudios sobre Alejandro Korn, Universidad Nacional de la Plata, Argentina, 1963, 173-182.

26. _____. "José Enrique Rodó y la libertad", *Enlace*, Vol. 1, julio-sept., 1976, 136-147.

27. _____. "Borges, el escritor y su enigma", *Mundo Hispánico*, Madrid, 120-123.

28. *Ibid.*, 20.

29. *Ibid.*, 22.

30. *Ibid.*

31. *Ibid.*, 23.

32. *Ibid.*

33. _____. "La cultura cubana en el siglo XIX", *Lyceum*, Habana, 1950; "Cultura y revolución en Cuba", *Sur*, Buenos Aires, 1965, número 293, 68-93 y "Literatura y evasión", *Exilio*, New York, XXI, 1972, 35-53.

34. _____. *Idea, sentimiento y sensibilidad de José Martí*, Miami, Edic. Universal, 1980.

35. Elio Alba Buffill, Reseña *de Idea, sentimiento y sensibilidad de José Martí, Círculo: Revista de cultura*, Vol. XII, 1983, 123-125.

36. Citado por Carmelo H. Bonet, *La crítica literaria*, Buenos Aires, Editorial Nova, 1959, 116.

ROBERTO AGRAMONTE, Pichardo
ENSAYISTA
1904—

Trabajo publicado en Círculo: Revista de Cultura *Vol. XXIII, 1994, 120-131*

La obra ensayística de Roberto Agramonte es muy amplia y valiosa. Fue forjada a través de una vida en la que también la preocupación cívica y la devoción magisterial han sido facetas muy fundamentales. En efecto, en 1926 empezó a enseñar en la Universidad de la Habana en la cátedra de Psicología, Sociología y filosofía Moral, que había desempeñado ese gran maestro de la cultura cubana que fue Enrique José Varona, al que Agramonte dedicara fundamentales estudios y llegó en su querida Alma Mater a ser Decano y Vice-Rector. En 1960, cuando su dignidad cívica lo llevó a las playas del exilio, fue nombrado profesor del Departamento de Sociología, de la Facultad de Ciencias Sociales de la Universidad de Puerto Rico, en donde enseñó hasta su jubilación hace unos pocos años. También ha sido Profesor Extraordinario de la Universidad de México, Profesor Honorario de las Universidades de Guatemala y El Salvador y Profesor Invitado de la Universidad Interamericana de Puerto Rico. Su actuación cívica y política forma parte sustancial de la Historia de Cuba y será siempre asimilada a las más altas apetencias de libertad, justicia y honestidad del pueblo cubano.

Al enfrentarnos a Agramonte como ensayista y con el objeto de lograr más claridad en la exposición, vamos a dividir esa labor en tres partes que corresponden a las tres grandes áreas temáticas en que ha concentrado mayormente su interés intelectual. La primera es su preocupación por la cultura cubana, consecuencia de su ya aludido amor a su patria y su militante civismo; la segunda, que es en definitiva una lógica extensión de la primera, es su interés por la cultura hispanoamericana y española y la última, que está ligada a su especialización docente y

142

profesional, la constituyen sus trabajos de Sociología, Psicología y Filosofía Moral. Claro que estas tres áreas están estrechamente unidas pues todas sus evaluaciones sobre los escritores, las obras y los problemas que estudia se desenvolverán siempre sobre aspectos filosóficos, sociológicos, psicológicos, históricos, jurídicos, políticos y pedagógicos, que a su vez, aparecerán en íntima conexión.

Sus estudios de cultura cubana se concentran fundamentalmente en los pensadores del siglo XIX, con razón llamados los forjadores de la conciencia nacional, pero también efectuó indagaciones sobre figuras del presente siglo, como por ejemplo Jorge Mañach, que se preocupó por indagar las esencias de la manera de ser del cubano y mantuvo una genuina preocupación por la cultura de su patria y el bienestar de su pueblo. Baste recordar su hermoso y emotivo trabajo "Recordando a Jorge Mañach" en donde recoge las palabras pronunciadas ante su tumba en Puerto Rico a menos de cuatro años de la muerte del destacado ensayista, que apareció años después, en 1981, en *Círculo: Revista de Cultura*, Vol. X.

Entre sus ensayos sobre estos fundadores de la nacionalidad cubana hay uno, "Los orígenes de la conciencia cubana; José Agustín Caballero"[1], con título muy acertado pues fue el padre Caballero el primero que enseñó en Cuba las ideas de renovación del pensamiento universal que recorrían Europa, como las de Descartes, por ejemplo. De 1935 es su excelente trabajo *El Padre Varela: el que primero nos enseñó a pensar*[2], que también, como se anuncia con precisión en el título, nos destaca la extraordinaria importancia de Varela, no sólo como educador sino como filósofo y patriota. A José de la Luz y Caballero le dedicó dos estudios específicos, orientados a evaluar la importante misión magisterial y cívica del destacado pensador, me refiero, a *El educador José de la Luz y Caballero y la filosofía como ciencia de la realidad*[3] y *Prédica educativa de Luz y Caballero*[4] y un tercero en que estudia el famoso debate en el que el maestro de "El Salvador" participó y que se titula La *polémica filosófica de la Habana*[5].

En todos estos trabajos a que hemos venido aludiendo, Agramonte se va enfrentando a esa corriente ética que corre vigorosa en el más alto pensamiento cubano en los albores y primera mitad del siglo décimonono y que va después en esa propia centuria a estar representada por Enrique José Varona y José Martí, que fueron las dos figuras cubanas que atrajeron más su atención.

Al primero dedicó su ya clásico libro, una de las más importantes contribuciones a los estudios del eximio maestro, *Varona, el filósofo del escepticismo creador*[6] y dos extensos ensayos, uno sobre su obra filosófica y otro sobre su obra político- social que fueron recogidos en el volumen *Enrique José Varona: su vida, su obra y su influencia*[7].

En su estudio sobre la obra flosófica de Varona, Agramonte, después de situar a éste como maestro y guía de la juventud cubana, señala que la filosofía del gran pensador cubano se escinde en dos mitades casi contrapuestas, la primera que califica de académica, sistemática, orgánica y optimista, la ve en sus famosas *Conferencias Filosóficas* y la segunda que considera vital, fragmentaria, crítica y escéptica, la observa en la obra literaria y crítica del Maestro y dentro de ésta, destaca *Con el eslabón*, que considera obra capital. Ya hace años, señalé la importancia de esta clasificación de Agramonte que fue tomada en consideración por muy valiosos exégetas varonianos como Medardo Vitier y Juan J. Remos[8].

En su aludido libro *Varona, el filósofo del escepticismo creador*, Agramonte aclara que el escepticismo varoniano está dotado de un elemento positivo y de creación y considera que los más destacados escépticos fueron en realidad hombres que tuvieron la valentía de luchar por el libre ejercicio de la inteligencia humana[9]. Agramonte, al estudiar la reforma de la educación cubana que llevó a cabo Varona en los umbrales de la república, señala entre las fuentes de determinados aspectos del pensamiento pedagógico del Maestro, las ideas de Francis Bacon que postulaban la necesidad del estudio directo de la naturaleza y de la vida, para aludir al fin pragmático que orientó dicha reforma. Agramonte recuerda el énfasis que Varona ponía en la observación, en la meditación y en la experimentación y lo entroncaba con la tendencia más progresista y renovadora de la educación cubana, situando a su predecesor en la cátedra como un continuador de Félix Varela y José de la Luz y Caballero[10].

Otro acierto de Agramonte en sus estudios sobre Varona fue su mencionado ensayo sobre la obra político-social del Maestro en el que, con la rigurosidad de método que le caracteriza, estudia los aspectos político, social, educacional e histórico de su obra. Se destaca en este trabajo el mérito de haber podido sistematizar un pensamiento tan amplio que estaba disperso en numerosas obras. Agramonte también mostró aquí otras características que van a estar presentes en toda su ensayística y su crítica, me refiero a su extraordinaria laboriosidad y erudición y a su gran capacidad analítica que le permitió adentrarse en lo fundamental del pensamiento de Varona. Es luminoso este estudio de Agramonte en el que destaca el amor por la libertad y los principios democráticos que inspiraron a Varona y su repudio a todo gobierno basado en la dictadura o la tiranía; su denuncia contra la secular postergación ética y política de la mujer y su adhesión al movimiento que ya en el siglo XIX se iniciaba en su defensa; su sufrimiento ante los horrores de la Primera Guerra Mundial, que lo alejó un tanto, añadiríamos nosotros, del optimismo de la filosofía positivista; sus ideas sobre la Escuela Nueva y la función de la universidad como creadora de hombres activos y pensadores; su defensa de la perspectiva y la falta de prejuicios en la explicación de la causalidad histórica. Hay sin duda muchas convergencias entre el pensamiento político de Varona que él sintetiza con tanta precisión y el del propio crítico.

Los trabajos fundamentales de Agramonte sobre el Apóstol de la independencia cubana son su obra *Martí y su concepción del mundo* de 1971[11]; los dos libros *Martí y su concepción de la sociedad*, Partes I y II de 1979 y 1982[12], *José Martí: hombre, familia y pueblo*, de 1982[13] y el muy reciente *Las doctrinas educativas y políticas de José Martí* de 1991[14]. A ellos se unen un crecido número de trabajos publicados en revistas de este continente, mencionemos por ejemplo su "Martí y el libro" que vio la luz en el volumen XV de 1986 de *Círculo: Revista de Cultura*. Todo ese mundo exegético constituye una de las más valiosas contribuciones que la intelectualidad del exilio cubano ha hecho al estudio de la figura de José Martí.

En estos libros, Roberto Agramonte muestra su extraordinaria capacidad analítica y su talento sistematizador. En los mismos, se nos brinda una adecuada presentación del coherente pensamiento martiano extraído como resultado de una paciente y muy valiosa labor de investigación. Subrayemos que la coherencia está en el pensamiento del Apóstol y ahí lo ha encontrado Agramonte. No es que el exégeta parta de esquemas exteriores, aprioristicamente planteados para ir a buscar después en el vasto ideario de Martí la confirmación de sus afirmaciones, no, el proceso agramontino es de una extraordinaria pulcritud intelectual y en consecuencia, en extremo laborioso. El crítico vacía las ideas del mártir de Dos Ríos en los moldes de clasificación adecuados para permitir la mejor comprensión de un talento extraordinario como el del gran ensayista, que como he señalado ya en otras ocasiones, por su naturaleza intrínsecamente poética, produjo una prosa caracterizada por una multiplicidad de alusiones que la dotan de una profundidad innegable pero que necesariamente han de conspirar contra cualquier intento de sistematización, como el que Agramonte llevó a cabo con acierto en estos libros.

Agramonte parte siempre en estas obras de la cita directa del pensamiento martiano, documentándola con referencias a las más asequibles ediciones de sus obras completas y al clasificar su contenido con rigor, arroja mucha luz acerca de las materias que estudia e ilumina en algunas ocasiones hechos y anécdotas de la vida del Apóstol que no habían sido aclaradas ampliamente por los estudiosos martianos. Como además el profesor Agramonte tiene una erudición portentosa, va poniendo las ideas de Martí en relación con las de muy notables figuras universales ya sea en el campo de la filosofía cuando estudia la concepción martiana del mundo, ya sea en cuanto a las ideas sociológicas cuando se acerca a su concepción de la sociedad, ya en las áreas de las ciencias políticas, jurídicas o pedagógicas cuando estudia las doctrinas educativas y políticas del Apóstol.

Imposible sería, dado el carácter introductorio y panorámico de este estudio, detenernos en todos y cada uno de estos libros que componen lo que antes he llamado con razón mundo exegético martiano. Detengámonos, para ilustrar concretamente las generalizaciones antes expuestas, en dos libros que por su contenido nos han sido especialmente atractivos. El primero es su voluminoso *Martí y su concepción del mundo* que es sin duda un intento muy riguroso de verdadera sistematización del pensamiento filosófico martiano. Dividido en diez extensos capítulos, Agramonte se enfrenta en el primero al hombre y al escritor para después estudiar las ideas de Martí sobre la filosofía en general que agrupa en otros tres, dedicados a los conceptos metafísicos fundamentales, a los principios cardinales y a los sistemas de filosofía. A continuación analiza la posición de Martí ante la vida, la existencia y la trascendencia, a la que dedica dos capítulos y en los restantes cuatro estudia la filosofía martiana del espíritu que comprende una evaluación por el crítico de esa teoría general desde los aspectos intelectuales, afectivos y volitivos; la fundamentación de su ética y una indagación sobre el desarrollo de la conciencia filosófica vernacular, capítulo del que quiero llamar la atención sobre tres aspectos que me parecen en extremo valiosos y que son: un análisis de Agramonte en que establece determinados paralelismos entre Martí y Varela como filósofo; una evaluación de las ideas de Martí sobre los movimientos filosóficos de más vigencia en Cuba en su época, es decir, el positivismo, el idealismo y el evolucionismo y una opinión final en la que, como consecuencia de toda la amplísima fundamentación que ha venido desarrollando en este libro, plantea la condición de filósofo de Martí a pesar de que éste no hubiera dejado escrito libros orgánicos sobre filosofía. Agramonte añade certeramente que la grandeza política de Martí conspiró en contra de su reconocimiento como filósofo.

Las doctrinas educativas y políticas de *José Martí,* en el que también me quiero detener, está dividido en dos grandes partes que corresponden a los dos campos anunciados en el título del libro. La evaluación de las ideas pedagógicas comienza con una introducción a la teoría de la educación que cubre desde las implicaciones filosóficas que conlleva la problemática de la existencia hasta el aspecto metodológico, continúa evaluando las ideas martianas sobre los tres niveles de la enseñanza, lo que permite a Agramonte sistematizar la doctrina martiana de la cultura. Para Martí, señala el crítico, la cultura está indisolublemente unida a la libertad. Así, decía el apóstol "Ser culto es el único modo de ser libre", pues es la cultura el instrumento idóneo para la realización de los demás valores del espíritu. Esta es para Martí, como añade Agramonte, una categoría del ser y no del saber, es tesoro heredado de una generación a otra y conlleva un mandato de servicio a la colectividad. En fin, Agramonte, con acierto, ve en la doctrina martiana de la cultura una connotación ética, elemento moral que es sin duda una de las bases de todo el pensamiento de aquél. Esta primera parte del libro termina con un estudio comparativo entre la educación clásica y humanista y la científica y técnica, tan en boga al final del siglo XIX.

La segunda parte, más extensa, se dedica, como se ha dicho, a las ideas políticas de Martí. Se inicia, como siempre en Agramonte, con la sistematización y el sentido didáctico que lo caracteriza, partiendo de las ideas generales, en este caso, la noción de pueblo como unidad sociológica y el concepto de nación, para estudiar concretamente el pensamiento político martiano no sólo teóricamente sino con todas sus connotaciones realistas.

Un aspecto, en mi opinión, extraordinariamente sugerente e ilustrativo es la evaluación que hace el exégeta del pensamiento del fundador de la patria cubana sobre su teoría general de la revolución. La de Martí, como señala Agramonte con abundante cita de textos del Apóstol, es una revolución basada en un equilibrio social que iba a permitir una genuina plasmación de la democracia representativa. Para encontrar las razones de esa preocupación de Martí por el adecuado funcionamiento de un Estado de Derecho que aseguraría la verdadera vigencia de la democracia cubana, Agramonte había trazado como veía Martí la revolución hispanoamericana y destacaba con gran precisión como éste evaluaba los dos factores integrantes de dicho proceso, uno la influencia de las ideas, es decir, la repercusión en Hispanoamérica, primero del iluminismo y después del idealismo romántico que traían consigo las revoluciones francesas y norteamericanas —y que Martí con su genial poder de síntesis lo resumía en una frase feliz "la lucha vehemente del espíritu nuevo" — y el otro las realidades materiales de la limitada sociedad colonial que también Martí resumía logradamente como "falta de vías por donde echar naturalmente la actividad ansiosa y el insaciable anhelo de grandeza del hombre hispanoamericano". Martí, destacaba Agramonte, se sentía atraído por los altos ideales que inspiraron la revolución independentista de nuestra América pero repudiaba el caudillaje que consideraba una absoluta negación de esos ideales.

Otro aspecto, también importante, es aquél en que Agramonte agrupa y estudia las reflexiones martianas sobre elementos fundamentales de funcionamiento de la democracia como son la prensa, los partidos políticos, el sufragio, etc. Vuelve el exégeta a demostrar fehacientemente cómo el pensamiento político de Martí, si bien estaba nutrido de un vasto conocimiento de las más modernas y progresivas corrientes ideológicas, estaba al mismo tiempo al tanto de las dolorosas experiencias de las repúblicas hermanas y quería con mucha razón darle sólido fundamento a la futura democracia cubana. Es decir, Agramonte prueba una vez más esa combinación del más puro idealismo con el más sano pragmatismo que caracterizaba al Apóstol y que un gran amigo de Agramonte, Jorge Mañach, calificara con dos palabras claves de la prosa martiana, "ala" y "raíz". Aquí, como en todos sus otros libros sobre Martí, nuestro crítico presenta el propio pensamiento del Apóstol y lo interpreta con inteligencia, erudición, serenidad y objetividad.

Agramonte en su libro "Héroes y hazañas en las guerras de independencia de Cuba" se basa en parte en los "Diarios de campaña" de su padre, el Comandante del Ejército Libertador cubano, Frank J. Agramonte que peleara a las órdenes de los generales Máximo Gómez y Antonio Maceo y fuera ayudante de campo del general Flor Crombet. Por último y dentro de su interés por la cultura cubana, no se puede pasar por alto su valiosísima labor como Editor de la *Revista de la Universidad de la*

Habana y del *Boletín Universitario*, así como su función como Director y Editor de una importante colección de libros publicados por la Universidad de la Habana bajo la denominación general de "Biblioteca de Autores Cubanos" en la que aparecieron más de veinticinco obras prácticamente desconocidas de grandes figuras del pensamiento de Cuba, baste citar entre los autores para darnos cuenta de la importancia de esta aportación a José Agustín Caballero, Félix Varela, José de la Luz y Caballero y Andrés Poey.

En relación a sus estudios sobre literatura hispanoamericana y española, además de su dedicación a la obra del eminente ensayista ecuatoriano, Juan Montalvo, que constituye su concentración mayor en esta área y que le valió el reconocimiento del pueblo ecuatoriano al concedérsele la máxima condecoración de la Orden que lleva el nombre del ilustre escritor, Agramonte escribió un número notable de trabajos y dictó conferencias sobre destacadas figuras de las letras y la historia española e hispanoamericana. Entre el primer grupo se deben mencionar "Jovellanos planificador"[15]; Cervantes[16] a quien lo estudia en relación con Montalvo; "Unamuno en Norteamérica"[17]; "Ortega y Gasset, Sociólogo Superbo. *El hombre y la gente*"[18] y entre los del segundo, "Esencia americana en la sociología de Rubén Darío"[19]; "Cinco grandes americanos: Hostos, Sarmiento, Alberdi, Montalvo y Rodó[20] y "Biografía del dictador García Moreno"[21] que es un estudio psicopatológico histórico.

En cuanto al autor de *Los siete tratados*, Agramonte publicó los libros *El panorama cultural de Montalvo*[22] y fue editor de *Montalvo en su epistolario*[23] en el que incluyó un estudio introductorio e hizo las notas de las 320 cartas del ensayista ecuatoriano o dirigidas a él que recoge en ese volumen. Además Agramonte escribió "Páginas inéditas de Montalvo"[24], en donde incluyó un Diario de Montalvo de 1870, así como los siguientes ensayos: "Páginas desconocidas de Montalvo"[25]; "La filosofía de Montalvo"[26]; "Montalvo como filósofo"[27]: "Montalvo y la literatura francesa"[28] y su ponencia de apertura del XXVII Congreso Anual de nuestra institución "Preámbulo a los siete tratados de Montalvo"[29]. También acaba de publicarse su libro *La filosofía de Montalvo* en tres volúmenes (Ediciones del Banco Central del Ecuador, Quito, 1991), el que me propongo estudiar oportunamente.

En su estudio ya aludido "Montalvo como filósofo" que el propio Agramonte anunció como una síntesis de este último libro y que por entonces era un "manuscrito voluminoso", nuestro crítico se enfrentaba a la opinión de algunas importantes figuras de las letras hispanas que si bien reconocían los valores literarios de Montalvo eran más remisos a aceptar su condición de filósofo, así José Enrique Rodó, que lo calificó de "esgrimidor de ideas" y le imputó que su serenidad nunca estuvo por encima de sus pasiones o Manuel González Prada que calificó su pensamiento de "retrógrado". Agramonte argumentaba con razón que si el juicio de Rodó hubiera sido valido, él, Agramonte, no hubiera podido hacer un libro sobre la filosofía del escritor ecuatoriano partiendo de su obra. Lo que pasaba, decía Agramonte, es que algunas de estas figuras no habían leído la obra completa de Montalvo sino sólo fragmentos de la misma. En cuanto a la afirmación de González Prada, sostenía el exégeta, que la contradecía la propia obra del Maestro ecuatoriano y esto se hace evidente en el estudio de Agramonte sobre Montalvo como sociólogo, que hemos mencionado antes. Además con fina ironía Agramonte recordaba el juicio de Enrique Anderson Imbert que precisamente señalaba que el egregio autor de *Pájinas libres* se había inspirado en Montalvo.

Montalvo hizo filosofía funcional de América y para América pero también hizo filosofía perenne. En sus obras, afirma el crítico, vertió su percepción y reflexión sobre el mundo. En geometría moral, continúa, hizo su autor una original cabalística de la moral. Agramonte trae a colación la opinión de Miguel Antonio Caro que descubrió en Montalvo desde su juventud, grandeza de pensamiento y Rufino José Cuervo que afirmó que en la filosofía montalveana se mezclaban la ilustración de sus semejantes y el triunfo de los derechos del hombre. Agramonte se adentra en el pensamiento de Montalvo y observa que poseía un subido tono espiritualista y establece paralelismos con las ideas de Martí, con el que también ve al ecuatoriano coincidir en el endoso de la doctrina cartesiana de las ideas innatas, teoría que fundamenta la creencia de los derechos naturales del hombre.

En la tercera área en que hemos dividido la ensayística de Roberto Agramonte se deben incluir todos sus estudios en materia sociológica y en general los que dedicó a las ciencias de la conducta humana y a las sociales en su más amplio concepto. Entre sus libros de estas materias tenemos dos tratados, uno de *Sociología General*[30] y otro de *Psicología General*[31], y un tercero titulado *Curso de Filosofía Moral*[32], que cubrían las tres disciplinas de su cátedra en la Universidad de la Habana. También para la enseñanza preuniversitaria publicó *Introducción a la Sociología*[33] y *Compendio de Psicología*[34]. Además, en la Habana, como éstos mencionados anteriormente, vio la luz pública *La Biología y la Democracia*[35], en México, *Sociología de la Universidad*[36] y *Estudios de Sociología Contemporánea*[37] y en Puerto Rico, *Sociología Latinoamericana*[38] y *Teoría Sociológica. Exégesis crítica de los grandes sistemas*[39]. A estas obras se unen un número extraordinario de conferencias y ensayos en Cuba, México, Puerto Rico, Centro y Sudamérica y en congresos internacionales que han sido publicados en muy notables revistas académicas.

En su libro <u>Sociología Latinoamericana</u> de 1963, que debía ser de necesaria consulta en todo curso universitario de Historia de la Cultura de Latinoamérica, Agramonte señala que en la América Latina la teoría sociológica se formuló primero en forma espontánea y tácita que hasta ha llegado a expresarse en la novela sociológica o en el discurso político y posteriormente a través de las obras de carácter académico.

Agramonte analiza como nuestros grandes hombres de pensamiento reflejaron en sus obras esa preocupación por el bienestar social de sus pueblos, por ejemplo, partiendo de los argentinos veía como Esteban Echeverría conciliaba el sentimiento romántico con los principios universales del siglo XVIII; como la tesis de Alberdi "educar es poblar" siempre se ha mantenido como objeto de discusión sociológica por sus implicaciones demográficas; como Domingo Faustino Sarmiento con su disyuntiva de civilización o barbarie, llevado en algunos aspectos por la influencia del evolucionismo, planteó ideas renovadoras sobre educación popular, reorganización económica y amalgamación racial que sentaron las bases de una sociología autóctona argentina. También estudia igual proceso en México con las figuras de Gabino Barrera, tan transido de positivismo; Justo Sierra que aplica al pueblo mexicano la teoría evolucionista spenceriana; hasta llegar a Alfonso Reyes con la extraordinaria influencia que su gran magisterio cultural ejerció en su tierra y de la misma manera, Agramonte se adentra en otras sociologías autóctonas en nuestro continente como son la colombiana y la peruana.

Dentro del análisis de la sociología académica, se detiene en Hostos y su tratado de Sociología, para después dedicarle dos capítulos a las concepciones sociológicas de Martí, en donde están las semillas germinales de esos libros posteriores de Agramonte sobre el escritor cubano y después dedica otro a la vertiente sociológica de Montalvo que también ampliaría en estudios posteriores.

En el siguiente capítulo, Agramonte estudia las obras de matiz sociológico de cinco eminentes intelectuales españoles lanzados a las tierras de América por los turbulentos acontecimientos de España: Fernando de los Rios, José Medina Echavarría, Luis Recaséns y Siches, Francisco Ayala y Américo Castro. En el primer acápite del mismo, Agramonte destaca la alta figura de Fernando de los Rios, su preocupación por la América hispana y como al final de su vida, desde su cátedra neoyorkina en New School for Social Research, abrió los ojos a los sociólogos norteamericanos para comprender la necesidad de beber no solamente en las fuentes inglesas y francesas, sino también en las españolas. El erudito que hay en Agramonte nos asoma a las altas funciones de Giner de los Rios como orientador de Don Fernando y después nos acerca al profundo pensamiento de José Ortega y Gasset al hablar de su influencia en Recaséns y Siches. De especial interés para los muchos que nos contamos con orgullo entre sus alumnos, es el luminoso acápite dedicado a Francisco Ayala, al estudio de su construcción sociológica sistemática y a su labor en las universidades españolas, argentinas, brasileñas y norteamericanas así como sus visitas fecundas a muchos países de Latinoamérica.

El penúltimo capítulo del libro está dedicado a estudiar la obra de dos prestigiosos intelectuales norteamericanos, el primero, T. Lynn Smith, que para el crítico es uno de los sociólogos de este país que en los últimos tiempos ha estudiado más a fondo y con un riguroso método científico la estructura y dinámica de la sociedad latinoamericana y el segundo Warner Fitte porque según Agramonte hay grandes analogías entre sus ideas centrales con el pensamiento español e hispanoamericano. Así recuerda la identificación de Fitte con la filosofia de Miguel de Unamuno y su admiración por José de la Luz y Caballero. En el siguiente y final capítulo, Agramonte estudia seis grandes sociólogos y educadores hispanoamericanos, que se enfrentaron no solamente a los graves problemas sociales de sus respectivos países sino que hablaron con dimensión continental y representan diferentes momentos históricos de la preocupación sociológica en Latinoamérica y al mismo tiempo, el autor vuelve a deslizar algunas juiciosas opiniones sobre el desarrollo de las ideas en el continente. Los intelectuales estudiados son: el cubano Enrique José Varona, los mexicanos Antonio Caso, Lucio Mendieta Núñez y Carlos A. Echánove Trujillo, el panameño Octavio Méndez Pereira y el argentino Juan Mantovani.

La importancia, seriedad y trascendencia de la obra de Roberto Agramonte ha sido reconocida con toda justicia no solamente por lo más valioso de la intelectualidad de su patria sino también por grandes figuras de nuestro continente, España y los Estados Unidos. La relación de opiniones, evaluaciones y artículos positivos sobre su obra sería interminable, baste aludir que entre éstos están los de dos luminarias de las letras hispanas de las dos costas del Atlántico: Germán Arciniegas y Américo Castro. Pese a ello, es lo cierto, que todavía no se ha iniciado con profundidad el estudio cuidadoso, amplio y sereno sobre la totalidad de la labor agramontina que la calidad de la misma merece. Si este mero acercamiento, introductorio y en consecuencia panorámico, a una obra que es producto de una vida de laboriosidad y seriedad profesional y que está iluminada por una excepcional inteligencia y una prodigiosa cultura, pudiera despertar interés en las nuevas generaciones de cubanos, este modesto esfuerzo habría logrado su objetivo.

NOTAS

1. Roberto Agramonte. *Los orígenes de la conciencia cubana José Agustín Caballero*, La Habana, Edic. Ucar, 1952.

2. ____. *El Padre Varela: el que primero nos enseñó a pensar*. La Habana. Edic. Ayuntamiento de la Habana, 1935.

3. ____. *El educador José de la Luz y la filosofía como ciencia de la realidad*, Habana Edic. Universidad de la Habana. 1946.

4. ____. *Prédica educativa de Luz y Caballero*, La Habana, Edic. Universidad de Habana. 1950.

5. ____. *La polémica filosófica en la Habana*, México, *Cuadernos Americanos*, 1950

6. ____. *Varona, el filósofo del escepticismo creador*, La Habana, Edic. Montero, 1ª. edic. 1938, 2ª. edic. 1949.

7. ____. "La obra filosófica" y "La obra político social". Ambos en *Obras de Enrique José Varona*, La Habana, Ministerio de Educación, 1936. El primer trabajo en el Vol. 1,73-188 y el segundo en Vol. 1, 239-270.

8. Me refiero a mi libro *Enrique José Varona. Crítica y creación literaria*, Madrid, Hispanova de Ediciones, 1976. Ver pág. 50 y siguientes.

9. Roberto Agramonte, *Varona, el filósofo...*, 260.

10. ____. *Varona, el filósofo...*, 201.

11. ____. *Martí y su concepción del mundo*, San Juan, Editorial de la Universidad de Puerto Rico, 1971.

12. ____. *Martí y su concepción de la sociedad*, San Juan, Editorial de la Universidad de Puerto Rico, Tomo II, Parte I, 1979 y Tomo II, Parte II, 1982.

13. _____. *José Martí; hombre, familia y pueblo*, 1982.

14. _____. *Las doctrinas educativas y políticas de Martí*, San Juan, Editorial de la Universidad de Puerto Rico, 1991.

15. _____. "Jovellanos planificador", *Revista La Torre*, Universidad de Puerto Rico. 1971

16. _____. *Cervantes y Montalvo*, La Habana, Editorial Universidad de la Habana, 1949.

17. _____. "Unamuno en Norteamérica", *Revista La Torre*, Universidad de Puerto Rico, Número de Homenaje a Unamuno. diciembre de 1961.

18. _____. "Ortega y Gasset. Sociólogo superbo. *El hombre y la gente*". Conferencia del 16 de marzo de 1961 en la Facultad de Ciencias Sociales de la Universidad de Puerto Rico, que formó parte del Curso Público "Grandes sociólogos modernos".

19. _____. "Esencia americana en la sociología de Rubén Dario", *Revista La Torre*, Universidad de Puerto Rico, 1969.

20. _____. "Cinco grandes americanos: Hostos, Sarmiento, Alberdi, Montalvo y Rodó" Conferencia en la Escuela Barbosa, Rio Piedras, 1967.

21. _____. *Biografia del dictador García Moreno*, La Habana. Edit. Cultural, 1935.

22. _____. *El panorama cultural de Montalvo*, Ambato, Ecuador, Casa Montalvo, Biblioteca de Autores Nacionales, 1935.

23. _____. *Montalvo en su epistolario*. San Juan, Editorial de la Universidad de Puerto Rico, 1982.

24. _____. "Paginas inéditas de Montalvo" en *Libro-Homenaje Jubilar al Rector Luis Alberto Sánchez*, Lima, Universidad de San Marcos, 1967.

25. _____. "Páginas desconocidas de Montalvo". *Revista La Torre*, Universidad de Puerto Rico, 1971.

26. _____. "La filosofia de Montalvo", *Revista Interamericana de Bibliografía*, Organización de los Estados Americanos, Washington, D.C., 1972.

27. _____. "Montalvo como filósofo", *Cultura*, Revista del Banco Central del Ecuador, Vol. V, No. 12, enero-abril 1982, 195-233.

28. _____. "Montalvo y la literatura francesa", *Cultura*, Revista del Banco Central del Ecuador, Vol. V, No. 12, enero-abril 1982, 297-333.

29. _____. "Preámbulo a *Los siete tratados de Montalvo*", *Circulo. Revista de Cultura*, VoL 19, 1990, 39-46.

30. _____. *Tratado de Sociología General*, La Habana, Edit. Cultural, 2 volúmenes. 1ª. edic. 1935, 7ª edic. 1959.

31. _____. *Tratado de Psicología General*. Un estudio sistemático de la conducta humana, La Habana, Edit. Cultural. 2 volúmenes, 1ª. edic. 1929, 6ª. edic. 1949.

32. _____. *Curso de Filosofia Moral*. Prólogo de Fernando de los Rios, La Habana, 1928.

33. _____. *Introducción a la Sociología*, La Habana, Edit. Cultural, 1ª. edic. 1944, 4ª edic. 1948.

34. _____. *Compendio de Psicología*, La Habana, Edit. Cultural, 1ª. edic. 1939, 2ª. edic. 1948.

35. ____. *La Biología y la Democracia*, La Habana, 1927.

36. ____. *Sociología de la Universidad*, México. Instituto de Investigaciones Sociales de la Universidad Nacional Autónoma de México, 2ª. edic. 1958.

37. ____. *Estudios de Sociología Contemporánea*, México, Instituto de investigaciones Sociales de la Universidad Nacional Autónoma de México, 1963.

38. ____. *Sociología Latinoamericana*, San Juan, Editorial de la Universidad de Puerto Rico, 1963.

39. ____. *Teoría Sociológica*. Exégesis crítica de los grandes sistemas, San Juan. Editorial de la Universidad de Puerto Rico, 1981.

DIVERSIDAD Y UNIDAD
EN LA ENSAYÍSTICA DE
MERCEDES GARCÍA TUDURÍ

Conferencia presentada en la Sesión de Apertura en homenaje a Mercedes García Tudurí del XVI Congreso Cultural de Verano del CCP, celebrado en la Universidad de Miami. Publicada en Círculo: Revista de Cultura Vol. XXVI, 1997, 50-64

Mercedes García Tudurí es una genuina humanista y esto se hace evidente cuando nos asomamos a su labor ensayística y nos encontramos distintas vertientes como son la filosófica, la sociológica, la político-jurídica, la pedagógica y la literaria. Ese intrínseco deseo de captación de esencias, esa ansia de enfrentarse a los problemas planteados desde muy amplias perspectivas, ese afán de conocimiento que la ha conducido a su vastísima erudición, ha estado presente en su vida desde la más temprana juventud. Recuérdese que después de terminar su bachillerato en Ciencias y Letras, en el Instituto de la Habana, su sed de conocer la llevó a obtener cuatro doctorados en la Universidad de la Habana: los de Filosofía y Letras, Derecho, Educación y Ciencias Sociales, Políticas y Económicas. Sus ensayos, como ya hemos apuntado, demuestran que esas preocupaciones que la inclinaron de joven a estudiar con excelentes resultados académicos estas diversas disciplinas, se han mantenido vigentes en toda su larga y fecunda vida intelectual.

En este estudio, dada la naturaleza panorámica de este enfoque, vamos a detenernos, aunque sea muy brevemente, en esas distintas vertientes en las que se pueden agrupar los ensayos de Mercedes García Tudurí, aunque esta clasificación tiene sólo como propósito facilitar el estudio y exposición de su vasta obra porque en realidad lo que he llamado en otra ocasión su humanismo integral[1], hace que su acercamiento a los diferentes temas se efectúe desde muy diversas perspectivas. Esto lo ha visto Humberto Piñera cuando al analizar ciertos trabajos de esta autora en *Panorama de la filosofía cubana*, afirma que "Intenta un examen de algunas tesis sociológicas con el auxilio de las filosofías de la política y el derecho"[2]. Pero es lo cierto, que este auxiliarse de las otras disciplinas para enfrentarse con una visión más totalizadora, es decir, más humanista, al tema que está estudiando, es en general un método de trabajo frecuentemente usado por ella porque viene de su manera de ser, es producto de esa aludida visión humanística, de ahí que sea necesariamente una constante de su quehacer ensayístico. Es precisamente a esta característica, a esa unidad a que tiende su enfoque en contraste con la amplitud y diversidad temática de sus ensayos, a la que aludo en la aparente antinomia del título de este trabajo.

Mercedes García Tudurí está adscripta según sus propias afirmaciones, a la teología cristiana y a las escuelas filosóficas espiritualistas contemporáneas. Recuérdese que en su ponencia "La esencia del hombre y de lo humano" presentada a las Conversaciones Filosóficas Interamericanas, había sostenido que "A nuestro modo de ver, lo humano no alcanza en el hombre verdadera configuración hasta que logra poseer calidad ética"[3] y después señala "La estructura de esa relación descansa, por un lado en el conocimiento de ciertos valores; y por el otro, en un teológico trascender, donde se articulan propósitos, medios y fines"[4].

Su ensayística está permeada de su defensa de la libertad metafísica pues considera que ésta es la potencia fundamental de la esencia humana que eleva al hombre a ser algo más que materia y que al mismo tiempo lo defiende de la determinación a que estuviera condenado si solamente materia fuera. Este concepto fundamental y su acendrado amor a su patria, que le viene de la sangre mambisa que corre por sus venas y de su devoción por Martí, están proyectados, como veremos más adelante, en su obra sociológica y político-jurídica y en sus ensayos en ardorosa defensa de esa educación cubana republicana, tan injustamente atacada, por inconfesables propósitos políticos, por la dictadura marxista que hoy sufre su patria esclavizada.

Entre sus estudios de mayor orientación filosófica, no pueden dejar de citarse algunos dedicados a prominentes figuras del pensamiento cubano como son sus memorables trabajos sobre Enrique José Varona[5] y Jorge Mañach[6] o los dedicados a sus admirados Varela y Martí[7]; también deben mencionarse aquéllos que evalúan a grandes pensadores, bien españoles como José Ortega y Gasset[8] o hispanoamericanos como Francisco Romero"[9]; o a eminentes figuras de la filosofía universal, como los dedicados a Renato Descartes[10] o Manuel Kant[11]. A ellos se unen otros estudios de historia de la filosofía en general como son "Idea de la Historia de la Filosofía"[12] y "Sobre el progreso de la Filosofía"[13]; aquéllos en los que evalúa la filosofía cubana, como es "En torno a la Filosofía en Cuba"[14] y por último, hay que referirse a los que contienen un enfrentamiento directo de la autora con la problemática filosófica, baste citar el ya aludido "La esencia del hombre y de lo humano" y otros como "El dilema humano: explorando el sentido de la vida"[15], "Esquema de una fe filosófica"[16], y "Objetividad del conocimiento científico"[17].

Vamos a detenernos en dos de sus trabajos en que estudia figuras relevantes de la cultura cubana precisamente bastante alejadas de la posición filosófica que caracteriza a la autora que estamos estudiando, nos referimos a Enrique José Varona y Jorge Mañach. En el primero de éstos, "Vocación íntima de Varona" se evalúa a quien, con su posición positivista, representa la antítesis del espiritualismo, del hambre metafísica y la firme creencia religiosa que se revela en toda la obra de García Tudurí. La inteligencia y la sensibilidad de la exégeta le permite acercarse fecundamente a Varona, entender con una indudable comprensión, en la que se asoman matices taineanos, que el autor de las *Conferencias Filosóficas*, fue guiado por su autoinformación en el camino de las entonces nuevas doctrinas positivistas y evolucionistas tan en boga en el siglo XIX y hasta llega a conceder que "Tal vez exista en esta autolimitación algo sublime y heroico —como tributo que se rinde al equilibrio de la cultura—"[18], pero enseguida descubre el conflicto que se encierra en la intimidad de Varona, esa agonía apenas percibida bajo la tersura formal de su obra y así, aludiendo a ese poema antológico "Alas" del filósofo-poeta, afirma con gran lirismo e innegable acierto crítico: "de ahí que veamos los muñones sangrantes del alma agitarse tras los barrotes a que fue confinada y clamar por alas, en una sed infinita de vuelos"[19].

Mercedes García Tudurí plantea pues, como tesis central de este trabajo, la antítesis que se manifiesta en Varona entre lo natural de su ser y las manifestaciones que toma en razón de su cultura. Toda la vida de Varona es un hermoso ejemplo de dedicación a la patria; de defensa de los más altos valores éticos, de honda preocupación cívica como lo demuestra su crítica severa, primero a las injusticias coloniales y después, a nuestras claudicaciones republicanas y es por todo esto que ella se pregunta: "¿Cómo puede un hombre escéptico alentar una fe tan pura en la libertad?, ¿Cómo puede un determinista profesar una moral tan ideal?, ¿Cómo puede un materialista irreligioso sentir sed infinita de alas para su espíritu?"[20], para responderse, con el genuíno afán de justicia que siempre le caracteriza y al que no enturbia ninguna diferencia ideológica, que no es la certeza de los pronunciamientos lo que hace grande a los hombres, sino la autenticidad de la vida que escogen y termina esta parte del trabajo concluyendo que "Enrique José Varona como hombre de genuína grandeza, máxime cuando la autenticidad de su vida se ofrece a nosotros como un estímulo por su amor y provecho respecto al estudio, como ofrenda, por su dedicación a la libertad y a la Patria; y como ejemplo, por su intachable conducta de hombre y de ciudadano, que lo hacen paradigma de legítima cubanía"[21].

Otro aspecto central de este ensayo, que resulta muy interesante y que pudiera considerarse un valioso aporte al estudio de una gran figura que, como la de Varona, ha recibido tan extraordinaria atención crítica, es su tesis de que fue la literatura la vía de escape de la espiritualidad de Varona. La exégeta la fundamenta razonando que la filosofía positivista con su posición antimetafísica le había conducido a una ceguera frente a los valores religiosos pero no frente a los estéticos. De ahí que Varona resultara un gran artista. Coincídase o no con la Dra. García Tudurí acerca del específico origen de la vocación literaria de Varona, es innegable que la crítica acierta al señalar que esta preocupación por la literatura es la más permanente de toda la labor intelectual de Varona, pues lo acompañó desde su adolescencia hasta su vejez y esto se hace evidente cuando se estudia la totalidad de la obra varoniana.

El trabajo comprende además un enfrentamiento panorámico a la obra literaria, filosófica y patriótica de Varona en donde la autora demuestra la erudición, poder de síntesis, capacidad de captación de esencias y agudeza de enfoque que caracterizan los ensayos de la Dra. García Tudurí.

La conferencia "Mañach y la Filosofía", pronunciada el 15 de octubre de 1976, en el entonces Biscayne College, hoy Saint Thomas University, es otro estudio, también iluminador, no sólo del tema tratado sino de la actitud vital de la exégeta. Tiene toda la frescura de las inolvidables clases de esta maestra ejemplar, que es todo un evangelio vivo.

El trabajo se puede dividir estructuralmente en dos partes

fundamentales y un breve preámbulo. En éste la conferenciante expresa que Jorge Mañach no había recibido en esa fecha la atención que merecía su figura pues aludía a que solamente se había publicado hasta entonces la obra de Andrés Valdespino[22] y llamaba a la intelectualidad cubana a llenar ese vacío. Llamado que ha tenido respuesta en libros posteriores de Jorge Luis Martí, Amalia V. de la Torre, Nicolás Emilio Alvarez y Rosario Rexach, por ejemplo[23].

La primera parte del trabajo, más breve que la segunda, constituye un sumario biográfico de Mañach en donde se fijan influencias fundamentales en la formación del destacado escritor, la estancia en Harvard con su carga pragmática y escéptica, los años de estudio en la Sorbona con la presencia del racionalismo francés que tanto le atraía, el regreso a la provincia, Cuba, y el redescubrimiento generacional de Martí que lo arrastra a los acaheceres de la patria. Esta revisión le permite pasar a la que considero la parte central del estudio, es decir, el análisis de los dos aspectos culturales de Mañach, lo literario y lo filosófico.

En primer lugar, García Tudurí, aunque comparte la opinión generalizada que destacaba la importancia de Mañach como ensayista, creía que no se le había reconocido la jerarquía que merecía en el campo filosófico, lo que atribuía a que realmente se habían desconocido o no se habían estudiado con el debido cuidado los que ella consideraba las dos obras básicas de Mañach en esa materia: el libro *Para una filosofía de la vida* y su ensayo "Imagen de Ortega y Gasset". Además hacía una distinción, entre el pensador y el filósofo, pues aunque reconocía que ambos se dirigen a la realidad en busca de la verdad, sostenía que el filósofo la trasciende mientras que el pensador se queda en los hechos de esa realidad y no camina más allá. Así afirma la conferenciante que aunque Mañach le confesó un día que no tenía vocación para la filosofía especulativa, ella nunca lo creyó pues siempre ha opinado: "que Mañach se limitó en la práctica a ser un gran pensador y no un filósofo, mas no porque le faltaran condiciones, síno porque no tuvo tiempo —como no lo tuvo Martí por ejemplo— ni oportunidad, ni serenidad para ir más allá de los hechos de la realidad que lo reclamaba"[24]

García Tudurí ve *Para una filosofía de la vida* como la expresión de una primera etapa de su evolución filosófica y califica como idea central de la obra el monismo materialista, irreligioso y escéptico de su autor, que plantea el origen material de todo lo existente aunque con su teoría, que él llamaba "condicionamiento" establecía el carácter de la relación entre el espíritu proveniente de la materia y ésta. A pedido del propio Mañach, la Dra. García Tudurí escribió una reseña del libro en el *Diario de la Marina* en la que fundamentalmente le decía que se contradecía porque si la materia era capaz de tener una fuerza que se transformaba en espíritu, no era materia; había mucho más que materia en aquello. Y si esa fuerza que la transformaba en espíritu venía del interior, no era la materia el único ser en sí. Mañach, con su grandeza espiritual, le agradeció la recensión y le dijo que todo lo que se había escrito sobre su libro hasta ese momento había sido para alabar su prosa y su estilo pero que ella era la única que había hablado sobre el fondo de su pensamiento, que era lo que a él precisamente le interesaba oir.

Para García Tudurí, lo mejor que escribió Mañach en filosofía fue "Imagen de Ortega y Gasset" en donde ella ve, en la crítica que hace Mañach del pensamiento orteguiano, una autocrítica a lo que el propio Mañach había sostenido en su *Para una filosofía de la vida*. Señala que Mañach afirmaba que Ortega había dispersado su obra filosófica a través de muchos temas, sin constituir una obra sólida y concreta; que Ortega no tenía más que un objetivo antropológico al defender la vida y que le faltaba sentido de salvación a su filosofía. Y agregaba que Mañach creía ver cierto relativismo ético en la obra orteguiana que él no aceptaba. García Tudurí concluye que este trabajo demuestra una segunda etapa en el pensamiento de Mañach en la que estaba dejando atrás su monismo materialista y su escepticismo. Evolución que cree ver confirmada en la famosa entrevista de *Cuadernos Hispanoamericanos,* que José María Subirón hizo a Mañach y en donde éste admitió que en una estancia en Lourdes, sintió la necesidad de confesarse y que desde entonces había un rayo de luz que le subía del corazón a la mente y añadía que todavía no podía precisar, pero que se sentía cambiado.

En la conclusión de la conferencia, la crítica afirma con justicia que "Mañach es una de las más grandes figuras que ha dado Cuba republicana, y una de las más grandes de América, porque como ensayista son pocos los que pueden superarlo, si es que lo superan; como hombre que usa una prosa bellísima, hay pocos que puedan vanagloriarse de igualarlo"[25]. Y agrega que "A mi modo de ver después de Enrique José Varona, es la prosa más bella que se ha escrito en Cuba."[26].

En la vertiente sociológica de la ensayística de Mercedes García Tudurí encontramos por ejemplo, ésa su preocupación básica sobre la familia, institución fundamental del organismo social, cuna de los valores éticos que para ella son tan esenciales en la conformación de lo humano, así podemos citar "La familia cubana: su modo de vida"[27] y "La crisis en la familia"[28]; también la indagación de cómo los elementos ambientales configuran la manera de ser de los pueblos como su ensayo "Influencia del medio en el carácter del cubano"[29] o el intento de evaluar comparativamente distintos conglomerados sociales como en su sugerente "Paralelo entre norteamericanos e hispanoamericanos"[30], en el que por tener tanta relevancia para los fines del Círculo de Cultura Panamericano y al mismo tiempo ser otra prueba de esa interrelación de perspectivas que está siempre presente en su ensayística, voy a detenerme aunque sea muy brevemente.

García Tudurí parte, para efectuar la comparación, del concepto de "mentalidad" que distingue del de raza y cultura. Aludiendo a que se considera raza al conjunto de rasgos biológicos y a la cultura, como proveniente de la parte espiritual del hombre. Reconoce que la mentalidad está estrechamente ligada a la cultura, pues que se constituye por la configuración que ésta adquiere, y que conduce, en última instancia a una determinada actitud ante la vida que hace con frecuencia más difícil el entendimiento entre individuos y pueblos que las propias diferencias de lenguas. Con su erudición característica revisa la opinión de sociólogos y filósofos sobre este problema para concluir que desde los tiempos de Grecia aparece planteado el problema metafísico acerca del último principio que rige la realidad natural. Así señala que la tesis de Heráclito de Efeso que postula el cambio como el principio fundamental, es la que caracteriza en cierta medida la mentalidad norteamericana, mientras que los pueblos hispanoamericanos, herederos de la cultura española, se inclinan al principio de Parménides de Elea que, como se sabe, proclamó la permanencia como el principio último de la realidad.

La autora analiza objetivamente los aspectos positivos y negativos de ambas mentalidades. Reconoce que la filosofía de cambio hace desarrollar las ciencias analíticas, lo que conlleva una especialización que ha alcanzado altos niveles que se hacen patentes en el número extraordinario de científicos norteamericanos que han alcanzado el Premio Nobel, pero al propio tiempo subraya que ese exceso de técnica y especialización puede conllevar el peligro de dañar al hombre en sus capacidades cognoscitivas si no se tiene en cuenta la necesidad de un sistema ético capaz de controlar el poder temible de la técnica, a la par que el cultivo excesivo del análisis puede llevar a la pérdida de la visión de la totalidad de las cosas. Por el contrario, la mentalidad hispanoamericana se inclina al estudio de las humanidades, de las disciplinas sintéticas y de la poesía, pero la autora advierte que la acentuación de esa capacidad cognoscitiva puede llevar al intelectualismo extremado, con un abandono innecesario de lo experimental, causa a menudo del retraso industrial y técnico de los hispanoamericanos.

Esto tiene también una repercusión en el plano axiológico en donde los hispanomericanos dan preferencia a los valores religiosos, éticos y estéticos mientras que la preferencia de los norteamericanos se centra en los valores vitales y pragmáticos.

El trabajo termina haciendo énfasis en lo que nos une y no en lo que nos separa. Con ecos de José Martí y Enrique José Varona, afirma: "El conocimiento mutuo de los países de América y la valoración justamente crítica de sus respectivas culturas, es un paso necesario para el mutuo aprecio. Es necesario que nos empeñemos en esta verdadera obra panamericanista; no podemos evadir el compromiso con nuestros pueblos y con nuestros tiempos: es América, la que aguarda por la buena voluntad de sus hijos. Es América, la patria grande que soñaron Bolívar y Martí"[31]

También están muy relacionados con esa vertiente sociológica los ensayos de temática político-jurídica de García Tudurí que están saturados de su permanente preocupación por la libertad humana. Entre los escritos en Cuba y solamente a modo de ejemplos, baste citar: "Los derechos individuales"[32] "Panamericanismo y democracia"[33] "La libertad en la historia de las ideas americanas"[34], "El factor humano como fundamento y objeto de la democracia"[35] y "Medios y fines de la democracia"[36] y en los del exilio, trabajos como "Diez de diciembre: Aniversario de los derechos humanos"[37], "La esencia humana y los derechos humanos"[38], "La autodemolición de la sociedad occidental"[39], "Uso y abuso de la libertad"[40] y "La libertad y la deshumanización del hombre"[41].

En este último trabajo señala que la persona es a su vez la unidad de actos espirituales constituídos por el intelecto, la voluntad y la sensibilidad y añade que en la voluntad radica la capacidad para proponerle fines al trascender de su conducta y escoger los medios para realizarlos. Y precisando ese concepto central de sus ensayos en el que nos hemos detenido, subraya que a esa capacidad se la llama libertad metafísica, siendo el intelecto y la sensibilidad los que auxilian a la voluntad para ejecutar el finalismo y la opción. García Tudurí ve en la Declaración de Independencia de los Estados Unidos el reconocimiento de la libertad humana como un derecho universal y agrega que el sistema democrático de gobierno fue creado precisamente para proteger y garantizar a través del Estado de Derecho esa libertad individual. Muy acertadamente ve en el Marxismo totalitario la absoluta negación de la libertad metafísica, es decir, comprende que ese sistema desconoce la condición de persona e individuo que posee el hombre y que lo considera únicamente como un ser social. Es de subrayar que los ensayos que ella ha escrito durante su ejemplar exilio siempre conllevan un llamado al restablecimiento de un Estado de Derecho en su agónica y querida patria, que engendraría el disfrute de esa libertad metafísica, tan consustancial a la espiritualidad humana.

Otra vertiente de sus ensayos es la que se refiere a su evaluación histórica de la educación cubana. Los mismos se caracterizan por su objetividad científica y su rigor metódico y están avalados por una amplia base estadística tomada de los informes de los organismos internacionales competentes. La historiadora efectúa en ellos una revisión de los logros de la educación cubana en el período republicano y hace énfasis en el idealismo y la adecuada preparación pedagógica del magisterio de la isla. Al mismo tiempo analiza los informes realizados por el actual gobierno totalitario de Cuba sobre la educación socialista, destacando que están basados en una información estadística confeccionada por el propio gobierno que no ha podido ser verificada por los organismos internacionales competentes a los que se les ha impedido el acceso para efectuar tales verificaciones. También expone la Dra. García Tudurí, que el régimen educacional implantado por el marxismo ha sustituido el propósito de elevación espiritual y cultural del ser humano por una finalidad fundamental de adoctrinamiento político. Así explica que el llamado sistema becario del gobierno cubano tiene como uno de sus fines esenciales el romper la unidad familiar y en consecuencia alejar al educando de las influencias espirituales de sus familiares que pudieran conspirar contra su proceso de adoctrinamiento en la ideología marxista.

La doctora García Tudurí evalúa no sólo la educación pública cubana durante la república sino también el gran crecimiento de la privada y lamenta su desaparición al haber sido víctima del afán del Estado de obtener el absoluto control político que lo ha caracterizado. Son muchos los trabajos que ella ha dedicado a este tema, entre ellos "La educación en Cuba"[42] de 1952, publicado en la Habana, en *Historia de la nación cubana*; "Resumen de la historia de la educación en Cuba"[43], que se incluyó en la revista neoyorkina *Exilio* de 1970 y "La educación en el período colonial y en el período republicano"[44] que apareció en 1974 en el volumen VI de *La Enciclopedia de Cuba*.

El último aspecto de su ensayística al que nos asomaremos es el literario, pero éste, como todos los demás, está íntimamente relacionado con los anteriores pues su afán de captación de esencias la lleva a centrar su mayor preocupación en la temática y en el sustrato ideológico de la obra que estudia. Lógicamente hay un énfasis en el estudio de los que cultivan los géneros más afines a la exégeta, que son la poesía y el ensayo y dentro de éstos existe una mayor concentración en figuras literarias cubanas. Baste citar: "Personalidad y nacionalidad de Heredia"[45]; "José de la Luz y Caballero y la Filosofía de la Educación"[46] "Itinerario poético de Eugenio Florit"[47] y "Remos y la Filosofía"[48]. Más allá de las fronteras nacionales, son de citar sus estudios sobre Teresa de Avila[49] o el publicado en *Círculo* dedicado a evaluar las ideas sobre la hispanidad de Ramiro de Maetzu y Manuel García Morente[50].

Han sido sin embargo José Martí y Félix Varela, las figuras que han atraído más su atención. Sobre lo que ha escrito acerca del ilustre presbítero no podemos dejar de detenernos brevemente, en su estudio sobre *Las cartas a Elpidio*; en su "Félix Varela: El soldado de Cristo" y en "Vigencia del pensamiento del Padre Félix Varela" que vio la luz en *Círculo*. En el primero, ella parte de un paralelo entre Santo Tomás de Aquino, que en el siglo XIII sentó los principios que permitieron establecer los límites entre razón y fe, y Félix Varela que, para los hijos de este continente, armonizó en los comienzos del XIX los conceptos de religión y libertad de conciencia al plantearse, dentro del nuevo orden democrático, la aparente oposición de ambos términos.

Las cartas a Elpidio es visto por la ensayista como resultado de ideas muy centrales en el pensamiento vareliano, hondamente compartidas por ella, en cuanto a que el eje de la esencia humana, tanto en lo individual como en lo colectivo, son los valores éticos, por lo que las crisis históricas tienen siempre sus raíces en las quiebras morales. De ahí, la necesidad de escribir un Tratado de Etica que sirviera de guía a su pueblo en la Cuba independiente que añoraba, en el que trataría de salvar el conflicto creado por la filosofía enciclopedista entre libertad y religión, a través de un pensamiento filosófico guiado, como con acierto señala la crítica, por tres metas muy interrelacionadas: la enseñanza, la moral y la política.

Con precisión señala García Tudurí, que Varela, sacerdote católico de absoluta ortodoxia pero hombre de ideas liberales perfectamente definidas que considera la moral, como se ha dicho, como piedra angular de la vida humana y busca la raíz más honda que la sustenta en el límite en que lo metafísico se continúa en lo religioso y en ese límite de la intimidad humana descubre los monstruos que la acechan: la impiedad, la superstición y el fanatismo. Este ensayo es sin duda una muy lúcida interpretación del pensamiento ético de Varela que muestra al mismo tiempo esa definida identificación de perspectivas y de ideas entre la exégeta y el autor estudiado, que hemos señalado.

Muy relacionado con ese trabajo es su "Vigencia del pensamiento del Padre Félix Varela" en donde la crítica señala que Varela esclareció los conceptos de religión y libertad que algunos pensadores de la época pretendían presentar como opuestos dentro del nuevo orden democrático y elogiaba la opinión de Juan J. Remos que hablando del presbítero había dicho que Varela, siendo sacerdote, reconoció la verdad y siendo filósofo, reverenció a la Divinidad. García Tudurí sostenía en este trabajo que Varela puso al día la filosofía cubana y al superar la aparente oposición entre fe y libertad, demostró que el orden democrático era el único compatible con la dignidad humana. También vio a Varela, coincidiendo en esto con Monseñor Raúl del Valle, como un antecedente de las ideas recogidas en el Concilio Vaticano II sobre la libertad religiosa, el ecumenismo y la búsqueda del diálogo entre los hombres. Otro aspecto de la vigencia del pensamiento vareliano, que destaca la exégeta está en su labor de formación de la conciencia nacional cubana no sólo en sus prédicas, en sus actuaciones cívicas y en sus escritos sino también al forjar alumnos que continuaran esta labor patriótica y en su labor, ya en el exilio, en El Habanero, haciendo referencia en este sentido al iluminador prólogo de Monseñor Agustín Román a la edición que de esa publicación hizo en 1974 la Revista Ideal de esta ciudad de Miami. La ensayista termina el trabajo explicando de qué manera los principios de filosofía moral que Varela plasma en sus Cartas a Elpidio complementan su pensamiento político.

Con igual devoción está escrito su artículo "Félix Varela: el soldado de Cristo" que es una verdadera biografía espiritual del eminente pensador cubano en donde se pone de manifiesto su entrega a la patria, a la religión y a la cultura. Con la capacidad de Mercedes García Tudurí para la captación de esencias a la que ya nos hemos referido, la escritora fija las constantes en la vida y la obra de Varela: su preocupación por la espiritualidad humana; su defensa de la plena dignidad del hombre y su acendrado amor a la pàtria, que ella considera como factores fecundantes del ideario cubano que tendrá en Martí, una síntesis admirable y enriquecida, señalando el hecho muy significativo de que Varela muere en 1853, precisamente el mismo año en que nació Martí.

En relación a los estudios de Mercedes García Tudurí sobre el apóstol de la libertad de Cuba, destaqué el año pasado y desde esta misma tribuna en el Congreso del Círculo, la alusión frecuente en su obra a la poderosa corriente ética que fluye en el pensamiento cubano del siglo XIX, que se inició con José Agustín Caballero y Félix Varela, continuó con José de la Luz y Caballero y Enrique José Varona y tuvo su cumbre en el mártir de Dos Ríos.

En "José Martí y la moral cristiana", afirmaba que cada vez que repasaba la vida y obra de Martí se admiraba más de la forma que éste encarnó en ellas la moral cristiana y agregaba: "Sólo cuando meditamos en esa dimensión esencial de su existencia podemos apreciar la talla espiritual del hombre evangélico que es para la Patria la estrella que alumbra el camino"[51]. A continuación ponía el ejemplo del rechazo que hizo Martí del dinero mal habido pese a la miseria de fondos que tenía la revolución cubana, para destacar como Martí se situaba en los puros principios que regulan la relación entre el fin y los medios que establece la moral cristiana. También recordaba que lleno de amor y caridad perdonó a los hombres que habían planeado atentar contra su vida e impidió que fueran entregados a la justicia y concluía el trabajo afirmando que en "La Rosa Blanca", sus tan famosas estrofas de los *Versos sencillos* se había elevado Martí a la cumbre del Sermón de la Montaña

De la misma manera que su admirado Martí, esta mujer ejemplar, este evangelio vivo, es una genuína representante de la más alta y delicada espiritualidad humana y como el apóstol de la libertad cubana, también ha hecho germinar afecto y devoción a sus discípulos, ya éstos hayan sido del Instituto de la Habana; de la Universidad Católica de Santo Tomás de Villanueva de Cuba; de las Escuelas Católicas de Miami, en donde, acabada de llegar al exilio y siendo directora y profesora, ayudó a la formación espiritual de cientos de niños cubanos; de Marygrove College en Michigan o de Biscayne College en Miami; hoy Saint Thomas University, de la que es Profesora Emérita.

Hace años me acerqué a su vida fecunda y creadora que ha

sido sin duda un ejemplo de amor y genuina humildad cristiana, a su magisterio generoso, a sus innumerables logros académicos, a los honores que había recibido de organismos culturales cubanos e internacionales, a su altamente reconocida obra; aunque hice especial énfasis en su poesía, tan intimista y en la que está felizmente integrada esa apetencia de trascendencia que le es consustancial y de la que acaba de hablar insuperablemente el Dr. Rogelio de la Torre. Hoy al acercarme a sus trabajos de prosa que le han ganado un lugar muy destacado en la ensayística cubana del siglo XX, quiero terminar subrayando su gesta en defensa de la libertad del espíritu, su devoción a la patria y su inquebrantable optimismo en el futuro martiano de ésta, que han sido fuente de inspiración para cientos de alumnos y lectores, que en esta noche y en este alto recinto universitario, en presencia física o espiritual, le brindan merecida expresión de profundo agradecimiento.

NOTAS

1. Ver mi trabajo "Mercedes García Tudurí: pensamiento y sensibilidad", *Círculo: Revista de Cultura*; Vol. XI, Año 1982, 105. Recogido en mi libro *Conciencia y Quimera*, New York, Senda Nueva de Ediciones, 1985, 117-127.

2. Humberto Piñera Llera *Panorama de la filosofía cubana* Washington, D.C., Unión Panamericana; 1960, 105.

3. Mercedes García Tudurí, "La esencia del hombre y de lo humano" en Mercedes y Rosaura García Tudurí, *Estudios Filosóficos*, New York, Senda Nueva de Ediciones; 1983, 25.

4. ____. "La esencia. . . " ; 25

5. ____, "Vocación íntima de Varona" en *Estudios Filosóficos*, 11-14.

6.____, "Mañach y la Filosofía". Conferencia en el ciclo sobre Jorge Mañach auspiciado por el Biscayne College de Miami, el 15 de octubre de 1976. Manuscrito inédito en poder del autor de esta ponencia.

7. ____. "El más original tratado de moral: *Cartas a Elpidio* del padre Félix Varela", en *Homenaje a Félix Varela*, Sociedad Cubana de Filosofía (Exilio), Miami, Ediciones Universal, 1979, 19-29; "Félix Varela: El soldado de Cristo", *Anuario de la Hermandad de Nuestra Señora de la Caridad del Cobre*, Puerto Rico, agosto de 1983 y "Vigencia del pensamiento del Padre Félix Varela", *Círculo: Revista de Cultura*, Vol. XVIII, 1989, 27-33. La figura de José Martí es una referencia constante en su ensayística político-jurídica y en los trabajos dedicados a la cultura cubana. En este estudio nos concentraremos especialmente en "José Martí y la moral cristiana", *Cuba Diáspora. Anuario de la Iglesia Católica*. Miami. Florida, 1981, 63-64.

8. _____."Valor de la circunstancia en la filosofía de Ortega y Gasset", en *Estudios Filosóficos*, 40-47.

9. _____. "Francisco Romero y la idea de trascendencia", en *Estudios Filosóficos*, 17-19.

10. _____. "El cartesianismo y la crisis" en *Estudios Filosóficos*, 15-16.

11. _____. "Crítica al sistema filosófico de Kant", *Revista de la Facultad de Ciencias y Letras de la Universidad de la Habana*. Vol. XXXIII, Nos. 1 y 2.

12. _____. "Idea de la Historia de la Filosofía", en *Estudios Filosóficos*, 28-33.

13. _____. "Sobre el progreso de la Filosofía" en *Estudios Filosóficos*, 20-24.

14. _____. "En torno a la filosofía en Cuba", *Cuba Diáspora*, Anuario de la Iglesia Católica, Miami, Fl., 1975.

15. _____, "El dilema humano: explorando el sentido de la vida". Conferencia del 12 de abril de 1985 en Miami-Dade Community College, M.W. New World Center.

16. _____. "Esquema de una fe filosófica", en *Estudios Filosóficos*, 48-63.

17. _____. "Objetividad del conocimiento científico", en *Estudios Filosóficos*, 34-39.

18. _____. "Vocación íntima de Varona", 11.

19. _____. "Vocación ...", 11.

20. _____. "Vocación ...", 12.

21. _____. "Vocación ...", 12.

22. Andrés Valdespino, *Jorge Mañach y su generación en las letras cubanas*. Miami, Ediciones Universal, 1971.

23. Jorge Luis Martí, *El periodismo literario de Jorge Mañach*, Universidad de Puerto Rico, Editorial Universitaria, 1977; Amalia V. de la Torre, *Jorge Mañach, Maestro del ensayo*, Miami, Ediciones Universal, 1978; Nicolás Emilio Alvarez, *La obra literaria de Jorge Mañach*, Madrid, Ediciones J. Porrúa, 1979 y Rosario Rexach, *Dos figuras cubanas y una sola actitud*, Félix Varela (1788-1853) y Jorge Mañach (1898-1961) Miami, Ediciones Universal, 1991.

24. Mercedes García Tudurí, "Mañach y la Filosofía", pag. 6 del manuscrito en poder del autor de esta ponencia.

25. _____. "Mañach y ...", 10.

26. _____. "Mañach y ...", 10.

27. _____. "La familia cubana: su modo de vida", *Revista Bimestre Cubana*, La Habana, 1938.

28. _____. "La crisis en la familia", *Revista Bohemia*, La Habana Año 40, No. 26, septiembre de 1948.

29. _____. "Influencia del medio en el carácter del cubano", *Revista Bimestre Cubana*, Vol. XL, 1937.

30. _____. "Paralelo entre norteamericanos e hispanoamericanos", *El Habanero*, Año IX, No. LXXXIII, marzo-abril de 1978.

31. _____. "Paralelo...".

32. _____. "Los derechos individuales", *Revista Económica y Financiera*, La Habana, Vol. XV., No. 169, febrero de 1940.

33. ____. "Panamericanismo y democracia", *Anuario de la Sociedad Cubana de Derecho Internacional*, La Habana, 1942.

34. ____. "La libertad en la Historia de las Ideas Americanas". Este trabajo de más definida orientación filosófica está íntimamente relacionado con los ensayos en defensa de la libertad y los derechos humanos. Fue presentado como ponencia al III Congreso de Filosofía (Congreso Interamericano de Filosofía, México, 1950) y recogido en *Ediciones de la Sociedad Cubana de Filosofía*, 1950.

35. ____. "El factor humano como fundamento y objeto de la democracia", *Publicaciones de la Comisión Cubana de la Unesco*, La Habana, 1953.

36. ____. "Medios y fines de la democracia", *Publicaciones de la Comisión Cubana de la Unesco*, La Habana, 1953.

37. ____. "Diez de diciembre: aniversario de los derechos humanos", *La Voz*, Miami, Fl., Año 1, No. 2, diciembre 9 de 1981.

38. ____. "La esencia humana y los derechos humanos". Ponencia presentada al Tenth Interamerican Congress of Philosophy, Tallahassee, Fl., Octubre 18-23 de 1981.

39. ____. "La autodemolición de la sociedad occidental". Conferencia pronunciada en la Interamerican Lawyers Convention Inc., Dupont Plaza Hotel, Miami, Fl., Octubre 10 de 1982, (inédita).

40. ____. "Uso y abuso de la libertad", Conferencia pronunciada el 28 de septiembre de 1983 en el Instituto Cubano-Americano de Estudios Históricos y la Secretaria de Capacitación Democrática de la Junta Patriótica Cubana. (Inédita).

41. ____. "La libertad y la deshumanización del hombre", *Diario Las Americas*, 10 de febrero de 1981, 5.

42. ____. "La educación en Cuba en los primeros cincuenta años de independencia", *Historia de la Nación Cubana*, Tomo X.

43. ____. "Resumen de la Historia de la Educación Cubana, su evaluación, problemas y soluciones del futuro", *Revista Exilio*. Temática cubana, New York, 1970.

44. ____. "La educación en el período colonial" y "La educación en el período republicano", *La Enciclopedia de Cuba*, Miami, Editorial Martiana Inc., 1978, Tomo VI.

45. ____. "Personalidad y Nacionalidad de Heredia, *Revista Bimestre Cubana*, La Habana, mayo-junio de 1939.

46. ____. "José de la Luz y Caballero y la Filosofía de la Educación". Conferencia pronunciada en el Acto de entrega de los premios José de la Luz y Caballero el 18 de julio de 1981, organizado por Cruzada Educativa Cubana, (inédita).

47. ____. "Itinerario poético de Eugenio Florit". Conferencia pronunciada en el Koubek Memorial Center de la Universidad de Miami, en acto organizado por el Capítulo de Miami del Círculo de Cultura Panamericano, el día 19 de febrero de 1983, (inédita).

48. ____. "Remos y la Filosofía", *Diario Las Americas*, noviembre de 1984. Artículo publicado al cumplirse el 15º aniversario de la muerte de Juan J. Remos.

49. ____. "Ecumenismo y paradoja en Santa Teresa de Jesús", *La Voz*, Miami, Fl.

170

Primera parte en 21 de octubre de 1982 y segunda parte en 28 de octubre de 1982.

50. _____. "La hispanidad", *Círculo: Revista de Cultura*, Vol. 6, Año 1977, 55-63.

51. _____. "José Martí y la moral cristiana", 64.

EUGENIO FLORIT,
CRÍTICO LITERARIO

Conferencia leída en la Sesión de Homenaje a Eugenio Florit del XIII Congreso del Mediterráneo celebrado en Murcia, España, auspiciado por la Consejería de Cultura y Educación de dicha ciudad y el Dowling College de New York. Publicada en Círculo: Revista de Cultura *Vol. XXI, 1992, 115-123*

La obra poética de Eugenio Florit ha recibido, muy merecidamente desde luego, tan amplio reconocimiento que ha opacado la importancia de sus aportes al ensayo y la critica, pese a que Florit ha dedicado una parte sustancial de sus trabajos a la labor exegética, ya que desde joven se sintió atraído por ella.

En efecto, de los volúmenes de las obras completas de Florit, edición a cargo de los profesores Luis González del Valle y Roberto Esquenazi Mayo[1] el tercero dedica 338 de un total de 372 páginas a su obra en prosa; el cuarto contiene únicamente la prosa critica que Florit publicó entre 1941 y 1964 en la *Revista hispánica moderna* y el quinto tiene 300 páginas dedicadas a la crítica literaria. Es verdad que en el volumen tercero se incluyen ciertas incursiones que Florit ha hecho en otros géneros literarios, como el teatro y el cuento, pero éstas han sido muy breves y representan una muy pequeña parte de su obra en prosa. Merece citarse en lo que se refiere a sus contribuciones como dramaturgo, sus tres autos religiosos: "Auto de la Anunciación", "Auto de la Estrella" y "Auto de los Reyes Magos", que había publicado en *Papeles de San Arma*dans en Palma de Mallorca en 1960, así como sus piezas teatrales "Una mujer sola" y "Orfeo condenado", a los que se unen en el propio volumen unos pocos cuentos muy breves.

La obra de ensayo y crítica de Florit fue publicada en libros y revistas literarias. De estas últimas, hay que indicar: de Cuba,

172

Social, Revista de Avance, Lyceum, Revista cubana, Orígenes, etc.; de España, *La Gaceta literaria*; de Costa Rica, *Repertorio americano,* y de los Estados Unidos, especialmente la *Revista hispánica moderna* de la que fue director.

De sus libros de investigación hay que mencionar entre los publicados en los Estados Unidos: *Antología de la poesía norteamericana contemporánea,* (Washington, D.C., Unión Panamericana, 1955) en la que tuvo a su cargo la selección y traducción de los poemas, escribiendo además un ensayo preliminar; *The Selected Writings of Juan Ramón Jiménez,* (New York, Ferrar, Strauss and Gudany, 1957), editada con un valioso estudio introductorio; *Literatura Hispanoamericana, Antología e Introduccion histórica,* (New York, Holt, Rinehart and Winston, 1960), que ha tenido varias ediciones y en la que tuvo la colaboración del profesor Enrique Anderson Imbert, antología que fue por muchos años libro de texto y sigue siendo de consulta en numerosas universidades de los Estados Unidos; *José Martí Versos.* (New York, Las Américas Publishing Co., 1962), el que editó y en el cual no sólo tuvo a su cargo la selección de los poemas sino que aportó las notas y un brillante estudio preliminar; *Cien de las mejores poesías españolas* (New York, Las Américas Publishing Co., 1965), en la que seleccionó los poemas y escribió las notas; *Lorca. Obras escogidas,* (New York, Laurel Language Library, 1965), al que también introdujo con un trabajo muy iluminador y unas notas valiosisimas; *La poesía hispanoamericana desde el modernismo* (New York, Applenton Century, Crifts, 1968), antologia realizada en colaboración con el profesor José Olivio Jiménez, que tiene un fundamental estudio preliminar y notas muy útiles, obra que emuló el éxito de la que habia editado con Anderson Imbert y *Poesía en José Martí, Juan Ramón Jiménez, Alfonso Reyes, Federico García Lorca y Pablo Neruda* (Miami, Ediciones Universal, 1978), en que recoge varios ensayos, la mayoría de ellos, reproducciones de estudios que fueron introducciones a algunos de sus libros, o que habían aparecido en revistas literarias y en el caso del trabajo dedicado a Pablo Neruda, uno inédito, escrito en 1960 para aparecer en una traducción al inglés de la poesía de Neruda, que vio la luz sin él.

De los libros publicados en España, hay que recordar los siguientes: *Antología poética de Juan Ramón Jiménez,* (Madrid, 1971) en el que tuvo a su cargo la selección de poemas e incluyó como nota preliminar el ensayo original en español sobre ese autor que había aparecido en inglés, en 1956, en el libro a que ya hemos aludido, y por último *Poesía casi siempre* (Madrid-New

York, Editorial Mensaje, 1978), colección de ensayos literarios. Muchos de estos libros han recibido una muy positiva crítica. En términos generales se ha subrayado la portentosa erudición de Florit, su acertado criterio crítico y la sencillez, claridad y belleza de su prosa.

Florit, que nació en Madrid el 15 de octubre de 1903, heredó de sus progenitores la afición por la literatura, pues su madre fue fina poetisa y su padre, un hombre muy interesado en lecturas literarias. A los dos años de edad, la familia se trasladó a Barcelona y en 1908 al pueblecito de Port Bou, en donde vivió hasta los 15 años, fecha en que se trasladó a Cuba. En la Habana, se hizo bachiller en letras y estudió la carrera de Derecho en la Universidad de esa ciudad, graduándose en 1926 pero nunca ejerció como abogado, sino que comenzó a trabajar en el Ministerio de Relaciones Exteriores de Cuba. En este periodo publica una parte sustancial de su obra poética por la que logra reconocimiento prominente desde su juventud. Al propio tiempo sus amplias lecturas literarias lo llevan a colaborar, como se ha dicho, en numerosas revistas de la isla, donde a su vez inicia su valiosa obra crítica.

En 1940 fue nombrado en un cargo en el consulado cubano de Nueva York y asi comienza la tercera etapa de su vida, su larga y fecunda estancia en los Estados Unidos. En efecto, a los cinco años de haberse trasladado a la ciudad de los rascacielos dejó el cargo consular para ir a ocupar una cátedra de literatura en el departamento de Español de Barnard College y de la Escuela Graduada, ambos de la Universidad de Columbia en la propia ciudad de Nueva York. Este nombramiento le posibilitó dedicarse de lleno a la literatura sin los inconvenientes y limitaciones que constituía el cargo burocrático que hasta entonces había desempeñado. El ejercicio de la docencia le facilitó una más completa inmersión en el mundo literario que ha ejercido siempre una atracción sobre él. Todos estos años de enseñanza en la Universidad de Columbia y en la Escuela de Verano de Middlebury College constituyeron un período de extraordinaria producción no sólo en la vertiente poética sino también en la ensayística y en la crítica.

La crítica de Florit refleja muy claramente esa manera de ser del escritor que tan insuperablemente han sabido captar Mario Parajón y Roberto Esquenazi Mayo. Ha dicho este último, describiendo con acierto a Florit: "Ese es Eugenio. Nuestro Eugenio. El Eugenio leal, afectuoso, modesto. El Eugenio viajero curioso, poeta de serena búsqueda, de suspiros sin terror"[2] y más ade-

174

lante afirma: "Es que Eugenio ha tratado de pasar siempre inadvertido, ha evitado imponerse. Es como su poesía. Ya lo escribió Angel del Río `En Eugenio despunta un aire recogido de humanidad'"[3] y Mario Parajón en su muy valioso libro *Eugenio Florit y su poesía*, (Madrid, Insula, 1977) ha dado un retrato moral de Florit muy penetrante y que arroja mucha luz no solamente para enfrentarse a su poesía sino también para acercarse al ensayista y al crítico. Señala Parajón: "Hereda del padre y de la madre ese desasimiento del partidarismo. Eso si: será siempre liberal y demócrata, enamorado de la vida apacible y de lo que uno de sus críticos llamó la `soledad serena'"[4] y agrega después:"`Eugenio Florit es uno de los más favorecidos. Nadie habla mal de él; nadie le niega talento. A ninguno se le ocurre excluirlo de una Antología. Hasta los ánimos se calman cuando se le nombra en una conversación".[5]

Parajón concluye muy lúcidamente este análisis de la personalidad de Florit cuando añade: "Florit no se toma demasiado en serio y toma su vida muy en serio. Este rasgo es tan suyo que quiero destacarlo. `Cuida su vida y su obra como un ágata sereno', escribe sobre él Juan Ramón Jiménez después de pasearse mucho con el joven poeta por las calles de la Habana. Y asi es Florit: dirige la comedia de su vida mirando al protagonista con ternura y con cierto aire de reproche, con melancolía y con gracia. En sus aventuras teatrales ha representado muchas veces el Zapatero en la obra de Lorca. Estoy seguro que ha sido su actuación estelar".[6]

Florit ha sido siempre un poeta. De él, puede decirse lo que él mismo afirmó sobre Pedro Salinas: "Porque Salinas no se conformó con sólo ser poeta en verso, sino que su impulso creador lo llevó al ensayo, la crítica literaria, al teatro, . . ."[7] La sensibilidad exquisita de Florit unida a su vastísima cultura lo llevó a producir una obra ensayística y crítica de extraordinario valor intrínseco. La opinión de Florit sobre la crítica ha sido muy positiva. Ha considerado la labor de los críticos cuando ésta es seria, objetiva y culta, como un elemento necesario e imprescindible para el desarrollo cultural de los pueblos. Labor que adquiere, según él, una mayor importancia en las naciones jóvenes.

Florit es poseedor de grandes cualidades que lo avalan como crítico, su inteligencia, su vastísima cultura, su extraordinaria erudición, su serenidad interior que lo aleja de todo apasionamiento militante pero al propio tiempo esa discreción, esa tolerancia tan suya, esa infinita ternura, esa benevolencia, en fin, esa amorosa actitud ante la vida, conspira contra su ejercicio de la crítica, labor siempre llena de riesgos y por su propia naturaleza creadora de esos conflictos humanos, de los que, en apariencia al menos, ha estado exenta su vida.

La labor exegética de Florit está contenida en unos estudios esclarecedores, tranquilos, sosegados, en los que parece hablar muy recogidamente con el lector y en los que expresa con tanto candor y sinceridad su opinión que cualquier connotación negativa que contengan está mitigada por esa intrínseca discreción y mesura que lo caracteriza. Como ha dicho José Olivio Jiménez,[8] la crítica literaria de Florit, en términos generales es favorable y hasta entusiasta sobre los autores que estudia. Su inclinación poética le ha llevado a concentrar su atención crítica, sobre todo en lo que respecta a sus ensayos mayores, a evaluar al género poético y dentro de éste, a detenerse en grandes figuras de la lírica, las que por muy evidentes razones están muy cerca de él, como José Martí, Juan Ramón Jiménez, Antonio Machado, Alfonso Reyes, Federico García Lorca, Pablo Neruda, etc., pero cabe señalar que en toda la obra de Florit, incluso en sus reseñas de la *Revista hispánica moderna*, que hubieron de estar más condicionadas por las necesidades editoriales de la revista que por sus preferencias personales, se hace evidente esa mezcla tan difícil de lograr de humildad y discreción con el profundo conocimiento del tema tratado y amplísima cultura que caracteriza toda su obra crítica. Florit traza las coordenadas adecuadas para fijar literariamente la obra que estudia y se adentra en el análisis de la misma, sin caer —como también ha señalado José Olivio Jiménez—[9] en explicaciones semióticas y rigurosamente técnicas, tan en boga en la crítica contemporánea.

En efecto, Florit, como crítico literario, no se afilió a ninguna escuela. Su obra exegética demuestra que su vasta cultura comprende un amplio conocimiento de la historia de la metodología crítica. Baste recordar, por ejemplo, sus referencias dispersas a través de su obra, a la Poética de Aristóteles, a Sainte Beuve y su criterio psicobiográfico, a Hipólito Taine y su crítica positivista, a los impresionistas, a las nuevas corrientes estilísticas, a los contemporáneos aportes de la exegética estructuralista, etc., pero se trata de alusiones aisladas, aunque muy pertinentes, surgidas espontáneamente por su extraordinaria erudición, no por empleo de determinadas técnicas exegéticas como instrumentos de trabajo. Hay, sin embargo, en mi opinión, ciertos matices estilísticos en la obra crítica de Florit. A veces, se puede encontrar hasta un intento, aunque mesurado, como todo lo de él, de indagar lo psíquico en lo idiomático, como aludiera Leo Spitzer en sus estudios sobre la metodología crítica, pero siempre su clara inteligencia, su flexibilidad mental, lo salva de militancias.

Todos los exégetas de Florit coinciden en destacar como un elemento fundamental de su vida literaria su vinculación con la Revista de *Avance* y con sus figuras directoras: Jorge Mañach, Francisco Ichaso, José Z. Tallet, Félix Lizaso, etc. Había afinidades innegables entre el sensible poeta y serio y estudioso joven intelectual y ese grupo brillante de escritores que estaban inspirados en la renovación vanguardista y decididos a sacar la cultura cubana de lo que ellos consideraban un lamentable estancamiento.

Cabe precisar, no obstante, que había diferencias de matices que sin romper los vínculos espirituales que acercaban a Florit a su generación, lo aislaban un tanto. Su discreción, su independencia de criterio, su callado meditar, le impedían una integración absoluta con un grupo tan militante que llevaba su rebeldía no sólo a los estratos de la cultura sino también al plano de la política. Véase que de las dos grandes figuras que atraen la admiración de esa generación de la revista de *Avance*; José Martí, cuya grandeza literaria unida a su entrega a la patria deja a la joven república cubana un profundo legado ético, espiritual y cultural y Enrique José Varona, el filósofo y crítico positivista, que al propio tiempo de ser abanderado de la técnica y la ciencia en la joven nación, inspira con su conducta cívica intachable la participación de la nueva intelectualidad de la isla en los asuntos públicos, es sólo a Martí, a quien Florit estudia en varios trabajos y contrariamente a la mayoría de sus amigos, que dedicaron más de un ensayo a evaluar la obra y la significación preponderante de Varona en la cultura cubana, Florit, pese a reconocer la importancia del eminente literato, admirar el valor de su obra y participar en un libro de homenaje que le rindieron los intelectuales de Hispanoamérica, con un trabajo de matiz autobiográfico, no se sintió atraído a dedicar ningún estudio a quien José Enrique Rodó vio como el Próspero de su famoso *Ariel* y es que en definitiva, Florit podía sentir muy hondamente, como lo demuestran los estudios que dedicó a Martí, la espiritualidad y la ternura que palpitan en los versos de éste, pero no podía compartir el escepticismo y el pesimismo ante la vida que fue amargando, sobre todo en la última etapa de su existencia, a Enrique José Varona y que se plasman en ese libro suyo tan desgarrador que tiene por título *Con el eslabón.*

No corresponde a la naturaleza y requerida brevedad de este trabajo, la evaluación adecuada que está demandando la vastísima y valiosa obra crítica de Florit, que cubre la literatura española y la hispanoamericana en general, aunque, como se ha dicho, haya en ambas vertientes de su crítica, una preocupación mayor por la lírica dado su condición de poeta. No obstante lo anterior, vamos a detenernos, aunque sea muy brevemente, a modo de ejemplo, en algunos de sus trabajos que son representativos de esas calidades que caracterizan su obra crítica y a las que ya hemos aludido.

Uno de esos estudios, considerado por muchos, como una de las interpretaciones más serias y rigurosas que se ha hecho de la obra poética martiana, es su trabajo "Los versos de Martí". Este ensayo es digno del reconocimiento que disfruta por su estructura adecuada, por la hermosura y precisión de su léxico, porque fija muy adecuadamente las fuentes del quehacer poético martiano y por fundamentar el verdadero carácter de iniciador del modernismo que hay que reconocerle a Martí.

En este ensayo, Florit parte del criterio cronológico que ya habían seguido Angel Augier y Andrés Iduarte, al clasificar los versos de Martí, pero agrega a los tres acápites anteriores que corresponden a sus tres libros fundamentales, *Ismaelillo, Versos libres y Versos sencillos*, cuatro categorías más, dos constituidas por *Flores del destierro* y los versos de *La Edad de Oro* y otras dos ya puramente cronológicas, que se refieren a los versos anteriores a 1881 y posteriores a 1891. Muy esclarecedor es por ejemplo su análisis de las influencias de Campoamor y de Bécquer en los primeros versos de Martí y su explicación de como la influencia del primero ya desaparece en *Ismaelillo*, no así la del segundo, pues Florit ve este hermoso poemario martiano muy cerca de las becquerianas *Rimas*. Y afirma: "Bécquer es un romántico a quien el traje de moda le queda estrecho. Se sale de él para acercarse al simbolismo y, de paso, a lo más fino del 19. Y el nuestro, Martí, es un romántico de temperamento que resiste ser encasillado en escuela alguna, o en moda literaria o en *ismo* de ninguna clase, porque su poesía es mayor que todos ellos y se ensancha y los cubre con su genialidad sin par".[10]

En cuanto al carácter de iniciador del modernismo, señala Florit, después de coincidir con Pedro Henríquez Ureña cuando éste señaló la aparición de *Ismaelillo* en 1882, como la del comienzo del modernismo, lo siguiente "Porque si el movimiento modernista es, como parece que ya se va viendo claro, no sólo un gusto por los valores externos de la poesía (color, línea, forma) sino la manifestación de un cierto estado del espíritu que se entra en todas las literaturas occidentales a fines del siglo XIX, y un deseo de expresar algo nuevo, original y propio, entonces hay que reconocer el papel de iniciador que a Martí corresponde. Y adviértase que la intervención de Martí en ese movimiento no es sólo algo intuitivo, mejor, inconsciente; no. Nadie mejor que él supo darse cuenta de lo que ocurría en la literatura de su tiempo, y así lo manifestó en diversas ocasiones, siempre que pudo, a los cuatro vientos".[11]

Muy esclarecedor es el analisis que hace Florit de los Versos Libres de Martí, de los que dice con razón que la intención poética y el mensaje de muchos de ellos ha oscurecido su valor pero a los que el crítico ha colocado justicieramente en lugar prominente dentro de la obra poética martiana. Con citas de Domingo Faustino Sarmiento y Miguel de Unamuno, que supieron con acierto descubrir los logros de estos poemas, Florit va aplicando sus conocimientos de técnica poética para ir revelando al lector la maravillosa labor de creación martiana, al mismo tiempo que con su exquisita sensibilidad de poeta, encuentra la genuína dimensión de esos versos. Feliz procedimiento, que vuelve a utilizar al evaluar los Versos Sencillos de Martí. Nuestro crítico concluye este ensayo afirmando que el papel de Martí como iniciador del modernismo no límita su poesía o su prosa a una época determinada pues su personalidad no consiente el archivo en determinada escuela sino que se sale de todas para llegar hasta nosotros más viva y fresca que la de otros muchos poetas de su época. Florit destaca el hecho de que Martí supiera superar el positivismo de la época en que le tocó vivir para afirmar en su obra una posición puramente espiritualista.

Y esa espiritualidad que tanto le acercó a Martí es una constante de la obra crítica de Florit. En "Recuerdos para Angel del Río", escrito en homenaje al eminente crítico y ensayista, su colega en las labores docentes de la Universidad de Columbia y en los empeños editoriales de la prestigiosa Revista Hispánica Moderna, que acababa de morir, Florit no sólo da cuenta de los últimos meses del brillante escritor sino además acerca al lector al alma excepcional de su gran amigo. La prosa sencilla de Florit, casi con sobriedad de historia, nos brinda un retrato del laborioso, inteligente y sabio profesor en medio de la vorágine de su vida profesional y académica pero al mismo tiempo nos descubre muy íntimamente su exquisita calidad humana.

Un trabajo que muestra esa mezcla de tono coloquial y profundidad crítica, en apariencia un tanto contrastante, que unida a la belleza etérea de su prosa, da a la labor exegética de Florit, ese matiz especial que tanto sirve para identificar su estilo, es la conferencia que sobre Antonio Machado leyó el 24 de abril de 1939 en el Lyceum de la Habana. En la misma, fija con precisión el papel de Antonio Machado en la historia literaria de la España de este siglo. Nuestro crítico señala la influencia que ejerció Rubén Darío y el movimiento modernista en los poetas españoles de esa época pero aclara que Antonio Machado estuvo entre aquéllos que no se le rindieron ciegamente y que sólo tomó lo que Florit califica hermosamente como la esencia castellana que el poeta nicaragüense había conservado a través de sus contactos con Francia, para incorporarla con nuevo aliento a la poesía del noveciento.

Florit analiza con cuidado el prólogo que hizo Machado en 1903 del libro *Soledades* para demostrar que a pesar de que ahí Machado confiesa su admiración por Rubén Darío, el poeta español, en contraste con la estética del Darío de entonces, señala como genuíno elemento poético, no la palabra por su valor fónico, ni el color, ni la línea, ni el complejo de sensaciones, sino la honda palpitación del espíritu. Es decir, como con acierto ve Florit, Machado estaba llamando a ese intimismo que aparecerá en la segunda etapa del genial nicaragüense, ese intimismo, esa voz que viene de tan adentro y que acerca tanto al crítico, Florit, con el autor en este trabajo estudiado, Machado, como siempre lo ha acercado a sus admirados José Martí y Juan Ramón Jiménez. Mas adelante precisa el crítico-poeta su íntima manera de ver la poesía y su rechazo, expresado casi en tertulia de afectos, de toda clasificación rigurosa: "Además, amigos, que me parece inútil en poesía toda distinción de escuelas",[12] para concluir "Todo lo que en verso tenga eso de espíritu, de alma que va de dentro a fuera, de toque de eternidad, será poesía, no importa si clásica o romántica".[13] Ese es Florit, el poeta pero también el crítico literario, eterno buscador de esencias, humilde enamorado de la verdad, que en esa callada búsqueda del conocimiento que ha sido su vida ha sabido sentir muy hondamente el milagro de la existencia y comprender que, en definitiva, es en esos momentos sublimes en los que el ser humano puede adquirir su más alta significación.

NOTAS

1. Eugenio Florit, *Obras Completas*, 5 volúmenes, Editados por Luis González-Del Valle y Roberto Esquenazi-Mayo. (Lincoln, Nebraska y Boulder, Colorado, Society of Spanish and Spanish American Studies, 1982-1989).

2. Roberto Esquenazi-Mayo, "Ese es Eugenio, nuestro Eugenio" en Eugenio Florit, *De tiempo y agonía*. Versos del hombre solo. (Madrid, Ediciones de la Revista de Occidente, 1974), 11.

3. _____. "Ese es Eugenio...", 13.

4. Mario Parajón, *Eugenio Florit y su poesía*, (Madrid, Insula, 1977) 10.

5. _____. *Eugenio Florit...*, 11.

6. _____. *Eugenio Florit...*, 11-12.

7. Eugenio Florit, "Mi Pedro Salinas.", *Obras Completas ...*, Volumen III, 152.

8. José Olivio Jiménez, "Florit y Sánchez de Fuentes, Eugenio" en *Dictionary of Twentieth-Century Cuban Literature*, Editado por Julio Martínez, Westport, Conn., Greenwood Press, 1990), 182.

9. _____. "Florit y Sánchez de Fuentes...", 182.

10. Eugenio Florit, "Los versos de Martí" en *Poesía en José Martí, Juan Ramón Jiménez, Alfonso Reyes, Federico García Lorca y Pablo Neruda*, Miami, Fl., Ediciones Universal, 1978), 28.

11. _____, "Los versos de Martí"..., 28-29.

12. _____, "Antonio Machado", *Obras Completas...*, Volumen III, 141.

13. _____, "Antonio Machado"..., 141.

LA CRITICA DE
LITERATURA CUBANA DE
JOSÉ OLIVIO JIMÉNEZ

Este trabajo fue leído el 27 de julio de 1997 en el XVII Congreso Cultural de Verano del Círculo de Cultura Panamericano, celebrado en la Universidad de Miami, Koubek Memorial Center.

La obra de crítica literaria de José Olivio Jiménez es el producto de una vida de entera dedicación a la literatura, en la que al laborioso trabajo se ha unido una formación académica tanto en su patria, Cuba, donde obtuvo un Doctorado en Filosofia y Letras en 1953 con especialización en estudios de literatura hispánica, como en España, donde alcanzó un segundo doctorado en las mismas materias, pero esta vez con concentración en Filología Románica, en la Universidad de Madrid en 1955 y un Diploma de Filología Hispánica de la Universidad de Salamanca, en ese mismo año. A sus rigurosos estudios se han agregado una vocación genuína por la literatura, especialmente la poesía, un afán de lectura que lo ha dotado de una muy sólida erudición y una extraordinaria sensibilidad estética, todo lo cual se hace evidente en su obra y en su carrera de catedrático universitario.

Ésta comenzó en su país en la Universidad de Villanueva en donde fue profesor Asociado de 1956 a 1958. Ya en 1960 enseñaba en un centro universitario de Massachusetts y en 1962 iniciaba una carrera en el Hunter College de City University of New York, que lo llevó a ser Profesor Titular, después a ser declarado Profesor Dintinguido, siendo el primer hispano que obtuviera esa alta distinción en ese centro universitario y por último, al retirarse apenas hace unos pocos años, a recibir el honor de que se le designara Profesor Emérito. Jiménez ha obtenido numerosos galardones profesionales, como han sido el

Premio del Instituto de Cultura Hispánica en 1955 concedido a la mejor disertación sobre estudios hispanoamericanos de la Universidad de Madrid en ese año por su tesis "La poesía cubana contemporánea. (1913-1952)"; el nombramiento como Miembro Correspondiente de la Academia de la Lengua de Cuba en 1961; la Beca Guggeinheim para el curso académico de 1979-1980 y la designación de Miembro Correspondiente en 1981 de The Hispanic Society of America de la ciudad de New York, además de otras distinciones también valiosas.

Su obra exegética abarca dos grandes vertientes, una sobre poesía española y otra sobre la hispano-americana. En ambas ha publicado extensamente y sus trabajos le han ganado un merecido reconocimiento como uno de los más destacados críticos sobre la poesía hispana contemporánea y de la lírica en general. Su libro *Cinco poetas del tiempo* (Aleixandre, Cernuda, Hierro, Bousoño y Brines)[1], recibió inmediatamente una evaluación muy entusiasta de la más seria y rigurosa crítica peninsular. A esta obra, siguieron la publicación de otros libros que definitivamente consolidaron su prestigio, me refiero, en relación a la literatura española, muy esencialmente a *Diez años de poesía española, 1960-1970*[2] y *La presencia de Antonio Machado en la poesía de las dos guerras*[3], a los que se unieron una serie de valiosísimas obras que contenían estudios específicos o antológicos sobre determinados poetas de la Madre Patria[4].

En cuanto a la poesía de esta vertiente del Atlántico en general hay que mencionar a su *Antología de la poesía hispanoamericana contemporánea. 1914-1970*,[5] que recibió una muy positiva exegética por el riguroso criterio crítico con que esta antología fue seleccionada, por su iluminador prólogo, sus notas eruditas sobre los poetas y las etapas históricas incluidas y sus valiosas bibliografías. Con igual resultado, Jiménez publicó, esta vez con Eugenio Florit, *La poesía hispanoamericana desde el modernismo*[6] que se convirtió en texto obligado en los cursos que sobre la materia eran dictados en la mayoría de las universidades de este país y que tuvo también extraordinaria repercusión en España y la América hispana. A éstos, siguieron otros notables libros sobre la poesía hispanoamericana, el movimiento modernista y en particular Rubén Darío[7]. Mención especial merecen dentro de la vertiente de estudios sobre la literatura hispanoamericana, los dedicados a la de su país, que van a ser objeto de la aproximación que hoy hago a su obra.

Dentro de estos estudios de literatura cubana, hay que distinguir los dedicados a varios poetas del siglo XX, a los que volveremos más adelante, de los que estudia a *José Martí*, que es la figura literaria que ha recibido la mayor atención de José Olivio Jiménez, pues hasta el presente ha publicado: *José Martí. Prosa escogida*[8], de 1975, *José Martí. Poesía y existencia*[9] de 1983, *José Martí. Ensayos y crónicas*[10], de 1995 y *La raíz y el ala. Aproximaciones críticas a la obra literaria de José Martí*[11] de 1993. La obra martiana de José Olivio Jiménez, en mi opinión está, como he señalado en otra ocasión[12] dentro del grupo de las más valiosas aportaciones del presente exilio cubano al estudio de la obra de esta figura excepcional.

José Olivio Jiménez demuestra una vez más en *La raíz y el ala*, como he indicado con ocasión de reseñar este valioso libro[13], su fina sensibilidad y su extraordinaria capacidad interpretativa, caracterizada por una adecuada y detallada fundamentación de sus razonamientos pues siempre va a la cita pertinente de los textos martianos, lo que, a la par que avala la seriedad de la interpretación, eleva la calidad estética del libro ya que integra felizmente la belleza y sugerencia de la poesía y la prosa de la figura estudiada con la delicada, inteligente y luminosa percepción del crítico.

En la introducción del libro, el autor confiesa reaccionar ante la tradicional presentación exegética de un Martí atrapado entre la dialéctica del idealismo y del positivismo décimononos y se sorprende de que no se hayan advertido sus relaciones con la filosofía de la existencia. A este acercamiento dedica los cuatro ensayos de la primera parte. Los otros cuatro de la segunda sección fueron escritos, dice, bajo la influencia de la proposición de Octavio Paz de una lectura del romanticismo, el modernismo y la modernidad, desde las coordenadas de la ironía y la analogía, nociones que le dan título a esta parte. El libro tiene un apéndice que consiste de un ensayo sobre Martí y Darío.

En el ensayo con que inicia la primera parte que es sobre el prólogo de Martí al poema del Niágara de Pérez-Bonalde, Jiménez encuentra en dicho texto aproximaciones a los supuestos fundamentales de la filosofía existencial y considera que la cautela, había impedido a la crítica ubicar a Martí entre los precursores de las ideas existenciales modernas. Comprende lo difícil que resultaba la conciliación de la presencia de fundamentales conceptos religiosos en el ideario martiano y una filosofía a la que sus más firmes militantes habían cargado de tonos nihilistas, lo que había permitido asimilar el existencialismo en general a esas posturas más radicales pero, razona que esa percepción, desnaturaliza la filosofía de la existencia, pues la misma había incluído corrientes que se acercaban a la vida, entendiendo ésta en su condición dramática insoslayable y no en esa apología de la nada a la que las doctrinas de Sartre habían pretendido reducirla. Así, el crítico alude, dentro de esas posiciones existenciales más abiertas a la trascendencia, a Enmanuel Mounier y a Gabriel Marcer y encuentra antecedentes en ese sentido en Karl Jaspers y Soren Kierkegaard.

Jiménez apunta con acierto que el carácter martiano, armónico, integrador y sincrético, excluía por su propia naturaleza todo intento de rigurosa ubicación ideológica, pero a partir de esta premisa, realiza un luminoso e innovador estudio para explicar el aludido acercamiento.

Sostiene el crítico, que el prólogo hace evidente que Martí participaba de esa condena al materialismo y a la superficialidad del ambiente que fue tan común al hombre de fin de siglo y ve en ese desconcierto y falta de rumbo, la fuente en donde había de emerger la duda y la agonía de la presente centuria. Jiménez encuentra, en la presentación de su época por Martí, una verdadera alborada del pensamiento existencial en la cultura hispánica. Según el crítico, hay una connotación intelectual de la incertidumbre que lo sitúa más allá del nihilismo de los modernistas y que lo acerca a la angustia de Martin Heidegger. Con cita de textos, encuentra la presencia en Martí de símbolos y temas de Sartre y de Camus, aunque hace inmediatamente la salvedad de que el cubano no se queda nunca en el regodeo nihilista. De ahí que Jiménez divida este trabajo en dos partes: el "envés negativo", al que ya hemos aludido y "el haz positivo" en donde estudia la actitud de Martí de ver en los tiempos nuevos, un aumento de la capacidad de entrega y de la utilidad de nuestra existencia, es decir, la tan estudiada ética martiana de servicio. Además destaca su alusión a la esperanza en su doble nivel de experiencia existencial y trascendencia humana, lo que le permite subrayar afinidades con Gabriel Marcel. El crítico, asomándose a tres valores fundamentales de la ideología martiana, la lucha, el deber y el amor que son a su vez elementos temáticos de la filosofía existencial, establece la relación entre poesía y existencia, ya que fue la primera la que motivó ese prólogo en el que tanto medita sobre la segunda. A ese efecto, nos recuerda que Martí veía la vida como el único asunto legítimo de la poesía moderna. Este ensayo tiene extraordinaria importancia pues brinda el sustrato ideológico fundamental a esta evaluación del acercamiento de Martí a esa filosofía y sirve de base a los tres siguientes estudios.

En el segundo, "Un ensayo de ordenación trascendente en los *Versos libres*", Jiménez encuentra el sentido de ese poemario a través de tres conceptos fundamentales: "Circunstancia", "naturaleza" y "trascendencia" que permiten ver, lo que califica de recorrido ético-gnoseológico y metafísico del poeta. Jiménez se enfrenta al proceso ascensional en Martí, que ya había aludido y que ve como el resultado de esas tres motivaciones espirituales martianas que también había estudiado anteriormente, el amor, el dolor y el deber.

En el siguiente ensayo analiza la frecuente presencia en la poesía martiana de dos símbolos existenciales: la máscara y los restos. El primero lo es de esa inautenticidad que tanto denunció Martí en su obra. Jiménez atisba ciertas afinidades con el proceso de desenmascaramiento que Nietzsche postulaba como indispensable para que el ser humano obtuviera ese rango de "espíritu libre" al que debía aspirar pero precisa grandes diferencias entre ambos pensadores pues el cubano nunca compartió los ataques al cristianismo y a la democracia de aquél. En efecto, sin desconocer la afinidad apuntada, el crítico concluye que el espíritu de Martí, transido de amor, que se autoproclamó cristiano y que hizo de su ideario político un culto a la libertad y a la democracia, tenía que adoptar una posición contraria a la de Nietzsche. Muy iluminador es también su evaluación de la simbología de los restos. Esa constante alusión en la poesía martiana a la inevitable e irreversible destrucción a que está condenado el ser humano, tan del gusto de algunos filósofos de la existencia, es, según el crítico, una de las zonas menos evaluadas de su pensamiento, pero aquí, también apunta Jiménez nuevas salvedades, pues sin dejar de reconocer afinidades existenciales, ve ese reconquistarse y reconstruirse martiano en concordancia con esa actitud de lucha que lo hace siempre alejarse de un radical nihilismo y que anticipa la posición de Camus, quien también sabría observar en las ruinas, la posibilidad de renacimiento.

En el siguiente estudio, se observa como Martí anticipa conceptos que décadas después van a ser objeto de muy sistemática evaluación por Karl Jaspers en lo que éste llamó referencias existenciales a la trascendencia pues contempló al ser humano desgarrado entre la existencia y la necesidad de trascenderla para alcanzar su posible plenitud. Jiménez utiliza la terminología de Jaspers que llamó respetivamente a esas dos fuerzas, la ley del día y la pasión de la noche, para comprobar la previa aparición de estos postulados jasperianos en la poesía martiana y con su excepcional dominio del autor y su extraordinaria sensibilidad realiza, desde el paralelismo inicial, un sutil análisis que a la vez que complementa el esclarecedor acercamiento interpretativo que ya había hecho de *Versos libres*, da nueva luz a *Flores del destierro*, uno de los poemarios martianos menos transitados por la crítica.

El primer ensayo de la segunda sección, "Visión analógica y contrapunto irónico de la poesía de Martí" parte de la ya explorada vinculación en Martí entre poesía y existencia aunque inmediatamente precisa que esa identificación no es empobrecedora de la poesía porque reitera que la vida para el poeta cubano tuvo siempre una connotación trascendental. Hay que destacar esa característica del crítico de ir haciendo oportunas salvedades con las que se anticipa a posibles reparos del lector, lo que dota a sus ensayos de un sutil matiz de diálogo que los hace excepcionalmente atractivos.

Jiménez destaca cierta presencia de la ironía en la poesía martiana pero precisa que se trata de una ironía trágica que emana de esas previamente aludidas posiciones existenciales de Martí, aunque aclara que su idealismo lo hace enfrentarse a ella. Y así, lo afilia a esa reactualización romántica de la visión de la analogía universal, pues éste siempre sintió la necesidad de cantar a la hermosura y perfección del universo. Jiménez concluye que hay una evolución de énfasis: de la ironía de sus versos iniciales, principalmente *Versos libres*, hacia la analogía más presente en su último libro, *Versos sencillos*. Este estudio es también guía estructural de los que agrupa en esta sección.

En el siguiente trabajo busca Jiménez la forma interna de la crónica modernista en Martí, tomando como ejemplo su artículo "Fiestas de la estatua de la libertad". Apunta la incertidumbre del concepto de crónica y señala cuatro elementos integradores de la crónica martiana: el realista, el lírico, el ético-trascendente y el artístico. Estudiando el ejemplo indicado, considera que en esa magistral pieza literaria, se materializa el dolor del testigo y la alegría de la colectividad. Jiménez subraya el desplazamiento del enfoque de un protagonista colectivo, la muchedumbre, hasta el individual, los oradores del acto de inauguración y ve la raíz de la importancia que concede Martí a la presentación del escultor Bertholdi en la afinidad que emana de sus dolores patrios. En resumen, ateniéndose al texto, el crítico prueba la presencia estructural de esos niveles a los que había aludido y destaca la disposición reflexiva existencial y trascendente de Martí.

El séptimo ensayo es también un acercamiento a otra crónica

martiana, la que escribió sobre el terremoto de Charleston, en donde de nuevo se enfoca la presencia de la ironía y la analogía en la actitud del cronista. Pero esta vez, éste se enfrentaba a un acto telúrico que, por su carácter, era un reto a esa concepción analógica de una naturaleza armoniosa y si bien el acento estaba en la ironía ante la hecatombe destructora, Jiménez encuentra frases claves que documentan la fe martiana en la armonía, bien aludiendo al desplazamiento de capas terrestres como indispensables para el equilibrio de la creación, bien señalando, al final de la crónica, la risa de los niños como símbolo de la continuidad de la vida y el poder de lucha del ser humano. A esta evaluación conceptual del crítico se une su brillante análisis estilístico en que destaca los elementos expresionistas de dicha crónica.

El último estudio de esta segunda parte indaga la presencia en la obra martiana de fundamentales aspectos de tema y estilo que posteriormente aparecerán y en gran medida caracterizarán la poesía hispánica moderna. A Jiménez no le interesa estudiar, y así lo declara, afinidades específicas de grandes figuras de la misma con Martí aunque señale ejemplos de la categoría de Miguel de Unamuno y César Vallejo, lo que quiere destacar es que Martí, con sus vislumbres del futuro, tenía que situarse necesariamente a las puertas de esa poesía dado sus acercamientos existenciales, su concepción del género y su preocupación social. Hablando del tema de la armonía universal en la poesía martiana, traza Jiménez un paralelo con Rubén Darío, que va a desarrollar en su ensayo sobre la intuición modernista de esa armonía en ambos poetas, que agrega como apéndice del libro, por tratarse de un estudio comparativo, pero que se integra esencialmente en la obra por su interrelación temática y por su común acercamiento estilístico.

La raíz y el ala hace evidente el vasto conocimiento que Jiménez tiene del excepcional escritor y poeta cubano, pero también demuestra el por qué de su reconocida jerarquía entre los exégetas del modernismo. El libro, además, pone de manifiesto la erudición filosófica del autor en cuanto a la corriente existencial se refiere. En resumen, este libro constituye una aportación fundamental a la crítica martiana contemporánea y es al mismo tiempo una aproximación realmente novedosa, concepto que adquiere una mayor significación, si se tiene en cuenta que, como se sabe, Martí ha sido objeto en este siglo de una merecida, abundante y rigurosa atención crítica.

Valiosos han sido también sus dos antologías críticas sobre

Martí que ya hemos mencionado, en donde vuelve, como en las de poetas españoles, a demostrar su conocimiento y justo criterio en las selecciones recogidas; su erudición en las iluminadoras notas y su gran dominio de la vida y la obra del autor evaluado en los estudios que efectúa el antólogo, es decir, el que constituye la introducción en *José Martí. Prosa escogida* y el trabajo "José Martí, pionero de la prosa modernista hispanoamericana" que aparece a manera de epílogo en *José Martí. Ensayos y crónicas.*

El segundo aspecto de la crítica del profesor Jiménez sobre la literatura cubana está constituido por sus estudios sobre varios poetas contemporáneos. La mayoría de estos trabajos fueron inicialmente publicados en revistas literarias, pero fueron recogidos en libros, primeramente en uno de 1967, *Estudios sobre poesía cubana contemporánea*[14] y después, el que actualmente tiene en imprenta *Poetas contemporáneos de España y América*[15]. Entre los poetas cubanos estudiados por José Olivio Jiménez cabe citar los siguientes: Eugenio Florit, que aunque nacido en España, es considerado muy acertadamente por el crítico como propiamente cubano, Agustín Acosta, Regino Boti, Gastón Baquero, Dulce María Loynaz, Angel Gaztelu, también nacido en España pero igualmente unido indisolublemente a la poesía cubana y Roberto Fernández Retamar. En su nota preliminar a su *Estudio sobre poesía cubana contemporánea*, señala que, aunque los cinco estudios que recogió en ese libro fueron escritos en un período de diez años, los cinco autores estudiados: Boti, Acosta, Florit, Gaztelu y Fernández Retamar, se ajustan, aunque no lo cubran totalmente, al acaecer de la lírica cubana del siglo XX y fundamenta tal afirmación explicando que Acosta y Boti, representaron una salida del modernismo hacia una actitud superadora de franco tono posmodernista; que Florit estuvo ligado al grupo de la *Revista de Avance* que incorporó a la vida cultural de Cuba el espíritu rigurosamente nuevo de esta centuria; que Gaztelu corresponde a la tercera generación republicana que se aglutinó alrededor de la revista *Orígenes*, cuya significación fue la toma de una conciencia nueva y radical frente al hecho poético y que Fenández Retamar, pertenecía a la que era entonces la última promoción de poetas jóvenes que, en sus dos vertientes, la que había salido fuera de Cuba y la que permaneció en la isla, se había visto, más que ningura otra, afectada por la historia.

De los cinco trabajos de *Estudios sobre poesía cubana contemporánea*, el único que no se concentra en un específico poema y que por tanto no puede catalogarse como un estudio estilístico es el primero, "La poesía de Regino Botí en su momento" al que el propio autor califica de un intento de situación histórico-literaria. Jiménez parte de la premisa de que es difícil referirse a la poesía de Botí con rigor de exclusividad y se refiere a la tendencia de la crítica literaria de asociar su figura a la de otros dos muy destacados poetas: Agustín Acosta y José Manuel Poveda, pero aclara que si bien los tres son representativos comunes de un momento determinado, esto es más bien consecuencia de circunstancias históricas —con lo que Jiménez parece aludir a algunos de los factores taineanos— que de afinidades estilísticas y espirituales. El trabajo ratifica el bien ganado reconocimiento que disfruta Jiménez como destacado exégeta del modernismo porque efectúa una evaluación del tránsito de ese movimiento al posmodernismo. Con la erudición y el gran poder de síntesis que le caracteriza, Jiménez revisa la evaluación que de la obra de Botí ha hecho la crítica: Juan J. Remos, Max Henríquez Ureña, Salvador Bueno, Juan Marinello, Federico de Onís, Cintio Vitier, señalando imprecisiones y aciertos para después apuntar sus opiniones. Para José Olivio Jiménez, el Botí definitivo es, por la importancia histórica del acierto y el valor de la prueba, el de *Arabescos mentales*; y por el logro concreto, el de "El mar y la montaña". Para el crítico, Botí quedará en la historia de la poesía cubana como un maestro que enseñó el amor a la perfección, abundante de recursos y por ello mismo, parco y sintético en su empleo, trabajador infatigable de la forma, consciente de su faena y su misión artística en un momento de casi total confusión y desorden.

Vamos ahora a detenernos aunque sea brevemente en dos de los estudios que dedicó a Eugenio Florit, que es sin duda uno de los poetas que atrajo más su atención crítica y con quien, como señalé antes, coeditó la antología crítica *La poesía hispanoamericana desde el modernismo*. El primero es "Eugenio Florit y la significación histórica de su itinerario poético"[16], que aparece recogido en el libro que tiene actualmente en imprenta y que constituye en mi opinión un acercamiento muy iluminador a la totalidad de su figura poética. De entrada, el crítico confiesa que se propone "hacer ver como la poesía de Florit, además de su intrínseco valor, tiene el interés —nada secundario— de su oportunidad histórica: haber hecho acordar, y en algunos casos adelantar, el ritmo de evolución de la lírica cubana contemporánea respecto a la que en todo el mundo hispánico se iba produciendo coetáneamente" (1236), en consecuencia Jiménez le da a la poesía de Florit, la significación ejemplar de haber contribuido a impedir el retraso, el compás trasnochado, lo que llama también, la deshora en la poesía cubana.

En efecto, el crítico ve, en el período de veinte años que va de 1920 a 1940, una evolución en la poesía de Florit que ayudó a la incorporación en Cuba de diferentes tendencias; el posmodernismo declinante, la aventura vanguardista, el neogongorismo, la poesía pura, en donde coloca a Florit en unión de otras dos grandes figuras cubanas de ese movimiento como fueron, Mariano Brull y Emilio Ballagas, el superrealismo, etc. Con su extraordinario conocimiento de esos movimientos poéticos y su familiaridad con toda la obra poética de Florit, José Olivio Jiménez va fundamentando muy adecuadamente la evolución de su poesía. Así ve, por ejemplo, en *32 poemas breves* como se une a un sereno y melancólico lirismo posmodernista, una disposición saludable de apertura, si bien nunca extremada hacia la audacia de expresión característicamente vanguardista, después lo ve sentir cansancio ante éste y experimentar la necesidad de volver a la arquitectura del poema, a lo que llama la voluntad clásico-barroca que combina el poder formal de la estrofa con la sugerente virtualidad del lenguaje metafórico, es decir, estudia la evolución de Florit hacia el gongorismo que se actualizaba y reivindicaba por los poetas españoles del 27 y así en *Trópico*, Florit poetiza y recrea estilizadamente el paisaje cubano. En este poemario, descubre Jiménez el verdadero inicio de la trayectoria poética personal de Florit y además subraya que Cuba— a pesar de que el poeta había nacido en España y de sus largos años de residencia en los Estados Unidos— era ya y sería para siempre su patria.

Pero este poeta moderado, siempre sereno, que es Florit, también tenía que huir de las ataduras gongoristas y así lo reconoce Jiménez y nos habla de su avanzar hacia la poesía pura, que expresa en sus poemas de los años treinta y que recoge en *Doble acento*. Como señala Juan Ramón Jiménez en el prólogo del libro, "Su poesía funde dos líneas de poesía española, la neta y la barroca, con un solo estilo igual y desencadenado: lirismo recto y lento que podría definirse así: fijeza deleitable intelectual". Precisando ese comentario, Jiménez alude en este trabajo a esas dos vertientes presentes en la poesía de Florit, una la del texto arquetípico, casi platónico, de ideal y pureza en poesía que son la de sus "Estrofas a una estatua", que el crítico relaciona con poemas representativos de Brull y de Ballagas y la otra, la del sentimiento elegíaco básico de "Los nocturnos" que con razón afirma es persistente en todo el lirismo de Florit y en el centro como afirma Jiménez, coincidiendo con el prologuista del libro, "El martirio de San Sebastián" en el que se aglutina la tersura de la expresión y el estremecimiento interior.

Como explica José Olivio Jiménez para subrayar el paralelismo, al mismo tiempo, en la poesía española se estaba contemplando igual fenómeno al romperse la aglutinación que se había producido alrededor del magisterio de Juan Ramón Jiménez y mostrarse ya dos corrientes cada vez más definidas, una la de los que, aunque fieles al maestro, fueron creando como Guillén y Salinas, mundos poéticos propios y maneras personalísimas, la otra que se alejó del maestro, avanzó hacia una poesía romántica desbordada y más directamente vital y abierta, por los cauces de la expresión surrealista o surrealizante como Alberti, García Lorca, Aleixandre y Cernuda. Y así volviendo a la evolución de la poesía de Florit, Jiménez nos va llevando de la mano, con su sensibilidad y talento crítico al acercamiento del poeta a la tendencia, tan contemporánea, de la poesía del silencio, más técnicamente llamada poesía minimalista, pero en ella, como en todas sus etapas, destaca que Florit ha podido seguir siendo el poeta tan personal que siempre ha sido, el que sin dejar de estar al tanto de la evolución de la poesía hispánica no ha perdido jamás su genuino y profundo lirismo. Como ha señalado Jiménez, en su estudio "Eugenio Florit: el poeta y el amigo desde el recuerdo", éste "ha construido una obra impar en la poesía hispánica del siglo XX"[17].

El segundo ensayo al que quiero aludir es "Un momento definitivo en la poesía de Eugenio Florit"[18] que recogió José Olivio Jiménez en su primer libro y que es un acercamiento estilístico, de excepcional calidad, en relación a un extraordinario poema de Florit, "Momento de cielo", en el que se muestra como la penetración del crítico va descubriéndonos a través de una indagación sobre los fundamentos estructurales del poema, el talento poético del autor estudiado, su dominio técnico, su sensibilidad, en fin, su capacidad de plasmar en imágenes muy bien logradas sus sentimientos y sus más hondas apetencias. El estudio de Jiménez, excede sin duda su propósito estilístico y nos acerca a claves muy iluminadoras del quehacer poético de Florit, en especial a esa serenidad que tanto lo caracteriza, que dota a su poesía de un tono muy personal y que es a su vez una de las más logradas cualidades de su obra poética. Así señala el crítico al efecto: "El momento del cielo parece servir al hombre para que la inutilidad y el dolor de la materia, su sombra, se le hagan más tangibles, reales y penosos. Pero, también más objetiva su visión, ya que igualmente es más lejano el punto de donde se los mira. Por eso a pesar de la posible angustia subyacente, el verso no llega nunca al tono desgarrador, acento por lo demás ajeno al acento característico de Florit. El hombre no impreca aquí su miseria desde ella misma, posición que se resuelve casi siempre en un gesto desesperado y agrio. Se duele de ella, más bien, y esto desde un ángulo que la trasciende y que contribuye a hacer más sereno el canto"[19]. Claro que Jiménez está hablando de la perspectiva con que está concebido ese poema específico pero no hay duda que se ha acercado a través de un análisis muy luminoso a una clave fundamental en la interpretación de la obra poética de Florit.

En el libro, *Poetas Contemporáneos de España y América Ensayos críticos,* al que ya aludí, se incluyen, además del estudio anteriormente evaluado sobre Eugenio Florit y la significación histórica de su itinerario poético, otros trabajos sobre los poetas cubanos Gastón Baquero, Dulce María Loynaz, Roberto Fernández Retamar y Angel Gaztelu, al que, como ya hemos indicado, Jiménez considera con muy abuen juicio, dentro de la poesía cubana.

Quisiéramos para terminar, dada la limitación del tiempo del que disponemos, detenernos, aunque sea brevemente en otro trabajo de este libro, "Notas sobre la poesía primera de Dulce María Loynaz." En el mismo, el crítico parte de la aceptada ubicación de la Loynaz dentro de la vertiente intimista del posmodernismo, pero perfilando su intimismo, aclara que no es motivado por una voluntad de reflexión, por lo tanto no nos entrega una poesía meditativa de fuerte contenido existencial o metafísico, como Martí, Unamuno, el Darío segundo o Luis Cernuda, sino que, al igual que Juan Ramón Jiménez, el primer Antonio Machado, Enrique González Martínez o José María Eguren, a Dulce María Loynaz, añade Jiménez, no le interesa develar el misterio sino acercarse temblorosamente a esos secretos y, sin restarle misterio ni secreto, acertar en la selección de aquellas palabras, de aquellas voces-símbolos, que no pretenderán reflejar la verdad revelada, sino el temblor que acompañó el movimiento inicial de la intuición poética. Esto le permite afiliar el intimismo de la Loynaz al simbolismo, aunque entendido éste con una connotación más general que incluye, pero excede, al movimiento francés décimonono pues abarca además el del *Cantar de los Cantares,* el de la poesía arábigo-andaluza, el de San Juan de la Cruz y el de muchos poetas de la modernidad. No stante, Jiménez comprende que a estricto nivel linguístico, siempre hay ciertas dificultades en ratificar la filiación simbolista de un poeta y que en ese ámbito del lenguaje es mucho más fácil fijar los elementos impresionistas en la poesía de la Loynaz, lo que nos hace recordar que, ya desde 1955, el exégeta, en su tesis doctoral de la Universidad de Madrid, consideraba a Dulce María Loynaz como la muestra más alta de nuestro impresionismo poético.

José Olivio Jiménez dijo una vez en una entrevista de prensa que la poesía no se enseña, ni se explica, sino que se crea, se vive, se convive. He ahí la raíz de sus grandes logros como crítico y profesor.

NOTAS

1. José Olivio Jiménez, *Cinco poetas del tiempo.* (Aleixandre, Cernuda, Hierro, Bousoño y Brines), Madrid, Insula, 1964.

2. ____, *Diez años de poesía española, 1960-70*, Madrid, Insula, 1972.

3. ____, *La presencia de Antonio Machado en la poesía de posguerra*, Lincoln, Nebraska, Society of Spanish and Spanish American Studies, 1983.

4. Baste citar a ese efecto: *Vicente Aleixandre: Una aventura hacia el conocimiento*, Madrid, Ediciones Júcar; *7 poetas españoles de hoy*, que es una antología de siete figuras representativas de la poesía española de la posguerra, en colaboración con el profesor Dionisio Cañas, México, Editorial Oasis, 1983 y Francisco Brines, *Antología poética*, de la que fue el editor y se publicó en Madrid, por Alianza Editorial en 1986.

5. José Olivio Jiménez, *Antología de la poesía hispanoamericana contemporánea. 1914-1970*, Madrid, Alianza Editorial, 1ª edic. 1971- 4a. edic. 1978.

6. Eugenio Florit y José Olivio Jiménez, *La poesía hispanoamericana desde el modernismo*, New York, Applenton-Century-Crofts, 1968.

7. Nos referimos específicamente a la antología *Grandes poetas de Hispanoamérica*, Madrid, Alianza Editorial, Salvat Editores, 1972; *Estudios críticos sobre la poesía modernista hispanoamericana*, edición de José Olivio Jiménez, New York, Eliseo Torres & Sons, 1975; *Antología crítica de la prosa modernista hispanoamericana*, coeditada con el profesor Antonio Radamés de la Campa, New York, Eliseo Torres & Sons, 1976 y *Rubén Darío. Cuentos fantásticos*, Madrid, Alianza Editorial, 1977.

8. José Martí, *Prosa escogida*, Selección, introducción y notas de José Olivio Jiménez. Madrid, E.M.E.S.A., 1975.

9. José Olivio Jiménez, *José Martí, poesía y existencia*, México, Editorial Oasis, 1983.

10. José Martí, *Ensayos y crónicas*, Edición de José Olivio Jiménez, Madrid, Anaya & Mario Muchnick, 1995.

11. José Olivio Jiménez, *La raíz y el ala. Aproximaciones críticas a la obra literaria de José Martí*, Valencia, Pre-Textos, 1993.

12. Vénase mis palabras preliminares en *José Martí en el centenario de su muerte*, *Círculo: Revista de Cultura*, Número Extraordinario, Vol. XXV, 1996, 12.

13. Me refiero a la reseña que sobre este libro del profesor Jiménez publiqué en *Revista Hispánica Moderna*, Columbia University, New York, Vol. XLVII, No. 2 (diciembre 1994), la que incluyo en este trabajo.

14. José Olivio Jiménez, *Estudios sobre poesía cubana contemporánea*, New York, Las Américas Publishing Co., 1967.

15. _____, *Poetas contemporáneos de España y América*. Este libro se imprimió en España por la Editorial Verbum, Madrid.

16. Apareció originalmente en *Revista Iberoamericana*, Pittsburgh, Nums. 152-53, julio-diciembre de 1990.

17. José Olivio Jiménez, "Eugenio Florit: El poeta y el amigo, desde el recuerdo". Fue publicado en *Revista Atlántica de Poesía*, Cádiz, Num. 7, 1993, V-VIII.

18. _____, "Un momento definitivo en la poesía de Eugenio Florit" publicado en su libro *Estudios sobre poesía cubana contemporánea*, 53-74.

19. _____, "Un momento definitivo en la poesía de Eugenio Florit", ... 63.

ROSARIO REXACH
Y SU OBRA CULTURAL

Versión ampliada y actualizada de las palabras pronunciadas en el Acto de Homenaje que los ex-alumnos, colegas y amigos de la Dra. Rosario Rexach, residentes en el área de Nueva York, le ofrecieron en reconocimiento a su labor cultural en el Victor Café de esa ciudad, en mayo de 1982.

Rosario Rexach ha logrado con su valiosa obra de ensayo y crítica literaria un reconocimiento muy amplio. Obtuvo doctorados en Pedagogía y en Filosofía y Letras de la bicentenaria Universidad de la Habana y efectuó estudios graduados en la de Columbia en la ciudad de New York. Enseñó en la Escuela Normal de Maestros de la Habana y en las Facultades de Educación y Filosofía de la Universidad de la Habana. En los Estados Unidos, fue profesora de Literatura Hispanoamericana y de Cultura y Civilización Española en Adelphi Suffolk College, hoy Dowling College, en New York.

La dedicación a la cultura, de Rosario Rexach, se ha reflejado no solamente en su labor magisterial sino también en su activa participación en numerosas y muy valiosas instituciones profesionales tanto en Cuba como en los Estados Unidos; sus muchas y eruditas conferencias y su extensa obra ensayística y crítica. Fue presidenta en dos ocasiones y miembro de su Consejo Directivo por muchos años, hasta su salida de Cuba, de la sociedad Lyceum de la Habana, una de las asociaciones culturales más importantes de la república cubana antes de la imposición del régimen marxista. También fue cofundadora del Pen Club de la Habana y de la Sociedad Cubana de Filosofía así como miembro de la Comisión Nacional Cubana de la UNESCO. Dictó en su país numerosas conferencias no sólo en esas asociaciones a las que estuvo vinculada profesionalmente, sino

196

también en las universidades de Camagüey y de Oriente y en la Universidad del Aire que se trasmitía a toda la nación cubana por vía radial.

En los Estados Unidos ha colaborado intensamente en la labor del Círculo de Cultura Panamericano cuya presidencia ocupó en el período 1992-1993 y fue además presidenta de la fundación Félix Varela de New York. Ha participado como ponente en los congresos de esas instituciones y en las de otras como La Sociedad Internacional de Hispanistas y el Instituto Internacional de Literatura Iberoamericana. Ha sido conferenciante invitada en las Universidades de México, Puerto Rico, Fordham en la ciudad de Nueva York, la del Estado de New York en New Paltz y en otras numerosas sociedades y centros educativos y culturales.

Rosario Rexach ha publicado los siguientes libros de crítica y ensayo: *El pensamiento de Varela y la formación de la conciencia cubana*[1] en 1953; *El carácter de Martí y otros ensayos*[2] en 1954; *Estudios sobre Martí*[3] en 1985 y *Dos figuras cubanas y una sola actitud. Félix Varela 1788-1853. Jorge Mañach 1898-1961*[4] en 1991 y *Estudios sobre Gertrudis Gómez de Avellaneda* (La reina mora de Camagüey[5] en 1996. Además publicó una novela *Rumbo al punto cierto*[6] en 1979. También ha participado con trabajos en libros que contienen colecciones de ensayos y memorias de congresos literarios. En Cuba colaboró extensamente en las revistas del Lyceum, de la Universidad de la Habana, de la Sociedad Cubana de Filosofía y de la Comisión Cubana de la UNESCO, en la revista *Bohemia* y en otros muy importantes periódicos y magazines cubanos de la época.

Sus publicaciones fuera de su país de origen son también numerosas. En los Estados Unidos ha sido asidua colaboradora de *Círculo: Revista de Cultura, Revista Hispánica Moderna, Revista Iberoamericana, Exilio* etc. Sus trabajos también han visto la luz en *Cuadernos Americanos de México*, en *Cuadernos Hispanoamericanos* y *Anales de Literatura Hispanoamericana* de España, *Caribbean Studies* de Puerto Rico y en otras valiosas publicaciones. Sus artículos periodísticos han sido recogidos en el *ABC* de Madrid, *Diario La Prensa* de New York y *Diario Las Américas* de Miami, Florida.

Una revisión panorámica de su obra nos permite señalar el campo literario como su área de concentración. Y en este aspecto, muy fundamentalmente, el ensayo y la crítica, aunque ha hecho, como ya he señalado, una incursión en la novela. Dentro de lo literario es evidente que la devoción a su patria la ha llevado a dedicar la mayor parte de su labor literaria a las letras de Cuba. A ese efecto véase que sus cinco libros están dedicados a evaluar figuras cimeras de la literatura cubana: José Martí, Félix Varela, Jorge Mañach y Gertrudis Gómez de Avellaneda. Aunque más adelante nos detendremos con más amplitud en este aspecto, cabe apuntar ya aquí que llamó además mucho su atención la generación de la revista *Avance*[7] y algunas muy destacadas figuras femeninas de la historia y la cultura de Cuba como Lydia Cabrera[8] y Elena Mederos[9]. También ha estudiado la trascendencia cultural de la sociedad femenina Lyceum[10] a la que dedicó, como se ha dicho, muchas energías y fervores.

En cuanto a la literatura hispanoamericana hay que mencionar su preocupación por Alfonso Reyes[11], Enrique Anderson Imbert[12], Rómulo Gallegos[13] y la narrativa hispanoamericana contemporánea[14]. En relación a la literatura española, ha estudiado en varios trabajos a José Ortega y Gassett[15] y también a Miguel de Unamuno, bien en su aspecto poético, en contraste con Jorge Guillén y José Hierro[16], bien en su preocupación española, estableciendo un paralelo entre él y Ortega y Gasset[17]. Además ha evaluado a la novela picaresca[18]; a Benito Jerónimo Feijóo[19]; a Antonio Machado[20]; a Guillermo de Torre[21] etc.

También encontramos toda una serie de estudios de contenido filosófico que abarcan desde algunos de carácter general sobre la historia de la Filosofía[22], a otros de enfoque más específicos como los referentes a altas figuras del pensamiento universal como Socrates[23]; Juan Jacobo Rousseau[24]; Ralph Waldo Emerson[25] y los que dedica a evaluar los estudios de esa materia en su patria. Ya hemos aludido a sus trabajos sobre Félix Varela y Jorge Mañach, a los que hay que agregar su conferencia sobre el Padre José Agustín Caballero[26]. Además cultivó la temática pedagógica en estudios como "El problema de los fines y medios de la educación"[27] e "Influencia de la familia en la educación"[28] y el papel de la mujer no sólo en la Cuba republicana sino también en el mundo de hoy[29].

Recuerdo que hace ya cuarenta años, siendo entonces un alumno de la Universidad de la Habana, leí con entusiasmo su primer libro, ya mencionado anteriormente, *El pensamiento de Varela y la formación de la conciencia cubana*, en el que la autora revelaba la venerable figura del eminente sacerdote y patriota. Posteriores lecturas me permitieron comprender sus aciertos al afirmar que la crítica no se había detenido suficientemente en el estudio de la influencia que los Padres Agustín Caballero, O'Gabán y el Obispo Espada ejercieron en Varela, o cuando, observó, lo que ella llamó, los continuos esfuerzos en la obra vareliana para armonizar su fe con su saber y comprendió que esa incongruencia se debía no solamente al hecho de haber abrazado Varela el sacerdocio sino a su peculiar condición de hombre formado en la tradición española y por tanto en discordancia sustancial con las corrientes que forman el pensamiento moderno.

Rexach precisó que Varela representaba una transición en la línea evolutiva de la cultura cubana, que si por una parte —la más consciente y deliberada— se proyectaba hacia lo nuevo; por la otra no podía dejar de reaccionar con todo el pasado que obraba sobre él.

Íntimamente relacionado con ése, su primer libro, es _Dos figuras cubanas y una sola actitud, Félix Varela y Jorge Mañach_, también ya mencionado. En el mismo reune valiosos artículos y conferencias sobre esas figuras prominentes de las letras cubanas, algunos de las cuales habían visto la luz pública en prestigiosas publicaciones profesionales. Como explica la autora, las grandes semejanzas que reflejan la vida y la obra de estos cubanos excepcionales, en cuanto a su devoción patriótica; sus inclinaciones filosóficas; sus fecundas labores culturales surgidas de las preocupaciones que ambos sintieron por el destino de su pueblo; el hecho de que los dos murieran lejos de su patria, de la que se alejaron cumpliendo dictados de conciencia cívica, inspiraron la forjación de ese libro[30].

Esta obra está dividida en dos partes. La dedicada a Félix Varela está constituída por cuatro trabajos. El primero, "En el bicentenario del Padre Varela" es un breve artículo de divulgación sobre la vida y la personalidad del eminente sacerdote y patriota, que apareció en la revista _Ibeamérica_ de Washington en la que la autora muestra su reconocida capacidad de síntesis y el tercero, en el orden del libro, "Varela y _El Habanero_, es otro artículo interesante e informativo que vio la luz en _Noticias de Arte_ de New York, en el que luego de una sumaria revisión de la vida de Varela, la autora se detiene en la publicación que éste hizo de ese periódico en Filadelfia, que tanto muestra la preocupación patriótica de quien fuera sin duda uno de los forjadores fundamentales de la conciencia nacional cubana. Pero son los otros dos trabajos, los que constituyen nuevas y más valiosas aportaciones a su larga dedicación a la figura vareliana, pues en "Varela, maestro", que es una conferencia leída en el Koubek Memorial Center de la Universidad de Miami, en acto organizado por la organización "Jacques Maritain" de Miami, se hace un cuidadoso análisis de las ideas pedagógicas del profesor del Seminario San Carlos de la Habana y el último, "Nostalgia, vocación y obra en el Padre Varela" que fue una conferencia ofrecida en el XXVI Congreso Anual del Círculo de Cultura Panamericano, celebrado en Bergen Community College de New Jersey, se acerca a su vocación como hombre de pensamiento, como profesor y como sacerdote y destaca su hondo amor por su patria.

La parte del libro dedicada a Mañach incluye once estudios. Seis dedicados específicamente a él, van de acercamientos generales a su personalidad y a su obra, a otros específicos sobre su labor literaria, como son la revisión de su libro *Teoría de la Frontera*; la evaluación de su participación en la *Revista Hispánica* Moderna y la indagación estructural y estilística de sus ensayos. Los otros cinco trabajos restantes enfocan temas y aspectos íntimamente relacionados con él como estudios generales sobre la generación a que éste perteneció o sobre figuras determinadas de esta generación, tan conectadas con Mañach, como Francisco Ichaso y Eugenio Florit, así como un análisis sobre la *Revista Avance* en la que aquél tuvo una participación tan fundamental y sobre la Sociedad Lyceum que fuera para él, tribuna amiga y acogedora.

Imposible, en un estudio panorámico como el que nos proponemos, detenernos en todos ellos. Hay sin embargo uno al que nos acercaremos, pues nos impresionó por su matiz lírico y la honda devoción fraternal que expresa, me refiero a "Jorge Mañach como profesor de Filosofía". Este trabajo, sin duda, acerca al lector al hombre sincero y un tanto candoroso que se ocultaba detrás del erudito. En efecto, este ensayo, que trata de la experiencia de Rexach como alumna de Mañach en la cátedra de éste de Historia de la Filosofía, en la Universidad de la Habana, arroja mucha luz sobre la personalidad del eminente escritor.

Se inicia el trabajo, con la visión que había recibido indirectamente de Mañach, explicando que, en lo político, se le reputaba como conservador y que gozaba de gran crédito como escritor, periodista, orador y conferenciante, aunque señala que muchos comentaban de la frustración que debía sentir en lo profesoral, cuando tenía que explicar Historia de la Filosofía, ya que su verdadera vocación era la literatura. También Rexach alude a que en lo personal se le reputaba como hombre frío, distante, vanidoso, aristocrático y calculador. Como se ve el ensayo comienza a la luz de una impresión negativa, resultado —

comprende ella— de la subjetiva perspectiva desde la que se analiza a todo aquél que, como Mañach, interviene en la vida pública, y que además, era un poco imprecisa, pues admite: "De donde habían nacido estas imágenes era algo que hasta el momento no me había planteado"[31].

Inmediatamente Rexach se adentra en sus experiencias como alumna de Mañach y anuncia: "Poco a poco, una por una —como en los castillos de naipes— fueron cayendo todas las ideas preconcebidas. Y Mañach se presentó en su radical verdad. Ante mi ya madura observación apareció un hombre distinto de aquél cuya imagen circulaba en los medios en que yo me movía"[32]. Y así va recordando como la madurez de la alumna, pues ya en esa época tenía Rexach el doctorado en Pedagogía, fue descubriendo las grandes cualidades del maestro que a su vez reflejaban la brillantez del intelectual y su excelencia humana. Rexach nos va describiendo a su ilustre profesor: su perfecto dominio de la lengua; nos explica como hablaba ajustando el tono, el ritmo y el gesto a lo que decía, como por respeto a las cosas del espíritu, él se producía con absoluta lealtad a lo explicado, aunque el oído atento hubiera podido describir en ciertos matices de sus argumentos, sus reales convicciones u opiniones. Rexach alude también a la erudición de Mañach, a su extraordinaria capacidad de síntesis, a su rara habilidad de moverse a plenitud y sin dificultades en el área de las abstracciones y de la congruencia en la argumentación lógica y concluye que por ello no podía compartir la opinión de que Mañach se sintiera frustrado enseñando filosofía, en vez de literatura, pues al contrario pensaba que "en la filosofía encajaba más el especial tipo de intelectual que él representaba: ansioso de claridades, buscador incesante de la verdad oculta detrás de toda apariencia, vertebrador él mismo de tesis frente a todos los problemas que confrontaba, grandes o pequeños"[33].

Esta capacidad y talento para la filosofía corría pareja, según Rexach, con sus aptitudes literarias. Así nos habla de su aguda perspicacia crítica, su sensibilidad, su buen gusto en la percepción de los valores estéticos, su capacidad de belleza expresiva, su gracia de estilo, su poder de comunicación, en fin, sintetiza muy felizmente las grandes cualidades de Mañach como crítico y ensayista que son tan evidentes en la obra de aquél.

Pero también Rosario Rexach desvirtúa, en este sincero y devoto ensayo, la imagen de Mañach de hombre frio, distante, aristocrático, a la que había aludido al comienzo de este estudio. En efecto, Rexach sostiene que siendo él un hombre de sensibilidad exquisita y bien cultivado no podía ser frío y así nos habla de cómo disfrutaba de la excelencia en el arte dramático, en el cine, en la pintura, en la música, en la literatura. Y para justificar la percepción de la imagen a la que antes había aludido, añade: "Lo que pasaba es que aprendió muy pronto en la vida a sofrenar esa sensibilidad, a regularla, a guiarla por las más altas normas"[34].

En cuanto a la distancia, arguye que no la ponía él, sino que la ponían los demás sin reparar en ello y lo fundamenta aduciendo que hombres de su calidad siempre engendran respeto y para precisar más la situación, aclara, que respetar es mirar a cierta distancia y con cuidado. pero Rexach veía que el respeto del que Mañach siempre estuvo rodeado nunca excluyó que se mostrara un hombre cálido y accesible y como el hecho de que fuera un excelente interlocutor, lo hacía patente.

En referencia a lo de aristocrático, reconoce que era cierto, pero aclara que lo era solamente en el sentido que indica la raíz griega de la palabra, es decir, en el de pertenecer a esa clase especial de hombres que no se dá todos los días, y que por ser simplemente mejores siempre se destacan. Y agrega, con la admiración de la alumna que fuera después colega en la cátedra: "Fue Mañach pues, aristocrático por su ser, no por sus blasones, no por otra clase de privilegio. Y por eso fue un líder de los que quedan, por eso es ya un 'un patricio' de la cultura cubana aunque muchos se empeñen en negarlo"[35].

Por último, lo defiende de la acusación de vanidoso, que rechaza con energía, pues razona que vano es quien presume de lo que no tiene y Mañach no carecía de solidez, por lo tanto ratifica, que no fue vanidoso, ya que no lo necesitaba, pero sí fue orgulloso, lo que relaciona con su ancestro hispano. Después se adentra en el sentido de servicio que caracterizó la vida de Mañach y el profundo aliento ético que tuvo su conducta vital y que lo acercó, agregaríamos nosotros, tanto a su admirado Martí.

Este ensayo, a pesar de su brevedad, es uno de los aportes más sustanciales de este libro al estudio de la figura de Mañach, Hay un matiz testimonial que destila devoción y afecto pero que se integra muy felizmente con la capacidad analítica de la exégeta. Igual tono afectivo se hace evidente en otro trabajo breve "Mañach se ha ido" que a manera de epílogo cierra el libro. En el mismo vuelve a enfocar las claves de la personalidad del destacado escritor: su inteligencia brillante y aguda, serena y cálida, asistida por una gran sensibilidad, a la que se unía su extraordinario sentido del deber que tan interrelacionado estaba con su vocación ética.

Otros dos libros de ensayo de Rosario Rexach fueron dedicados, como ya se ha dicho, al tema martiano, en donde recogió la mayor parte de los trabajos en los que estudió al Apóstol de la libertad de Cuba. En el último, _Estudios sobre Martí_, incluyó junto con cuatro nuevos ensayos martianos, escritos en la ciudad de Nueva York en los años ochenta, los cuatro que había recogido en el libro que hizo en Cuba, _El carácter de Martí y otros ensayos_; los que por estar agotada esa edición resultaban de difícil acceso al público en general.

En "El carácter de Martí", que es una conferencia leída en el Lyceum de la Habana y ampliada en ocasión de publicarse en 1953 en _Cuadernos Americanos_, Rexach, después de plantear la crisis de valores éticos que atraviesa la humanidad en nuestra época, ve la vida de Martí como una lucha permanente, que se inicia a muy temprana edad, para formar su carácter frente a una circunstancia vital que se le manifiesta adversa. Encuentra en la relación de Martí con un padre brusco, inquieto y bastante inestable, una experiencia que va haciendo nacer en un niño tan inteligente, una confianza en sus propias fuerzas. Así ve desarrollarse esa gran vertiente ética de la conducta martiana en la que coinciden todos los estudiosos de su figura. Se acerca en este trabajo a la evolución del alma martiana. Su agonía entre la llamada de los deberes familiares, primero, padre, madre, hermanas, después, esposa e hijo, y los reclamos de la patria.

Es una constante temática que aparece a través de diversos ensayos del libro, ese profundo sentido ético de Martí, que lo lleva a la reestructuración de la revolución cubana, a la fundamentación ideológica de la causa de la independencia de su patria y a superar el antagonismo político para soñar con una naciente república que ha de fundamentarse en el amor, tal como se hace evidente en el Manifiesto de Montecristi.

En un prólogo muy esclarecedor y hermoso de este libro martiano de Rexach, Gastón Baquero, ese gran poeta y escritor cubano, recientemente fallecido, tan mencionado y al mismo tiempo tan desconocido, señalaba con acierto la importancia de esa lectura en profundidad de la obra de un escritor como Martí en el que afluyen y sintetizan las más opuestas corrientes del pensamiento y de tomas de posición que el hombre tiene ante sí[36]. En efecto, en estos estudios, Rexach se aleja de los tradicionales acercamientos al Apóstol y nos brinda sus atisbos y personales interpretaciones ante algunos aspectos fundamentales de la fecunda vida y obra de Martí.

La conferencia "José Martí y su gran decisión" es una sumaria biografía espiritual de aquél en la que la autora trata de encontrar el momento histórico en que Martí decidió definitivamente dedicar su vida a luchar por el logro de la independencia de su patria, propósito de Rexach un tanto arriesgado. Ella analiza el proceso mental del apóstol que lo conduce a ese objetivo, que se inicia, según su opinión, con la toma de conciencia en plena adolescencia que lo lleva a escribir esa carta que lo haría sufrir los rigores del presidio colonial; que continúa manifestándose en ese profundo ensayo "El presidio político en Cuba", escrito cuando apenas contaba dieciocho años, que Rexach califica de alegato fabuloso y en el que, destaca con acierto, transpira una gran sabiduría humana. Rexach muestra otra vez la escisión que se va produciendo en Martí entre el llamado de sus deberes familiares y su intrínseca necesidad de servir a la patria.

La gran decisión de definitiva entrega a Cuba la ve configurada en 1882, fecha que coincide con la publicación de Ismaelillo, en el que ella observa como el poeta se deja oir literariamente con un aire nuevo. La crítica destaca en ese poemario de Martí, la presencia de un hombre cabalmente formado que decide andar por sus propios pasos y sentar sus propios criterios y considera que su conducta no es producto de su rebeldía, sino el resultado de su madurez. Cree que fue en ese año, cuando Martí, dejó oir, y no sólo en literatura, la voz nueva y ya decidida, y a partir de entonces dedicó su vida a Cuba.

Esa afirmación puede ser, por su carácter tan subjetivo, susceptible de objeciones y en el propio prólogo del libro, Gastón Baquero hacía constar su desacuerdo haciendo notar que Martí vio casi desde la infancia el destino que habría de cumplir. Baquero sostenía que Martí tuvo desde niño la premonición de una vida llamada al sacrificio y avalaba su afirmación con la autoridad de Enrique José Varona que vio esto, según Baquero, muy claramente, cuando resumió la vida y la obra de José Martí con la palabra sacrificio. Coincídase o no con Rexach, este trabajo, como el propio Baquero destaca, es otra muestra de la calidad de ella como ensayista y de esa habilidad suya de hacer pensar constantemente al lector, lo que está íntimamente relacionado con su capacidad de sugerir.

Rexach sostiene que los años de Martí como cronista neoyorquino para el pueblo hispanoamericano —labor que le permitió subsistir y a la que dedica otro de los ensayos de este libro— no lo alejó de su labor redentora que fue, según la exégeta, no una obra a la deriva, sino producto de un proceso de meditación que se había gestado entre 1869, año de su presidio y 1882, fecha de publicación de *Ismaelillo*. Rexach se adentra en la labor de dirigente de Martí, su razonada paciencia ante los acontecimientos históricos, su fé, su amor, su luminosa sinceridad, y destaca los sacrificios que se impuso el apóstol de la libertad cubana: hogar, vocación literaria, amor a la belleza, ambición en todos los órdenes, hasta llegar a la ofrenda de su vida, para lograr su ideal de redención de la patria oprimida.

El último libro de Rosario Rexach, *Estudios sobre Gertrudis Gómez de Avellaneda*, contiene cinco ensayos sobre la destacada poetisa, novelista y dramaturga camagüeyana. En esta obra se vuelve a hacer evidente lo que hemos venido sosteniendo respecto a su capacidad de enfrentarse con originalidad a los temas tratados, pese a que previamente algunos de ellos habían sido objeto de muy amplio estudio. También se muestra en estas páginas la gran erudición de la autora, aunque, como siempre, ésta aparece muy bien integrada en el texto ya que Rexach analiza el criterio ajeno y fundamenta su propia evaluación, coincida o no con la opinión citada.

Hay dos trabajos que nos acercan a la vida de Gertrudis Gómez de Avellaneda a través de su epistolario: "Una carta olvidada de la Avellaneda" y "Un nuevo epistolario amoroso de la Avellaneda". En el primero, utiliza un hallazgo que efectuó en sus investigaciones en los archivos del Ateneo de Madrid de una carta de la Avellaneda en la *Revista de Teatro — Diario Pintoresco de Literatura*, para mostrar la indignación de la escritora ante una maliciosa nota publicada por dicho periódico y así afirma que: "La Avellaneda tiene, no sólo en la literatura, sino en su vida, un aire romántico que impele todos sus actos"[37]. El segundo, es un estudio de las cartas que la poetisa dirigió a Antonio Romero Ortiz y que aparecen en el libro *Gertrudis Gómez de Avellaneda. Cartas inéditas existentes en el Museo del Ejercito*, publicado en Madrid, por la Fundación Universitaria Española, en una edición a cargo de José Priego Fernández del Campo. Estos documentos, que revelan la evolución psicológica de la Avellaneda durante este breve romance con un político español más joven que ella, después de la muerte de su primer marido, permiten a la crítica ir perfilando las ideas de la escritora sobre el amor y su angustiosa lucha entre la pasión amorosa y sus convicciones religiosas. Pero son sin duda, los tres trabajos mayores del libro, el que trata de la nostalgia de la obra de la Avellaneda, el que indaga las esencias románticas de la distinguida escritora o el que se adentra a establecer las relaciones que tienen sus leyendas con las de Gustavo Adolfo Bécquer donde, por la naturaleza de los temas tratados, Rexach demuestra más ampliamente su capacidad exegética.

En "Nostalgia de Cuba en la obra de la Avellaneda", que fue originalmente publicado en *Homenaje a Gertrudis Gómez de Avellaneda* [38], en el que se recogieron las Memorias del Simposio celebrado en el centenario de su muerte en la Universidad del Estado de Nueva York, en New Paltz, la crítica revisa panorámicamente la vida y la obra de la escritora cubana para encontrar cómo se hace patente ese sentimiento de nostalgia a su patria. Lo capta en su obra poética, señala la honda raíz cubana de su novela *Sab*, indica los elementos de su patria que están presentes en *El artista barquero o los cuatro cinco de junio*, reconoce que la presencia cubana es menos notoria en las leyendas con la excepción de "El aura blanca" y destaca la dedicatoria a Cuba de sus *Obras Completas*, como muestra de esa constante relación que la unió con su hermosa isla. Es más, atribuye a esta dedicatoria hecha en Madrid en 1869, en plena guerra de independencia, el hecho de que a su entierro, ocurrido solamente cuatro años después, no concurrieran todos los amigos que la admiraron y la exaltaron durante toda su vida.

Rexach tiene que reconocer que la Avellaneda no fue una cubana militante en el sentido político pero acertadamente considera que no se le puede negar su condición de cubana por sentimiento y voluntad, que es, en definitiva, lo que ha tratado de demostrar en este trabajo. Por eso, termina señalando: "Y eso fue Cuba para ella. Una nostalgia amada y añorada de la que nunca se repuso y que, al cabo, la condenó a morir en soledad y destierro espiritual. Por eso Cuba la guarda en su memoria"[39].

El estudio "La Avellaneda como escritora romántica" como su nombre lo indica es un ensayo sobre la muy discutida cuestión de si esta escritora puede afiliarse rigurosamente o no al romanticismo. Aunque Rexach parte precisamente del criterio negativo a este respecto de una autoridad en la materia, el destacado profesor Allison Peers que afilia a la Avellaneda a la escuela ecléctica, que fue una reacción ante los excesos del romanticismo, e incluso cita la opinión coincidente con aquél de Enrique Anderson Imbert, señala tres razones fundamentales para justificar su criterio sobre la afiliación de la Avellaneda al romanticismo. Y ésas son: "1) porque existencialmente hablando vivió una vida romántica; 2) porque buscó inspiración en el pasado; 3) porque se reveló contra lo consagrado en el fondo y en la forma y exaltó la libertad"[40]. Estas razones dividen el trabajo en tres partes. La primera, la de la vida romántica de la Avellaneda, es muy breve. Rexach alude a los criterios de Rafael Marquina, José María Chacón y Calvo y el libro de Carmen Bravo Villasante, *Una vida romántica: la Avellaneda*[41] para avalar su afirmación y señala de entrada, con reminiscencias taineanas que si la literatura es expresión de una vida, la obra de la Avellaneda no podía ser sino romántica, pero después no fundamenta el romanticismo vital de la Avellaneda sino que remite al lector a cualquiera de las biografías escritas sobre ésta para que compruebe por sí mismo como su vida fue romántica, lo que quizás fue consecuencia de las limitaciones de espacio a que pudo estar sometido el estudio cuando se publicó por primera vez, aunque en este libro, se hubiera podido aludir a los otros trabajos en que hay constantes referencias a ese romanticismo.

Los dos acápites restantes, el segundo, el de la búsqueda de la inspiración en los temas históricos o bíblicos, básicamente en los medievales y el tercero, el de la rebelión, precisamente se afilian respectivamente a dos conceptos de la tesis de Peers sobre el romanticismo, "The revival" y "The revolt" y exponen con citas a la obra de la Avellaneda como estas dos características se hacen patentes en su labor literaria.

El trabajo concluye revisando muy objetivamente las objeciones que han planteado ciertos sectores de la crítica al romanticismo de la Avellaneda, en especial las influencias del neoclasicismo a las que estuvo sometida en su juventud y reitera su criterio de que la obra de esta escritora se afilia a los conceptos fundamentales de la literatura romántica.

El ensayo "Conexiones entre las leyendas de Bécquer y las de la Avellaneda" parte de lo que ella considera determinadas afinidades anímicas entre los dos escritores, pues califica a la Avellaneda de profunda creyente en las fuerzas del otro mundo y la asimila a Bécquer recordando que Julián Marías llamó a éste,"huésped de las nieblas". A ambos, los une también, según Rexach, una especial concepción de la divinidad y sentido de la justicia. Sentadas esas premisas, la crítica analiza las semejanzas temáticas de las leyendas de ambos autores.

Este libro es una valiosa contribución a la obra crítica sobre la eminente poetisa, dramaturga y narradora cubana del siglo décimonono que ha tenido en esta centuria muy serios y rigurosos estudios. Corriente exegética que se manifiesta con los de Emilio Cotarelo y Mori y Domingo Figarola Caneda, continúa con las obras de Mercedes Ballesteros y Carmen Bravo Villasante y que tiene en la crítica cubana tan valiosas aportaciones como el *Ensayo de Diccionario del pensamiento vivo de la Avellaneda*[42] de Florinda Álzaga y Ana Rosa Núñez; el ya aludido *Homenaje a Gertrudis Gómez de Avellaneda*, editado por Rosa Cabrera y Gladys B. Zaldívar y *Las ansias de infinito en la Avellaneda*[43] y *La Avellaneda: Intensidad y vanguardia*[44], ambos libros de Florinda Álzaga, que ha demostrado una dedicación especial al estudio de la eminente camagüeyana.

En resumen, en la amplia obra de Rosario Rexach, a la que hemos intentado asomarnos panorámicamente, hay que destacar la erudición, la adecuada estructuración de sus trabajos, su capacidad analítica, su natural andar en sendas no trilladas, pero sin duda realza esos valores, su habilidad de sugerir, que incita al lector a dialogar con ella.

NOTAS

1. Rosario Rexach, *El pensamiento de Félix Varela y la formación de la conciencia cubana*, La Habana, Ediciones Lyceum, 1953.

2. ____, *El carácter de Martí y otros ensayos*, La Habana, Comisión Nacional Cubana de la UNESCO, La Habana, 1954.

3. ____, *Estudio sobre Martí*, Madrid, Editorial Playor, 1985.

4. ____, *Dos figuras cubanas y una sola actitud, Félix Varela 1788-1853. Jorge Mañach 1898-1961*. Miami Fl., Ediciones Universal, 1991.

5. ____, *Estudios sobre Gertrudis Gómez de Avellaneda* (La reina mora de Camagüey), Madrid, Editorial Verbum, S.L., 1996.

6. ____, *Rumbo al punto cierto* (Novela), Madrid-New York, Editorial Mensaje, 1979.

7. ____, "La *Revista de Avance*", *Caribbean Studies*, University of Puerto Rico, No. 3, Vol. 3, Oct. 1963. También" Los ensayistas de la *Revista de Avance*: Francisco Ichaso", *Actas del Sexto Congreso de la Asociación Internacional de Hispanistas*, Toronto, Canada, 1980.

8. ____, "Lydia Cabrera, persona" en Isabel Castellanos y Josefina Inclán, Editoras, *En torno a Lydia Cabrera*, Miami, Ediciones Universal, 1987, 65-67.

9. ____, "Cristalización de una personalidad" en *Homenaje a Elena Mederos*, Miami, Publicaciones Lyceum, 1982.

10. ____, "El Lyceum como institución cultural",· Actas del IX Congreso de la

Asociación Internacional de Hispanistas, celebrado en Berlín, Alemania Occidental, en agosto de 1986, 679-690.

11. ____, "Vivencias y experiencia literaria en Alfonso Reyes", *Cuadernos Hispano-Americanos*, Madrid, Nos. 248-249, agosto-septiembre, 1970.

12. ____, "Enrique Anderson Imbert: un novelista en tres tiempos", *Anales de literatura hispanoamericana*, Madrid, Universidad Complutense, No. 14, 1985, 151-160.

13. ____, "Texto y contexto venezolanos en los cuentos de Rómulo Gallegos", Caracas, Venezuela, 1980.

14. Agustín Tamargo, "Entrevista a la doctora Rosario Rexach sobre la novela hispanoamericana actual", *Réplica*, Miami-New York, Mayo, 1974.

15. Baste mencionar, "Don José Ortega y Gasset, Caballero de la verdad", *Cuadernos Americanos*, México, Septiembre-octubre, 1956 y "El intelectual que fue Ortega", *Exilio*, New York, Spring, 1966.

16. Rosario Rexach, "La temporalidad en tres dimensiones poéticas: Unamuno, Jorge Guillén y José Hierro" *Cuadernos hispanoamericanos, Madrid, Nos. 289-290, julio-agosto de 1974.*

17. ____, "España en Unamuno y Ortega", *Revista Hispánica Moderna*, Columbia University, Hispanic Institute, julio-octubre de 1967.

18. ____, "Algunas consideraciones sobre el `hombre nuevo' en la novela picaresca española", *Cuadernos Hispanoamericanos*, Madrid, No. 275, mayo, 1973.

19. ____, "La actitud de Feijóo ante el milagro", *Yelmo,* Madrid, 1971.

20. ____, "La soledad como sino en Antonio Machado", *Cuadernos Hispanoamericanos*, Madrid, Nos. 304-307, 1975-76.

21. ____, "In memoriam de Guillermo de Torre" en la sección "Mirador literario", *ABC*, Madrid, publicado a raíz de la muerte del destacado escritor.

22. ____, "La idea del progreso en la Historia de la Filosofía" e "Idea de la Historia de la Filosofía" en *Revista de la Sociedad Cubana de Filosofía*, La Habana, 1952 y 1954.

23. ____, "Diálogo sobre Sócrates", *Cuadernos de la Universidad del Aire*, La Habana, CMQ, 1954.

24. ____, "Revalorando a Rousseau", *Cuadernos Americanos*, México, No. 1, enero-febrero, 1947.

25. ____, "Diálogo sobre Emerson", *Cuadernos de la Universidad del Aire*, La Habana, CMQ, 1954.

26. ____, "El Padre José Agustín Caballero y su influencia en la conciencia cubana", *Cuadernos de la Universidad del Aire*, La Habana, CMQ, 1952.

27. ____, "El problema de los fines y los medios en la educación", *Universidad de la Habana*, Habana, 1948.

28. ____, Influencia de la familia en la educación", *Universidad de la Habana*, La Habana, 1960.

29. ____, "La mujer en el mundo de hoy" y "¿Está la mujer cubana llenando su función?", *Cuadernos de la Universidad del Aire*, La Habana, CMQ, 1949 y 1950.

30. ____, "Dos palabras" en su libro *Dos figuras cubanas y una sola actitud*, 7-8.

31. ____, *Dos figuras cubanas...*, 164.

32. ____, *Dos figuras cubanas...*, 165.

33. ____, *Dos figuras cubanas...*, 166.

34. ____, *Dos figuras cubanas...*, 167.

35. ____, *Dos figuras cubanas...*, 167-68.

36. Gastón Baquero, "Imitación al viaje (otra vez) hacia José Martí", en Rosario Rexach, *Estudios sobre José Martí*, 7-11.

37. Rosario Rexach, *Estudios sobre Gertrudis Gómez...*, 25.

38. Gladys Zaldívar y Rosa Martínez de Cabrera, *Homenaje a Gertrudis Gómez de Avellaneda*. Memorias del Simposio en el centenario de su muerte. Miami, Ediciones Universal, 1981.

39. Rosario Rexach, *Estudios sobre Gertrudis Gómez...*, 43.

40. ____. *Estudios sobre Gertrudis Gómez...*, 47.

41. Carmen Bravo-Villasante, *Una vida romántica. La Avellaneda*, Barcelona-Buenos Aires, Editora y Distribuidora Hispano Americana, 1967.

42. Florinda Alzaga y Ana Rosa Núñez, *Ensayo de Diccionario del Pensamiento Vivo de la Avellaneda*, Miami, Ediciones Universal, 1975.

43. Florinda Álzaga, *Las ansias de infinito en la Avellaneda*, Miami, Ediciones Universal, 1979.

44. ____, *La Avellaneda: Intensidad y vanguardia*, Miami, Ediciones Universal, 1979.

OCTAVIO R. COSTA
LA BIOGRAFÍA Y
EL ENSAYO HISTÓRICO.

Conferencia leída en el XVII Congreso Cultural de Verano del Círculo de Cultura Panamericano, celebrado en la Universidad de Miami, Koubek Memorial Center. Publicada en Círculo: Revista de Cultura, Vol. XXIV, 1995, 15-26.

Octavio R. Costa inició en 1944, en que publicó su primer libro, que fue una colección de artículos sobre su mentor Emeterio Santovenia, una labor como estudioso de la historia de Cuba que todavía hoy, cumplida su octava década de fecunda vida, continúa con vigor y meritoria trascendencia.

La obra de Costa presenta diferentes facetas en las que ha recibido justificados reconocimientos. Su labor periodística se inicia en la adolescencia y ha continuado con muy logrados frutos hasta el presente[1], mereciendo por ella y por su quehacer cultural muy prestigiosos premios[2]; fue abogado y notario en su patria y en este país ejerció la docencia universitaria en centros educacionales del estado de California[3] y en esta Universidad de Miami donde recientemente, en 1991 y 1993, ocupó la cátedra Bacardí-Moreau. Pero es su labor de historiador—que en él, está tan ligada a la periodística, pues algunos de sus libros son colecciones de trabajos previamente publicados en periódicos y revistas — la que va a ser objeto de evaluación en este trabajo y dentro de ella vamos a concentrarnos en dos aspectos fundamentales de la misma: la biografía y el ensayo histórico, que considero dos de sus más sustanciales aportaciones a la cultura cubana.

La biografía viene a satisfacer esa necesidad de inmortalidad que el hombre lleva adentro y que tan importantes implicaciones religiosas, filosóficas, políticas, sociales y psicológicas. conlleva. Es pues, su propósito. en términos generales. conmemorar las

vidas excepcionales, destacar la personalidad y la obra de aquéllos que han sobresalido sobre el resto de la humanidad y fijar
su recuerdo en las generaciones contemporáneas y venideras.
Hablando de esa finalidad conmemorativa, que se atribuye a la
biografía según el criterio coincidente de los estudiosos del
género, dijo Jacques Amyot, el gran traductor de Plutarco en la
época del renacimiento francés, que no hay retrato, ni estatua
de mármol, ni arco de triunfo, ni monumento de homenaje, ni
suntuosa sepultura, que pueda competir con la permanencia de
una biografía elocuente, poseedora de todos los elementos que
debe tener"[4]. El tema de la biografía ha de ser, como señaló el
destacado crítico contemporáneo Sidney Lee[5] siguiendo, como él
confesó, la orientación aristotélica, una vida trascendente, extinguida y de cierta magnitud. La selección del biografiado requiere necesariamente un elemento de excelencia, de distinción,
que lo eleve sobre la mediocridad ambiental. La condición de
vida terminada excluye de la escuela ortodoxa de biografía el estudio de los hombres vivos. Dice Lee al respecto que la muerte
es la que ofrece la versión final del hombre. Sin embargo, el
crítico tuvo que reconocer la existencia de innumerables biografías sobre seres vivos, pero expresaba reservas de que las mismas pudieran en puridad calificarse como tales porque insistía
en que carecían de esa condición que él consideraba cardinal,
que la vida del biografiado estuviera extinguida. Apuntaba además el argumento de que una biografía de alguien vivo podía
aumentar el riesgo de no poder lograr esa objetividad tan desea-
da en el género.

Vamos pues, dado el carácter de este mero estudio introductorio, a acercarnos a algunas de las biografías más representativas de Costa. Nos referiremos primeramente a las que
escribió en su patria sobre tres fundamentales figuras de ese
valiosísimo siglo XIX cubano, que tan sustancial aporte hicieron
a la formación de nuestra nación: su *Antonio Maceo. El héroe*[6] de
1947; su *Juan Gualberto Gómez. Una vida sin sombra*[7] de 1950
y su *Manuel Sanguily. Historia de un ciudadano*[8]. En primer lugar, la selección de las figuras estudiadas fue un gran acierto
pues sus personalidades y sus vidas las hacen de gran atracción
para ser objeto de estudios biográficos. Antonio Maceo es una
formidable figura épica cuya profunda dimensión humana Costa
también ilumina; Manuel Sanguily y Juan Gualberto Gómez
fueron representantes típicos de esa intelectualidad de América
hispana que pone su obra de pensamiento al servicio de los
grandes intereses patrios y por tanto, en sus biografías, el autor,

sin desconocer el vigor de sus intelectos, nos mostró dos vidas ejemplares dedicadas a la forjación de la nación cubana, superando con ello los riesgos tradicionales que la critica ha atribuído a la biografía de los filósofos, es decir, que se reduzca a una evaluación de su pensamiento, que pudiera ser de gran interés para los estudiosos de esas materias, pero no para el público en general.

En estas biografías de Costa se integran dos elementos básicos: el primero, que ha llamado más la atención a la crítica, es la documentación asombrosa que contienen como resultado de una extraordinaria laboriosidad, de una contínua investigación exhaustiva a la que se une la erudición del autor; el segundo, es el estilo de Costa, muy claro y sencillo, pero al propio tiempo, dotado de una gran vitalidad que hace que su prosa, además de fácil y diáfana, sea atractiva e interesante a la vez. Esa amenidad en la exposición, ese constante manejar de tonos descriptivos y tintes narrativos, esa habilidad en la presentación de circunstancias de época y de características medioambientales, unidas a la ponderación y la fundamentación racional de sus opiniones, que más bien parecen destilarse sutilmente y que sirven para confirmar o ratificar ese afán de objetividad que se hace evidente en su presentación de los hechos, hacen de estas tres biografías, sin lugar a dudas, una de las más altas manifestaciones del cultivo del género biográfico en la historia literaria cubana, que ha tenido en nuestra patria, muy meritorios representantes.

En efecto, la biografía de Juan Gualberto Gómez, por ejemplo, confirma lo previamente señalado. En ella, siguiendo el método cronológico, Costa nos lleva desde el nacimiento en 1854 en Sabanilla del Encomendador, en la provincia de Matanzas, hasta su muerte en 1933 en la humilde casita de madera en la carretera de la Habana a Managua. Con frase que permite atisbar el noble destino que le espera y que alude al esfuerzo de sus padres esclavos para comprar su libertad, conforme a ley, en el vientre materno, señala que el niño "ha brotado libre de la entraña de su madre esclava". Hace desfilar ante nuestra vista los días de la adolescencia y la juventud de Juan Gualberto Gómez, subrayando las influencias formativas, el mentor Antonio Medina y Céspedes, "el eximio maestro negro"; la juventud en París, a donde, con gran sacrificio, sus padres le enviaron para estudiar un oficio y en donde, llevado por su talento y curiosidad intelectual, estudió además ingeniería y matemáticas y encontró su genuína vocación de periodista. Destaca la franca camaradería que, dada la recíproca atracción espiritual, unió a Juan

Gualberto Gómez con los hijos del patriciado cubano que estudiaban en la ciudad luz. El biógrafo enfatiza la labor de fundador de aquél, de luchador inquebrantable contra la oprobiosa esclavitud, de director y colaborador de publicaciones de gran repercusión ideológica en la época.

En las páginas de este libro memorable nos asomamos a la agonía de un pueblo que busca encontrar su destino como nación independiente. Juan Gualberto Gómez, sin dejar de ser independentista, comprendió — como con acierto afirma Costa — los beneficios que determinadas posiciones del autonomismo de Montoro podrían aportar al irreversible propósito de emancipación cubana. La vida angustiosa del ilustre patriota nos conmueve. Lo vemos sufriendo incomprensiones de los suyos, perseguido por las autoridades españolas que le hacen pagar su dignidad de hombre libre con prisiones en cárceles metropolitanas, en fin, nos hace testigos de esas últimas décadas del siglo XIX cubano, tan trágicas y tan esplendorosas a la vez, que tanto nos recuerdan las presentes, cargadas de luchas, de dolores, de recíprocas imputaciones, de momentos de desesperación, de heroicidades y grandezas. Costa pinta con colores vivos la afinidad espiritual de Juan Gualberto y el apóstol de la libertad cubana, primero en el encuentro de ambos en la Habana en plena juventud, y después, cuando Juan Gualberto se unió a la revolución martiana de independencia. Recuérdese que él fue el primero a quien, por expresas instrucciones de Martí, el mensajero de éste visitó en Cuba, para iniciar las labores insurrectas en la isla.

Otro acierto de Costa en esta obra es la presentación del biografiado en la Asamblea de Veteranos y en la Convención Constituyente, en fin, en lo que el autor llama "la forja del estado". Aquí, como en sus biografías de Maceo y Sanguily, Costa, a pesar de que está narrando procesos históricos en los que la encendida pasión política pudiera distorsionar la captación de la realidad de la época, se limita siempre al dato riguroso, a la reproducción de hechos, al intento de captar fielmente el pasado, como debe ser el trabajo de todo verdadero historiador. Nos hace una presentación basada en múltiples perspectivas. En resumen, siempre tiene muy presente ese elemento fundamental de toda biografía: la veracidad.

Señala el autor en el prólogo de la edición en el exilio de su biografía de Antonio Maceo, aludiendo a ésta y a la que había escrito sobre Juan Gualberto Gómez, que estaban "reconstruídas por mí con cierto fervor como con la mayor fidelidad histórica posible"[9]. Afirmación que no puede considerarse contradictoria pues el fervor es en Costa afán serio y riguroso de penetrar y comprender el alma del biografiado. Más adelante, en el propio prólogo, aludiendo a que había consultado el archivo personal de Maceo, entonces en poder del Dr. Francisco de Paula Coronado, quien lo había recibido de la propia María Cabrales, señala: "pero por encima de todo aspiré a proyectar en cada situación lo que se producía dentro de su mundo interior. Por eso vigilé cuidadosamente su estado de ánimo, ¿cómo?. El mismo me fue siempre revelado por sus cartas"[10]. Acercamiento psicológico que nos hace pensar en un destacado biógrafo de este siglo, Stephan Zweig. Y aclarando más su propósito, Costa confiesa que su interés fue en "destacar al hombre que existe por debajo del héroe"[11] y precisa: "Y entre el hombre y el héroe, iluminé al ciudadano"[12] y efectivamente lo logró con ese propósito constante de destacar la arista humana de Maceo sin desatender su perfil de héroe épico, de captarlo en su totalidad, en sus debilidades, como en su romance con Amelia Maryott, con la que tiene un hijo, pero también en su grandeza espiritual. Costa nos acerca a la romántica percepción que tenía Maceo de la justicia de la causa de la libertad cubana; a su férreo rechazo de la esclavitud; a sus ternuras de hijo; a su gran amor por María Cabrales, su buena, devota y leal esposa; a su entereza al denunciar las imputaciones de la envidia, "no vendo mi reputación a ningún precio"[13]; a las discusiones y diferencias ideológicas que tuvo con sus compañeros mambises y con el propio apóstol de la libertad cubana.

No son estas biografías de Costa meras exaltaciones elogiosas de las figuras estudiadas. El propósito de encomio, a pesar de que ha producido obras muy meritorias en el género biográfico como el *Exágoras* de Isócrates, el *Agesilao* de Jenofontes y en centurias más tarde el *Agripas* de Tácito, determinó que la crítica a través de los siglos les haya achacado un intento deliberado de interpretar, con mayor o menor violencia, los hechos reales que captaron, para ajustarlos al modelo que pretendían fijar en las figuras estudiadas. En estas obras biográficas de Costa hay, pese al fervor a que él alude, un decidido afán de objetividad que constituye uno de sus más destacados méritos.

Éste también se hace evidente en la lectura de su *Manuel Sanguily. Historia de un ciudadano* en que nos presenta al joven idealista que deja en plena adolescencia la seguridad de la casa de su tutor por discrepancias políticas; sus años formativos bajo

la tutela espiritual de un gran maestro, José de la Luz y Ca-
-ballero; su formación jurídica, que tanto contribuiría a la fundación normativa de la república en armas; su iniciación bélica
bajo la inspiración de su heroico hermano Julio Sanguily; su entrega a la patria en la Guerra de los Diez Años en donde brilló
tanto por su valentía en la pelea como por su inteligencia en las
asambleas de la república en armas; su firme posición de patriota e independentista aún cuando cargado de escepticismo no
aceptara la invitación de Martí a participar en la guerra del 95;
su digna posición en el exilio revolucionario; su participación en
el angustioso proceso de formación de la naciente nación; su valiosísima intervención en la Convención Constituyente y su viril
defensa de los intereses patrios en la república. Costa pinta muy
logradamente esta agónica figura que estaba dotada de gran brillantez intelectual y valiosa dimensión humana, que fue
ciudadano ejemplar y crítico literario riguroso. Sin duda, este
libro es uno de los pilares de su obra biográfica.

Pero no quedaría completo este estudio sumario de su cultivo
del género, sin mencionar, aunque sea muy brevemente, a dos
biografías muy valiosas escritas en el exilio, aludimos a
Santovenia; Una vida con sentido historico[14] de 1989 y a *Luis J.
Botifoll. Un cubano ejemplar.*[15] Sobre esta última escribí[16] a raíz
de su publicación, hace apenas tres años, y destaqué la extraordinaria investigación que reflejaba, la proverbial habilidad
narrativa de su autor y me detuve esencialmente en la adecuada
estructuración que tenía el libro. Ahora quiero volver a un
aspecto que ya había también apuntado en aquella ocasión y es
el hecho de que al evaluar Costa una personalidad como la del
Dr. Botifoll, de trascendencia en el Derecho, la Prensa y la
Economia en la Cuba republicana y quien, como el resto del
pueblo cubano, fue víctima de un régimen dictatorial inspirado
en el materialismo marxista, el autor ha podido, por medio de su
biografiado, acercarse a la historia del proceso republicano de
Cuba y al propio tiempo efectuar una iluminadora evaluación de
los grandes logros del exilio cubano, logros, que a pesar del
frustrado esfuerzo de silenciarlos de los núcleos radicales de
izquierda de este país, ya hoy son ampliamente reconocidos. En
la conducta de Botifoll en ese otoño ejemplar de su vida ha pin-
tado Costa un exilio cubano trabajador, triunfador y generoso
que sin dejar de contribuir con valiosos aportes a la gran nación
que le dio acogida, sigue luchando incansablemente por hacer
de su patria la república con todos y para todos con la que soñó
el Apóstol.

Por todas esas razones considero que esta biografía de Luis J. Botifoll es otra valiosa contribución de Costa al género, aunque la misma no haya cumplido uno de los requisitos de la escuela ortodoxa de biografía, cuando el autor seleccionó como objeto de estudio una figura cuya vida promete nuevas y meritorias contribuciones.

La biografía de Santovenia, intelectual al que estuvo muy vinculado Octavio Costa, hasta el punto de considerarlo su maestro e inspirador, es otra muestra de la feliz integración de un estilo muy depurado y elegante y la selección de un personaje en que se unen la inteligencia y erudición del brillante historiador y la devoción cultural y patriótica del legislador y el político. La obra hace patente la labor investigativa del autor unida a un continuado esfuerzo de contención de la admiración que siente por la figura estudiada. Esto se hace evidente, por ejemplo, en el último capítulo, en que nos describe el triste final de Santovenia, cuando ya cumplidos los setenta años de existencia, tiene que dejar su patria, su biblioteca, su Academia de la Historia, en fin, parte sustancial de lo más preciado de su vida, y salir a un exilio doloroso y nostálgico. En estas páginas, tocado íntimamente el biógrafo por tantas afinidades, ofrece lúcidamente al lector, la profunda dimensión humana que había en el sereno y erudito historiador. Fue muy acertada la afirmación de la señora Zoila Montesinos, viuda de Santovenia, cuando, precisamente comentando este capítulo afirmó: "Has ofrecido la más fiel imagen de quien consumió su existencia lidiando con la historia y con la patria. Para él las dos se identifican en perfecta unidad".[17]

La búsqueda e investigación de fuentes fundamentales es un elemento básico de estas biografías de Costa que él, después de una cuidadosa evaluación, integra muy adecuadamente al proceso narrativo. Tuvo, como él lo ha señalado, acceso a los archivos personales de Antonio Maceo, Manuel Sanguily y Juan Gualberto Gómez, manejó las memorias de Santovenia y disfrutó de largas conversaciones con Luis J. Botifoll. Además de que en estos dos últimos casos, fue partícipe, por su vinculación personal con Santovenia o testigo, por su condición de periodista, de un buen número de los hechos descritos.

Hay en estas biografías, además de la sería investigación histórica, una prosa de gran valor estético que atrae al lector y le despierta su interés. Hay una feliz integración de la labor del artífice y del artista. Costa eleva literariamente la narración objetiva de la vida del biografiado, tratando de buscar las esenciales aristas psicológicas de las figuras estudiadas y con ello, afilia, en cierta medida, sus biografías a esa nueva tendencia de la presente centuria que produjo ejemplares autores en este género como fueron Emil Ludwing y André Maurois.

Otro aspecto de su obra en la que queremos detenernos, aunque tenga que ser muy brevemente, es el del ensayo histórico. Sobre este tema hay que señalar primeramente las dificultades que el concepto de ensayo conlleva, pues es proverbial su imprecisión a pesar de que según la opinión de muchos críticos ha oscurecido, por lo menos en cuanto se refiera a la extensión de su cultivo, a otros géneros literarios. En efecto, esa indefinición del contenido del ensayo, es objeto de amplia discusión en nuestros días, quizás por el hecho ya apuntado de la gran cantidad de trabajos que se califican como tales aunque queden fuera de ese género si se aplicaran criterios rigurosos de clasificación.

Pero no vamos a entrar en el arduo problema de la caracterización del ensayo, permítaseme sólo referirme a la definición del Diccionario de la Real Academia Española que lo califica como "escrito, generalmente breve, sin el aparato ni la extensión que requiere un tratado completo sobre la misma materia"[18]. A esta aridez, agregaremos el sutil matiz que añade el concepto que del ensayo tiene un maestro contemporáneo de ese género en Hispanoamérica, Enrique Anderson Imbert, quien en su obra *Los domingos del profesor* señala: "El ensayo es una composición en prosa, discursiva pero artística por su riqueza en anécdotas y descripciones, lo bastante breve para que podamos leerla de una sola sentada, con un ilimitado registro de temas interpretados en todos los tonos y con entera libertad desde un punto de vista muy personal"[19]. Y más adelante agrega: "El ensayo consiste en poetizar en prosa el ejercicio pleno de la inteligencia y la fantasía del escritor. El ensayo es una obra de arte construida conceptualmente, es una estructura lógica, pero donde la lógica se pone a cantar"[20]. Hay que hacer la salvedad, no obstante, de que la referencia a la brevedad del género no puede interpretarse como sinónimo de superficialidad, al contrario, el ensayo es fruto de madurez, requiere profundidad aunque esté necesariamente integrada con concisión, claridad y belleza en la exposición y exprese, como señala Anderson Imbert en la definición ya aludida, un punto de vista muy personal.

Esta característica de brevedad del ensayo en que coincide la exegética, nos hace excluir de este trabajo, a pesar de su contenido histórico, tres valiosos libros de Costa, publicados en el exilio, que por su extensión de tratados escapan a esta indagación sobre su ensayística, nos referimos a su *Perfil y aventura del hombre en la Historia*[21], *Raíces y destinos de los pueblos hispanoamericanos*[22] y *El impacto creador de España sobre el Nuevo Mundo*[23], que han merecido una evaluación muy positiva de la crítica. No obstante, como señalé en un artículo[24] que publiqué con ocasión de este valioso y polémico último libro de Costa, hay un innegable contenido ensayístico en determinados capítulos de esta obra, que efectúan una interpretación histórica de ese primer siglo de presencia española en América.

El ensayo histórico ha sido un instrumento muy adecuado a la preocupación de Costa sobre esta materia, a su afán investigativo, a la gracia y belleza de su prosa y a la necesidad de brevedad que su intensa labor de periodista requería, lo que le ha permitido elevar sus contribuciones cotidianas a la prensa a un plano literario. En muchos de sus artículos de contenido histórico se produce una lograda síntesis de esa claridad expositiva, resultado de un gran dominio del tema y de la fluidez de su prosa, con una muy diluída erudición y una extraordinaria capacidad analítica. Sus artículos de este género conllevan además importantes implicaciones literarias y filosóficas que ayudan a perfilar las figuras históricas que dibuja o iluminan su descripción e interpretación de importantes acontecimientos del pasado o del presente.

La labor periodística de Costa ha sido producto de muchos años de intensa dedicación a la misma y por tanto es muy extensa y de gran variedad temática, que él ha tenido el acierto y la paciencia de ir agrupando por ese contenido y recogiendo, aunque parcialmente, desde luego, dado su volumen, en libros que siguen tal clasificación. Entre las colecciones de artículos periodísticos en que abundan los de contenido histórico merecen citarse: *Santovenia, Historiador y ciudadano*[25] de 1944; *Diez cubanos*[26] de 1945; *Rumor de Historia*[27] de 1950 y un año más tarde en 1951, *Suma del tiempo*[28].

En algunas de estas primeras colecciones vemos las raíces de las que van a ser sus obras posteriores más extensas. Su colección de ensayos sobre su maestro Santovenia muestra las claves espirituales e intelectuales que iluminan su posterior interpretación del ilustre historiador. En *Diez cubanos* aparece un valioso ensayo sobre Manuel Sanguily en el que ya señala esa contradicción del biografiado entre su idealismo, su patriotismo, su grandeza espiritual, su firmeza de carácter y ese extraordinario pesimismo, que desarrollará después en su biografía.

Un artículo de este libro *Diez cubanos*, que hemos escogido como muestra muy representativa de su excelente cultivo del ensayo histórico, es su trabajo sobre Jorge Mañach, escrito con motivo del ingreso de éste a la Academia de la Historia de Cuba. Costa aprovecha el hecho de que aquél hubiera ocupado el sillón que dejó vacío Enrique José Varona, para destacar los valores de Mañach y subrayar su condición de legítimo heredero espiritual del ilustre maestro. Con gran precisión, enfatiza el perfil histórico del autor de *Indagación del choteo* y *La crisis de la alta cultura en Cuba*; analiza su quehacer literario y político y fija al hombre en su totalidad. Evalúa la transformación de Mañach de observador a militante y lo califica de escritor polémico, aunque aclara que la polémica en él es planteada sin pasión pero con emoción y sinceridad. Señala que, condenado Mañach a la servidumbre del periodismo, no se rindió y que obedeciendo a su temperamento, sensibilidad y vocación de ensayista, se iba hasta los filones de los hechos, hasta el alma de las cosas, hasta el resorte íntimo y trascendente. El artículo presenta esa dualidad de Mañach, transido de militancia ciudadana pero impedido de ser un político popular. por su intrínseca jerarquía de pensamiento.

En resumen, Costa supo captar en este iluminador ensayo las genuinas esencias de una de las figuras de más prestigio intelectual del siglo XX cubano que además tuvo una significante participación histórica en la Cuba republicana, y que, aunque ya con grandes logros, estaba llamado a hacer otras muy valiosas contribuciones. En párrafo feliz reitera la tesis central del ensayo: "Jorge Mañach, académico de la Historia, ocupando el sillón de Enrique José Varona, es un signo de la permanencia y los ideales y principios que encarnó aquél que fue símbolo de sabiduría, emblema de austeridad y cifra y blasón de noble cubanismo"[29].

Otro ensayo histórico que creo debe destacarse es su "Perfil político de Calixto García"[30], leído como trabajo de ingreso en la Academia de la Historia de Cuba, el 11 de diciembre de 1948. Con esa prosa clara y atractiva que iba a ser tan característica de su obra, el joven académico, tenía entonces sólo 33 años, hace, de inicio, una sumaria revisión de la entrega de Calixto García a la manigua redentora, desde su suprema decisión de unirse a la cruzada independentista que iniciaba Céspedes, dejando un hogar lleno de tierno amor familiar y de logros financieros producto de su industriosa juventud. El autor destaca los éxitos militares del héroe, a quien ya en 1872 se le otorga el grado de Mayor General y que continúan durante las guerras de independencia hasta llegar a sustituir a Antonio Maceo, a la muerte de éste, en su cargo de Lugarteniente General del Ejército Libertador.

Costa subraya, a la par de sus calidades de guerrero, su preocupación ciudadana, que es el primordial objetivo de este ensayo. Enfoca la definida vocación cívica del mambí y la continuidad de su entrega a la patria y muestra que la mente de Calixto García nunca estuvo sólo concentrada en el aspecto militar de la contienda, sino que abarcó un horizonte mayor pues estaba consciente de que se trataba del proceso de formación de la nacionalidad cubana, lo que se reflejaba en los documentos que emitió y se hacía evidente a través de su actitud y su conducta.

El académico se enfrenta a la primera intervención de trascendencia política del general. con motivo de la polémica que en 1873 sostuvieron el Presidente de la República y la Cámara de Representantes, y explica que ésta dejó en la mente de aquél la convicción de que la responsabilidad de la lamentable situación no había estado en Céspedes ni en sus enemigos, sino en la estructuración jurídica que a la República en Armas había dado la Asamblea de Guáimaro. Esa firme convicción de que el excesivo poder dado a la cámara legislativa en nuestra primera convención constituyente no satisfacía las necesidades del gobierno de la revolución, lo acompañará durante el resto de su vida, y —siempre explica el autor— será la raíz de muchas de sus posiciones y actitudes. No es que quisiera, aclara el académico, rehuir ni anular las bases del gobierno republicano, pero sí creía absolutamente necesario acomodar la nueva estructuración política a las exigencias de la revolución.

Costa nos pinta las frustraciones interiores del glorioso luchador ante las Asambleas Constituyentes de Jimaguayú y La Yaya, pues opinaba que reproducían en la guerra del 95, en determinada medida, los errores de organización política que se habían cometido en la Guerra de los Diez Años y capta la preocupación creciente del general-ciudadano de que la intervención norteamericana frustrara los más elevados empeños de genuina independencia patria, que él ya había previsto, pues pensaba que la república iba a carecer de una adecuada y definida entidad política, angustia del gran patriota que los acontecimientos del fin de la guerra lógicamente aumentaba. Costa termina éste muy iluminador análisis, mostrándonos el triste final de la vida del eterno luchador y la ingratitud que recibió de algunos de sus compañeros de armas, pero también, la grandeza de su espíritu que, ante tantas desgracias, mantuvo enhiesta su preocupación por defender la dignidad del Ejército Libertador; su fe en su patria y en el ideal de libertad; su firme creencia de que la República surgiría, a pesar de todos los peligros, genuinamente libre y su optimismo que lo llevó a una gestión en este país, donde murió, como siempre había vivido, es decir, en constante servicio a su amada patria.

Por su armónica estructura, por la brillantez y lirismo de la prosa, por la extraordinaria capacidad de síntesis que muestra el autor, por la fundamentada interpretación ideológica del pensamiento de esa figura central en el proceso emancipador cubano, este trabajo puede considerarse como otro modelo muy valioso de su ensayística.

Octavio Costa, en su larga y fecunda vida de genuina dedicación intelectual, ha ganado por la amplitud, seriedad e importancia de su obra, un puesto indiscutido en la historia de la cultura cubana en el campo de la biografía, la historia y el ensayo histórico.

NOTAS

1. La labor periodística de Costa incluye colaboraciones en Cuba a muy importantes publicaciones como *Diario La Marina, Bohemia, Carteles, Acción. Pueblo*, cuya dirección ocupó por un tiempo. etc. Ya en el exilio en este país, continuó la misma con sus aportaciones a *La Prensa* de Texas, la *Opinión y Noticias del Mundo* de Los Angeles y *El Diario Las Américas* de Miami.

2. Como periodista ha sido ganador de galardones prestigiosos como los premios "Sergio Carbó", "Ramiro Collazo" y Pepín Rivero", los tres otorgados en el exilio. Además Costa ha recibido, en reconocimiento a su fecunda labor intelectual, la Suprema Orden Cubana de Carlos Manuel de Céspedes y la Orden Isabel la Católica de España.

3. En ese estado fue profesor de Historia y Literatura Española e Hispanoamericana en Mount Saint Mary College, California State University, Glendale College y East los Angeles Community College.

4. Citado por Sidney Lee, *Principles of Biography*, The Leslie Stephen Lecture (Delivered in the Senate House, Cambridge, on May 13, 1911). Cambridge at the University Press, 1911, 8. La traducción es del autor de este trabajo.

5. Sidney Lee, *Principles* ..., 7.

6. Octavio Costa, *Antonio Maceo. El héroe*, Academia de la Historia de Cuba, Habana. 1947. Una segunda edición fue publicada por La Moderna Poesía Inc.. Miami, 1984. Todas las citas de este texto se referirán a la segunda edición.

7. _____. *Juan Gualberto Gómez. Una vida sin sombra.* Academia de la Historia de Cuba, Habana, 1950. Después de dos reediciones en la Habana, se publicó de nuevo por La moderna Poesía Inc. Miami, en 1984.

8. *Manuel Sanguily. Historia de un ciudadano,* Habana, Editorial Unidad, 1950. Este libro fue reeditado por Ediciones Universal. Miami, en 1989.

9. _____. *Antonio Maceo...,* 8.

10. _____. *Antonio Maceo...,* 9.

11. _____. *Antonio Maceo...,* 10.

12. _____. *Antonio Maceo...,* 10.

13. _____. *Antonio Maceo...,* 94.

14. _____. *Santovenia, una vida con sentido histórico.* Miami. Editorial Cubana, 1989.

15. _____. *Luis J. Botifoll. Un cubano ejemplar.* Universidad de Miami, El Instituto Superior de Estudios Cubanos, 1991.

16. Elio Alba Buffill, "El Botifoll de Octavio Costa", *El Estado Jardín*, Union City, N.J., año 4, edición 87, primera quincena de noviembre, 1992, 28.

17. Este juicio de la señora Zoila Santovenia aparece en la página 359 de la biografía de Santovenia antes citada.

18. *Diccionario de la Lengua Española*, Madrid, Real Academia Española, Vigésima Edición, 1984, Tomo I, 561.

19. Enrique Anderson Imbert, *Los domingos del profesor*, Buenos Aires, 1972.

20. _____. *Los domingos...*

21. Octavio R. Costa, *Perfil y aventura del hombre en la historia*, Miami, Ediciones Universal, 1988.

22. _____. *Raíces y destinos de los pueblos Hispanoamericanos*, Miami, La Moderna Poesía Inc, 1992.

23. _____. *El impacto creador de España sobre el Nuevo Mundo.* (1492- 1592), Miami, Ediciones Universal, 1992.

24. Elio Alba Buffill, *El impacto creador de España sobre el Nuevo Mundo* de Octavio R. Costa, *Linden Lane Magazine*, Princeton, septiembre de 1992, 23.

25. Octavio R. Costa, *Santovenia. Historiador y Ciudadano*, La Habana, Ugar García y Cia., 1944.

26. _____. *Diez cubanos*, La Habana, Ucar García y Cia., 1945.

27. _____. *Rumor de historia,* La Habana, Ucar García S.A., 1950.

28. _____. *Suma del tiempo,* La Habana, Ucar García S. A., 1951

29. _____. *Diez cubanos*, 89-90.

30. _____. *Perfil político de Calixto García,* Academia de la Historia de Cuba, La Habana, 1948.